A HISTÓRIA DA TELEVISÃO BRASILEIRA
PARA QUEM TEM PRESSA

COLEÇÃO
HISTÓRIA
PARA QUEM TEM PRESSA

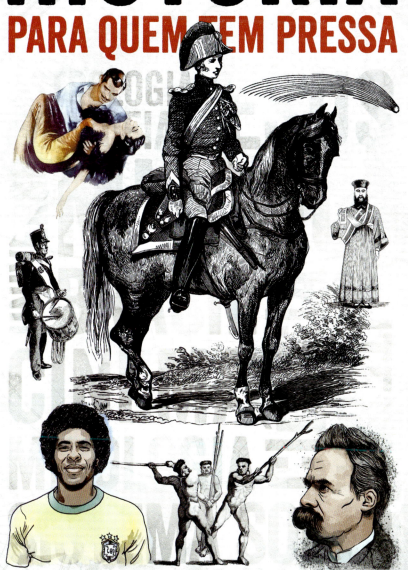

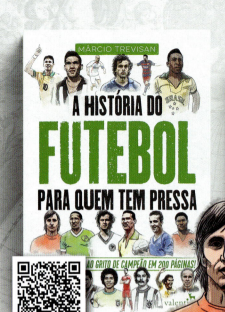

instagram.com/EdValentina
facebook.com/EditoraValentina
twitter.com/EdValentina

ELMO FRANCFORT

A HISTÓRIA DA TELEVISÃO BRASILEIRA
PARA QUEM TEM PRESSA

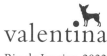

Rio de Janeiro, 2022
1ª edição

*A meu tio Luiz Francfort, que tudo me ensinou sobre TV,
sempre com amor e sabedoria.*

* * *

Copyright © 2022 by Elmo Francfort

CAPA
Sérgio Campante

ICONOGRAFIA
Todas as imagens foram gentilmente cedidas
pelo Museu da TV, Rádio & Cinema

DIAGRAMAÇÃO
Kátia Regina Silva | editoriârte

Impresso no Brasil
Printed in Brazil
2022

DADOS INTERNACIONAIS DE CATALOGAÇÃO NA PUBLICAÇÃO (CIP)
(CÂMARA BRASILEIRA DO LIVRO, SP, BRASIL)
CIBELE MARIA DIAS – BIBLIOTECÁRIA CRB-8/9427

Francfort, Elmo
   A história da televisão brasileira para quem tem pressa / Elmo Francfort –
1. ed. – Rio de Janeiro: Valentina, 2022.
   200p. il.; 21 cm.

   Bibliografia.
   ISBN 978-65-88490-50-1

   1. Televisão – Brasil – História. I. Título.

22-128568   CDD: 384.550981

Índices para catálogo sistemático:
1. Brasil: Televisão: História   384.550981

Todos os livros da Editora Valentina estão em conformidade com
o novo Acordo Ortográfico da Língua Portuguesa.

Todos os direitos desta edição reservados à

EDITORA VALENTINA
Rua Santa Clara 50/1107 – Copacabana
Rio de Janeiro – 22041-012
Tel/Fax: (21) 3208-8777
www.editoravalentina.com.br

SUMÁRIO

INTRODUÇÃO 7

CAPÍTULO UM ● A Pré-História da TV Brasileira 9
Televisão: Um Sonho da Antiguidade 9 Do Selênio às Ondas
Hertzianas 10 A Palavra "Televisão" 12 Os Pioneiros da TV no
Mundo 12 Santa Clara, a Padroeira 14 Um Gato na História 15
A TV Comercial Norte-americana 15 O Padrão de Transmissão 19
Um Novo Mercado se Abriu 20 A Televisão Experimental no Brasil 22
Olavo Bastos Freire, o Gênio da TV 24 Octávio Gabus Mendes,
o Visionário 28 Cásper Líbero e a Televisão 28 Chatô e a Cidade
do Rádio 29 A Corrida dos Empresários pela Televisão 31 O Fim dos
Cassinos e o Espaço para a TV 32 O Brasil e o Mundo em 1950 34
A Implantação da TV Tupi 35

CAPÍTULO DOIS ● Ao Vivo e sem Cores (1950) 40
A Inauguração da PRF-3 TV 41 O Primeiro Ano da Telinha 45
TV Tupi à Carioca 46 TV Paulista: A Primeira Concorrente 48
TV Record: O Canal 7 Veio pra Ficar 52 TV Rio: Um Espetáculo
de Televisão 55 Os Novos Costumes do Brasileiro 57 O Teatro na
Televisão 60 As Primeiras Novelas 66 Além dos Limites
Territoriais 70 Televisão para Crianças 73 Os Primeiros
Seriados 79 Auditórios e Musicais: Uma Programação de Gala 81
Hebe Camargo: Nasce uma Estrela 82 A Notícia na Televisão 84
O Esporte na Tela 88 Ê, Minas Gerais… 90 Não É Mesmo uma
Tentação? 92 Rir Nunca É Demais 96 Uma TV Continental 100

CAPÍTULO TRÊS ● A Chegada do Videoteipe (1960) 104
A TV após o VT 105 Nos Tempos da TV Excelsior 109 Novela Diária:
A Nova Paixão Nacional 116 TV Cultura: De Chatô à Televisão
Educativa 122 Os Grandes Comunicadores 126 O Nascimento da TV
Globo 132 O Brasil em Rede 135 A Era dos Festivais 141 Bandeirantes:
A Televisão do Morumbi 144 Uma TV em Transformação 148

6   A HISTÓRIA DA TELEVISÃO BRASILEIRA PARA QUEM TEM PRESSA

CAPÍTULO QUATRO ● Finalmente... As Cores! (1972)   153
TV Gazeta: A Caçula de São Paulo   153   TVE: Educando pela
Televisão   156   Humor pra Tudo Quanto É Gosto   159   A Chegada das
Cores   160   Novelas Inesquecíveis   167   O Videografismo na TV   170
A Derrocada da Tupi   173

CAPÍTULO CINCO ● Do Satélite à Internet   176
SBT: Alegria no Ar   176   Rede Manchete: A TV de Primeira Classe   177
A Democracia pela TV   179   Novos Rumos   180   Muito Além da TV
Aberta   187   Sua Majestade, o Ibope   191

CAPÍTULO SEIS ● A Era Digital (2007)   192
Uma Nova Televisão   192

Fontes e Referências Bibliográficas para se Compreender
a História da TV no Brasil   197

INTRODUÇÃO

Em 1950, durante a inauguração da pioneira TV Tupi de São Paulo, Assis Chateaubriand disse que nascia, para o Brasil, "o mais subversivo de todos os veículos de comunicação do século". Ele só não imaginava até onde iria aquele veículo que modestamente aqui surgia. Hoje, há mais televisores que geladeiras nos lares brasileiros. É possível ver televisão na casa dos ribeirinhos, no coração do Rio Amazonas, como em alto-mar, saindo do Rio Grande do Sul rumo à Antártida. Sabe a razão? Então... quantas novelas emocionaram nosso povo? Quantos jogos nos fizeram vibrar, e chorar, diante da telinha? Quantas notícias nos impactaram? Quantos artistas nos inspiraram, tornaram-se ídolos e nos deixaram eternamente saudosos? Quantas atrações, muitas vezes da infância até, nos remetem a momentos inesquecíveis da nossa vida?

Se você viajou no tempo apenas pensando nas respostas para tais perguntas, saiba: é hora de se deleitar com *A História da Televisão Brasileira para Quem Tem Pressa*. Uma obra que mostra, de forma sintética, a grandiosidade dessa mídia que, no Brasil, ganhou status de paixão nacional.

Conheceremos também a história "antes" da história da TV. Desde quando os povos antigos, no Velho Continente, imaginavam que era possível ver a distância. Passaremos pela televisão mecânica, as primeiras experiências e os primeiros inventores – também iremos à fase experimental da televisão no Brasil.

Os capítulos posteriores nos levarão a entender a chegada e o progresso da nossa TV. Começaremos com a fase das imagens em preto e branco, então o ao vivo, mas com programação totalmente regional. Depois iremos ao videoteipe e à possibilidade de compartilhar conteúdos gravados para todo o país. Seguiremos para as cores, a formação das redes de televisão, tudo via satélite... Ao final, encontraremos uma TV mais segmentada, para todos os gostos, aberta e fechada. Do televisor, indo para a internet e até assistindo nos smartphones. Uma televisão digital, interativa. Daqui a pouco, só nos faltará quebrar o vidro e passar para o outro lado da tela, afinal, estamos cada vez mais próximos disso.

Compreenda, por intermédio desta obra, como a televisão influenciou a sua vida, a sua família, a sua cidade... o seu país. O show está apenas começando.

Que este livro seja campeão da *sua* audiência.

Boa viagem!

CAPÍTULO UM

A Pré-História da TV Brasileira

Toda história tem um ponto de partida. O início da televisão segue o mesmo caminho de tantas outras invenções: experimentação, sucessos e fracassos, superações e obsolescência de formatos ditos de referência. Ao mesmo tempo, grandes desafios, diante do desconhecido. Inventores e pioneiros, muitas vezes incompreendidos. De forma acanhada, a televisão chegou no mundo... até entrar nos lares brasileiros.

Televisão: Um Sonho da Antiguidade

Afinal, de onde surge a vontade de enxergar a distância, de ver movimento em tempo real de uma imagem que está sendo gerada a partir da projeção de um objeto ou ser visto de longe? Essa é uma pergunta interessante. Alguns estudiosos atribuem à Antiguidade, muitos séculos antes de Cristo. Assim como em Roma, na Grécia também já utilizavam espelhos (invenção dos sumérios, mais de 5.000 anos atrás). As imagens dessas placas de bronze, polidas com areia, não eram tão nítidas. Os espelhos passaram a servir não apenas para que se olhassem: criaram um jogo entre peças para tentar se verem, conversarem a distância, dispondo estrategicamente os espelhos numa rota fisicamente possível de prolongar o reflexo das imagens. Não devia ser nada fácil! Isso pelo menos colaborou para o aprimoramento do espelho, uma vez que outros materiais iam sendo testados na Europa (como prata, vidro, mercúrio, estanho), em busca de um melhor polimento (a partir do século 13). Tal desejo de reproduzir sua imagem, até na possibilidade de perpetuar-se, ficou por um bom tempo direcionado a outras formas artísticas, como a pintura e a escultura. Muitos séculos depois, vieram a fotografia, o cinema e o rádio.

Do Selênio às Ondas Hertzianas

No caso da televisão é impossível dizer que teve apenas um pai ou uma mãe. Muitos são os pioneiros, cada qual com uma parcela de responsabilidade no todo. Tivemos duas fases distintas da televisão mundial: a mecânica e a eletrônica. Podemos dizer que a mecânica é praticamente baseada, apenas, na tecnologia. Já a eletrônica é possível diferenciá-la pela forma como foi usada, principalmente no que diz respeito à produção de conteúdo.

Nosso ponto de partida é um regresso às aulas de Química. É provável que se lembrem de um elemento químico chamado "Selênio". Não? Eram muitos? Tudo bem. Apresento ele a vocês. Esse nome em grego significa "resplendor da lua", teoricamente por ter sido descoberto com um elemento fotoelétrico. O "Se", na tabela periódica, faz parte do quarto período, tendo número atômico 34 (de prótons e de elétrons), com massa atômica de 78u. É um ametal (grupo 16) calcogênio. Em 1817, o sueco Jacob Berzelius o descobriu, em uma visita a uma fábrica de ácido sulfúrico em Gripsholm, ao sentir um odor diferente e até desagradável saindo de um líquido pardo avermelhado, após aquecimento. Achou que era telúrio, até descobrir que se tratava de um novo elemento. Ao estudá-lo, Berzelius percebeu que era fotossensível, ou seja, ao ser exposto à luz sofria reações... emanava elétrons!

Um primeiro passo para a transmissão de energia, que no futuro possibilitaria a transmissão de imagens. Diante de várias investigações, essa descoberta da transmissão já havia sido associada ao inglês Willoughby Smith que, em 1873, notou a potencialidade do selênio na transformação de energia e transmissão de imagens por meio de corrente elétrica. Quanto mais luz, mais geração de elétrons. Após a descoberta das propriedades fotocondutoras, dois anos depois, em 1875, foi a vez de George R. Carey. O cientista propôs a criação de um aparelho de transmissão de imagens por meio de circuitos elétricos. Criou os chamados pontos de imagem, que poderiam ser reproduzidos simultaneamente. Passada meia década, em 1880, os cientistas Maurice le Blanc, da França, e William E. Sawyer, dos Estados Unidos, criaram o sistema de varredura de imagem – linha por linha, sinais de luzes se alternavam rapidamente gerando, por fim, na tela por inteiro, novas imagens em movimento, criando uma sucessão de quadros (princípio parecido com o *frame* da película): a mesma ilusão do cinema, cujo olho humano transmite ao cérebro o fenômeno de persistência visual, dando a impressão de que o conteúdo parece se movimentar.

CAPÍTULO UM: A PRÉ-HISTÓRIA DA TV BRASILEIRA

O alemão Paul Nipkow, em 1884, percebeu a importância do princípio de varredura e resolveu aperfeiçoar o projeto. Ele captou imagens divididas em pequenos pontos, que novamente unidas formavam as linhas de varredura e, por consequência, a imagem total na tela. O cientista construiu um transmissor mecânico, que ficou conhecido como Disco de Nipkow e foi utilizado até 1940 pela televisão. Foram os primeiros passos da TV eletromecânica. Seu equipamento era composto por dois discos giratórios, com pequenos orifícios de 0,002 mm de diâmetro, colocados em espiral para passagem de luz – ele decompunha a imagem numa sequência de linhas paralelas, umas sobre as outras. Os sinais luminosos de cada uma delas atingiam uma célula fotoelétrica e, a partir dali, se tornavam impulsos elétricos que se guiavam por um circuito elétrico sem fim. No receptor (futuro "televisor"), como uma lâmpada, os sinais eram reproduzidos criando linhas luminosas. A luz era projetada em um disco igual ao do transmissor, fazendo com que a imagem fosse recomposta, num processo inverso ao da captação, após ser recebida. O inventor é considerado o fundador da técnica de TV. No mesmo ano de Paul Nipkow, Heinrich Hertz comprovou que existiam ondas eletromagnéticas (futuras "ondas hertzianas") e que os sinais de televisão podiam ser transportados por elas. Até hoje, tanto as frequências televisivas como as radiofônicas são medidas em Hertz (Hz), unidade que demonstra a emissão e oscilação ou vibrações de ondas senoidais expandidas de forma cíclica, que se rotacionam por segundo. Quanto maior a potência, maior a frequência, por isso temos os "quilohertz" (kHz) e os "megahertz" (MHz). Os canais de rádio e TV operam em frequências diferentes para não gerar interferências entre si.

Outro avanço foi a criação do tubo de vidro a vácuo para transmissão de elétrons – a base da televisão eletrônica –, por Karl Ferdinand Braun em 1897, como também, em 1911, Campbell Swinton criando o mecanismo da televisão moderna. Dois anos depois, 1913, foi a vez de cientistas alemães que descobriram um derivado do potássio para substituir o selênio da célula fotoelétrica. Já em 1917, os americanos descobriram que a variação de energia modulava a luz no aparelho. Interessante notarmos que a televisão começou a evoluir na mesma época em que a transmissão radiofônica foi ganhando personalidade própria e se separando, por exemplo, de transmissões similares, como a da radiotelegrafia. Já o cinema saiu do papel, com os irmãos Lumière, em 1895.

A Palavra "Televisão"

E o nome desse novo meio? Somente em 25 de agosto de 1900, o russo Constantin Perskyi criou a palavra "televisão", em sua tese, lida nessa data no Congresso Internacional de Eletricidade, em Paris. O termo vem de *"tele"* ("longe", em grego) e *"videre"* ("ver", em latim). Na tese, era descrito um equipamento com propriedades fotocondutoras (conduzidas eletronicamente) de selênio, que transmitiam imagens a distância. Outros nomes como "teletroscópio", "telefoto" e "radiovisão" desapareceram. Era comum ver, ao invés da palavra "televisionado", o termo "televisado". Já o neologismo "televisivo" só foi incluído nos dicionários em 1963, após decisão da Academia Brasileira de Letras.

Os Pioneiros da TV no Mundo

No princípio da história da TV há nomes, que não podem ser esquecidos, de inventores e empreendedores pioneiros, pertencentes a essa fase que vai da televisão mecânica para a eletrônica. É o caso do engenheiro russo, naturalizado americano, Vladimir Kosma Zworykin (1888-1982). Ele usou como base o tubo de raios catódicos, desenvolvido por Karl F. Braun, da Universidade de Strasbourg. Foi na Rússia que fez seus primeiros estudos sobre o raio catódico – acabou migrando para os Estados Unidos em 1919. Lá, passou a pesquisar o seu "iconoscópio" (primeiro tubo de imagens da câmera), patenteando a tecnologia em 1923. Zworykin acabou também por desenvolver um sistema de televisão mecânica nessas primeiras décadas do século 20, sendo que, em 1929, demonstrou seu receptor de TV totalmente eletrônico, com sua invenção também chamada de cinescópio (*kinescope*). Usando o iconoscópio, transmitiu imagens numa distância de 45 km. Trabalhando para a RCA (Radio Corporation of America), dirigiu todas as pesquisas para a evolução da TV, culminando nas principais demonstrações da Feira Mundial de 1939 em Nova York. O iconoscópio já se parecia com os televisores de hoje.

Outro pioneiro é o escocês John Logie Baird (1888-1946), considerado um dos principais inventores do século 20. Ele conseguiu, em 1º de outubro de 1925, transmitir imagens em que seus contornos, em movimento, eram reconhecíveis em relação ao que se reproduzia. Fez isso um ano antes da AT&T realizar transmissão similar, sendo que, em 26 de janeiro de 1926, tal feito de Baird foi oficializado (registrado até no *Guinness Book*), em demonstração a 40 membros da Royal Institution, em Londres. Depois, o inventor assinou

CAPÍTULO UM: A PRÉ-HISTÓRIA DA TV BRASILEIRA 13

contrato com a BBC (British Broadcasting Corporation) para transmissões experimentais, que iniciou suas operações em 25 de agosto de 1929, com um sistema de 30 linhas. Um ano antes, Baird demonstrou a primeira transmissão em cores, em 3 de julho de 1928, criando também, posteriormente, a televisão estereoscópica (3D) e o primeiro sistema eletrônico de televisão em cores, que patenteou em 1940.

Desse mesmo período da televisão mecânica, temos Charles Francis Jenkins (1867-1934), que contribuiu tecnicamente para o desenvolvimento da televisão e até do cinema, a partir de 1925, impressionando a sociedade, assim como Baird. Em 1928, em seus laboratórios, chegou a transmitir os chamados *Radio Movies*, material que mais parecia sombras monocromáticas em movimento, com decodificação de imagem. Transmitiu também o que pode ser considerado o primeiro comercial televisivo, do detergente *Old Dutch Girl*. Jenkins estimou uma audiência de cerca de 20 mil espectadores que tiveram acesso a seus filmes, por transmiti-los em frequências de ondas curtas de rádio, cujo alcance é muito maior que o dos sinais de TV hoje em dia. Porém, a televisão mecânica mostrou-se inviável diante do invento da televisão eletrônica; mesmo assim, Jenkins se recusou a seguir as tendências e, até o final da vida, continuou tentando aperfeiçoar os sistemas mecânicos de TV.

Entre os pioneiros está também Philo Taylor Farnsworth (1906-71). Ele foi o primeiro a demonstrar mundialmente o inédito sistema de televisão eletrônica, em 7 de julho de 1927. Assim como Baird, Farnsworth teve problemas para conseguir financiamento para seus experimentos. Em 1930, os investidores insistiram para que mostrasse o sistema à RCA. Inicialmente, a empresa achou que poderia continuar seus experimentos com televisão sem as patentes de Farnsworth, que se tornaram cruciais para o funcionamento das câmeras da RCA (que garantiam estabilidade nas imagens transmitidas). Passaram então a travar uma batalha jurídica, chegando, ao final, a um acordo de licenciamento entre o inventor e a RCA, resultando na TV como conhecemos hoje. Em julho de 1930, com a invenção de Farnsworth, a NBC (National Broadcasting Company – subsidiária da RCA) transmitiu experimentalmente nos Estados Unidos, pelo canal W2XBS. Além da TV, envolveu-se também em pesquisas com radar e energia atômica. Falando em RCA, David Sarnoff (1891-1971) foi mais um dos pioneiros. Em 1915, reconheceu a potencialidade da transmissão por sinais eletrônicos guiados como estímulo à venda e aperfeiçoamento

14 A HISTÓRIA DA TELEVISÃO BRASILEIRA PARA QUEM TEM PRESSA

de aparelhos de rádio. Fundou a NBC, divisão de radiodifusão da RCA, em 15 de novembro de 1926. Sua visão empresarial colaborou para a implantação da TV do mesmo grupo. Como presidente da RCA, entre os anos 30 e 40, financiou a introdução da televisão eletrônica. Enquanto preparava a RCA para a venda massiva de televisores, já havia montado um forte esquema de programação na NBC para que os compradores tivessem grandes e chamativas atrações para assistirem. Fez da RCA a principal companhia de venda de equipamentos broadcast e de receptores. Já o pioneiro Allen B. DuMont (1901-65) estava envolvido, tanto em pesquisas pela fabricação de equipamentos, como aperfeiçoamento de transmissões de sinais. Foi um dos primeiros a aprimorar o tubo de raios catódicos. Posteriormente, fundou uma das redes pioneiras, a DuMont, de início como uma fábrica de televisores. Nos anos 30, sua empresa já competia de igual para igual com a RCA. Em 1938, inovou com a criação de uma tela de 14 polegadas, enquanto a RCA só produzia receptores com 12 polegadas.

Uma curiosidade: pouco antes de Chateaubriand se interessar pela televisão, em 1947, nos Estados Unidos, passou a ser usada a abreviatura "TV".

SANTA CLARA, A PADROEIRA

Depois de tantas dificuldades para a descoberta da TV, nada melhor do que pedir proteção divina. Para tal, é indicado rezar para Santa Clara de Assis (1194-1253), padroeira da televisão. A religiosa é considerada discípula de São Francisco, seu amigo, com quem conviveu muito tempo em Assis (Itália). Em 1252, ela estava muito doente, e os amigos, ao regressarem da Missa de Natal para vê-la – no seu humilde quarto monástico –, foram surpreendidos por uma descrição detalhada do evento: tudo o que Clara "viu", a distância, era comentado como se ela tivesse assistido à missa pela TV. Ela narrou a celebração da Eucaristia por completo! Sete séculos depois, em 14 de junho de 1958, o Papa Pio XII a declarou padroeira da telinha. A data escolhida para o "Dia da Televisão" foi 11 de agosto, a mesma de quando Clara faleceu.

UM GATO NA HISTÓRIA

Se você gosta de desenho animado, vai curtir saber que o primeiro astro da televisão mundial foi o Gato Félix. Até 1928, o personagem criado em 1919, nos EUA, já havia estrelado diversas animações. *Felix, the Cat* foi o maior sucesso dos realizadores Otto Messmer e Pat Sullivan, tornando-se o gato mais querido do país. A simpatia do bichano agradava tanto e a tantos, que a RCA o escolheu para promover seus primeiros testes de pesquisa de público televisivo. O brilho de um gato preto e branco criaria uma imagem nítida e um contraste razoável para que chamasse a atenção do público, que pararia tudo para assistir, mesmo ele sendo inanimado. Isso funcionou, graças à transmissão da imagem daquele pequeno boneco de papel machê. A escultura foi adquirida pelos engenheiros da loja de brinquedos FAO Schwarz, localizada a nove quadras dos escritórios da RCA (no Rockfeller Center). Tendo caído várias vezes de sua base giratória, o boneco sofreu avarias que em nada diminuíram o fascínio de quem assistia. A RCA, em 1928, transmitiu diversas vezes sua imagem, diretamente do Empire State Building. Em 1939, na Feira Mundial de Nova York, Félix realizou nova aparição para falar do lançamento da TV comercial nos Estados Unidos. Depois, em 1960, virou uma série de desenho animado para televisão, ganhando a famosa bolsa mágica. Quando a alta definição estreou naquele país, mais uma vez ele foi a grande estrela. Fez parte da cerimônia realizada em 1991, no teatro Ed Sullivan, também em Nova York. Uma curiosidade: foi no mesmo 1928 que o Gato Félix perdeu parte do seu público fiel no cinema. Os criadores insistiram em continuar fazendo filmes sem som, e o público optou principalmente por "O Vapor Willie" (*Steamboat Willie*), sucesso de Walt Disney, filme sonoro estrelado por Mickey Mouse.

A TV COMERCIAL NORTE-AMERICANA

Os Estados Unidos se tornaram o grande polo de desenvolvimento da televisão mundial (em fabricação e produção), influenciando também a criação da televisão brasileira, no início dos anos 50, de onde foram importados nossos primeiros equipamentos. Tal desenvolvimento tem início em 30 de outubro de 1925, quando são geradas as primeiras imagens em movimento. Dois anos depois – curiosamente na data de 18 de setembro (a mesma da

16 A HISTÓRIA DA TELEVISÃO BRASILEIRA PARA QUEM TEM PRESSA

inauguração da TV brasileira, em 1950) –, foi fundada uma das maiores redes de rádio e televisão norte-americanas, a CBS (Columbia Broadcasting System), a mesma que, em 1932, exibiu o primeiro programa político do mundo, em Nova York.

Porém, o ano mais marcante da televisão estadunidense foi 1939, que assinala sua estreia oficial, ainda de forma não comercial, em 30 de abril, quando se iniciou a Feira Mundial de Nova York, em Flushing Meadows, evento que, não por acaso, tinha como tema *Building the World of Tomorrow* ("Construindo o Mundo do Amanhã"). A ideia era anunciar as grandes inovações mundiais, com ênfase no campo da tecnologia e da eletrônica. Mais de 45 milhões de visitantes compareceram para conhecer o que em breve poderia estar em suas casas. Uma recente indústria televisiva que só não mostrava ali mais otimismo por conta das dificuldades geradas pelo Crack de 1929 (a quebra da Bolsa de Valores de Nova York), que desestabilizou o mundo, causando a Grande Depressão e colaborando negativamente para o surgimento da Segunda Guerra Mundial (1939-45). A televisão era uma novidade cara, inviável até mesmo para a classe média local. A falta de divulgação do invento também prejudicou o lançamento tardio da televisão comercial norte-americana. Atraso causado por uma guerra de patentes, travada pela Farnsworth Television, a RCA e outros concorrentes.

Os americanos consideram a Feira de Nova York o início de suas transmissões regulares de televisão, por diversas razões. Uma delas por ser a primeira vez que um grande público "descobriu" a TV. Lá, gigantes da indústria eletrônica estavam reunidos em pavilhões: Allen B. DuMont Laboratories, Westinghouse Electric, General Electric (GE), Crosley Radio Corporation, Ford Motor Company e, com grande destaque, a RCA. A Farnsworth Television foi a única que não participou. A ausência da empresa de Philo Farnsworth deve-se, primordialmente, a outra (e principal) razão: a Feira ser reconhecida como o pontapé inicial das transmissões da televisão comercial, por pressão política da RCA. Dez dias antes da abertura do evento, David Sarnoff, presidente da RCA, fez um discurso divulgando seu pavilhão. Tal atitude atraiu uma atenção maior da imprensa. Além da mídia, em Nova York, os raros possuidores de televisores assistiram à transmissão da NBC, emissora da RCA. Em sua maioria, as poucas centenas de telespectadores estavam aglomeradas na região do pavilhão RCA ou assistindo em receptores colocados no 62º andar do Radio City, em Manhattan.

CAPÍTULO UM: A PRÉ-HISTÓRIA DA TV BRASILEIRA

A RCA impediu a organização da Feira de Nova York de proibir ali o anúncio do "nascimento de uma indústria": a televisão comercial. O fato acabou acelerando a oficialização de um padrão regular de transmissão televisiva comercial – e encurtando o tempo do processo para dois anos, uma vez que logo em 1º de julho de 1941 foi oficializado, nos Estados Unidos, o padrão NTSC, com 525 linhas e 30 quadros (ou fotogramas) por segundo. Tal anúncio foi realizado na abertura da Feira, com o discurso do então presidente dos Estados Unidos, Franklin Roosevelt. Foi também o primeiro discurso político realizado diante das câmeras. Naquele 30 de abril, Roosevelt falou para seus compatriotas sobre a importância de uma nova era e sobre a televisão. Por meio de um link, os sinais das câmeras foram gerados de uma unidade móvel da RCA diretamente para o transmissor da NBC, no Empire State Building, e, em seguida, retransmitido a todos. Sarnoff afirmou também que era ali transmitida a primeira notícia televisionada nos Estados Unidos. E disse que a televisão "É uma arte que brilha como uma tocha de esperança em um mundo turbulento. É uma força criativa que devemos aprender a utilizar em benefício de toda a humanidade."

Voltando à Feira, no local foram montados pequenos estúdios para transmissão ao vivo (como estandes) com receptores expostos. No pavilhão RCA, por exemplo, 13 receptores do modelo TRK-12 exibiam constantemente imagens, na escala de 4 x 3 unidades. Entre as curiosidades, um televisor de cinco polegadas e uma grande lente que projetava imagens em uma tela especial com reflexão de luz. Ao centro, a mascote da RCA: uma grande estátua do cão Nipper escutando gramofone (sempre estampado nas vitrolas antigas, ou melhor, "victrolas", aparelho de reprodução sonora comercializado pela RCA Victor). Ainda no pavilhão RCA, o designer romeno-americano John Vassos criou um ambiente denominado *Radio Living Room of Tomorrow* ("Sala de Rádio do Futuro"), com equipamentos eletrônicos diversos. Havia também iconoscópios (tubo de câmera de televisão, patenteado por Vladimir Zworykin) e cinescópios ou "kinescópios" (tubo de imagem). Outra atração era um televisor com gabinete transparente chamado Lucite, no estande Phantom Teleceiver (uma tradução aproximada de "fantasma televisionado", pois ali mostrava ao visitante imagens transmitidas de uma câmera para o televisor, processo aparentemente mágico, revelando os componentes do aparelho, sem segredos).

18 A HISTÓRIA DA TELEVISÃO BRASILEIRA PARA QUEM TEM PRESSA

Cada pavilhão tinha como objetivo causar o maior impacto possível ao visitante. Cada concorrente tentava mostrar seu melhor ao público. Enquanto a DuMont exibiu filmes, a RCA transmitiu eventos ao vivo (de entrevistas diretamente da Feira e até esportes) com breves links. A NBC fez também transmissões regulares direto dos seus estúdios: novelas, desfiles de moda, programa de culinária, dicas de viagem, desenhos animados e tudo que podia demonstrar seu poderio. O início da televisão comercial não foi fácil. Em plena Segunda Guerra Mundial anunciava-se o evento, mas as vendas decepcionavam. A recessão era grande e a publicidade ficou voltada para a classe A. A RCA, que mais tarde teria forte repercussão no mercado brasileiro, em 1939 vendia quatro tipos de receptores: TT-5, TRK-5, TRK-9 e TRK-12, com preços que iam de 199,50 a 600 dólares (na época caríssimos). Os anúncios mostravam espectadores vestidos de gala ou terno, para atingir consumidores ricos. O design dos televisores era arrojado, gabinetes de madeira polida no estilo "feito à mão", criados também por John Vassos. Os primeiros modelos sintonizavam os canais de 1 a 5, sendo que pouco tempo depois, mundialmente, o canal 1 passou a ser utilizado para telecomunicações (principalmente fins militares). Lojas de departamento, como Wanamaker, Bloomingdale e Macy's, foram pioneiras na comercialização de televisores, mas obtiveram baixa vendagem no período da guerra. Os chamados "televizinhos" já existiam, visitando os poucos (e abonados) possuidores de aparelhos ou se aglomerando na frente de lojas para assistir aos receptores ligados.

Um grande investimento inicial na TV norte-americana se deu na transmissão de eventos esportivos. De abril a outubro de 1939, por exemplo, foram transmitidas lutas de boxe, jogos de beisebol e de futebol americano. O ano foi também importante para as transmissões de TV na Europa.

A primeira televisão comercial foi a NBC, cuja estreia como emissora com programação regular e diária se deu em 1º de julho de 1941. Nesse dia, exibiu o primeiro comercial, da marca de relógios Bulova, por 20 segundos.

Mesmo com a interrupção das transmissões durante a Segunda Guerra Mundial, os anos 40 foram cruciais para criação de um modelo de televisão comercial nos Estados Unidos, posteriormente adotado também no Brasil. Entre eles, a criação do *prime time* televisivo (entre as 19 e 22 horas), aqui batizado de "horário nobre" pelo jornalista Hilton Gomes, nos anos 50. Herança do rádio, a classificação vem do horário dos melhores (e mais caros) programas sendo exibidos para um maior número de ouvintes acompanhando a programação. É justamente o horário em que a maioria das famílias já estava em casa, após o retorno da escola (aos estudantes vespertinos ou integrais) ou do trabalho.

O PADRÃO DE TRANSMISSÃO

Televisor RCA transmite a inauguração da TV Tupi (1950)

A televisão comercial passou a ter diversos padrões. O NTSC esteve longe de ser o único. Por exemplo, nos anos 60, ele rivalizava com outros padrões (já coloridos), como o francês SECAM (*Système Électronique Couleur à Memoire*), de 1966 e o alemão PAL (*Phase Alternating Line*), de 1967, além de inúmeras variações, como o futuro padrão brasileiro PAL-M (1972). PAL e SECAM já conduziam cores com 100 linhas a mais que o NTSC, de 625 linhas. Lembrando que, ainda na fase da transmissão em preto e branco, tivemos como o mais popular o padrão "M", que era o "NTSC-M". Essa norma do padrão era uma abreviação da RMA (*Radio Manufacturers Association*), que estabeleceu a obrigação de as emissoras respeitarem a frequência de 60 Hertz utilizada pela rede de energia elétrica local. Isso permitia 60 campos de imagem por segundo, que evitava cintilações elétricas, carregando as básicas 525 linhas e 30 quadros (ou fotogramas) por segundo. Assim como os Estados Unidos, o Brasil foi um dos que adotaram o "M". Já países cuja rede de energia elétrica era mais fraca, adaptações se mostraram necessárias. Foi o caso de Argentina e Alemanha, países com uma rede elétrica de 50 Hertz, que utilizaram um sinal com 625 linhas e 25 quadros por segundo (cinco a menos). Com o tempo, todos os padrões evoluíram, assim como as redes elétricas. O próprio NTSC nos anos 60 já era outro, cujas cores não constituíam mais um problema e a adaptação do "M" se fez necessária (no Brasil foi utilizado até 1972, e o "M" do padrão colorido "PAL-M" era, na verdade, a possibilidade de sintonizar um padrão híbrido, a fim de que o telespectador, que ainda tinha o antigo televisor, pudesse assistir à programação da televisão, policromática ou não).

UM NOVO MERCADO SE ABRIU

Assim como ocorre com toda invenção, após as experiências iniciais há uma corrida para ver quem sai na frente. Não foi diferente com a televisão.

Testes foram feitos com televisão mecânica, de 1928 a 1931, nos Estados Unidos, Reino Unido, Alemanha, Austrália, França, Canadá e na União Soviética. Foi em 1931 que se oficializou mundialmente a inauguração da TV.

No Japão, a NHK – inicialmente como rádio – começou a realizar experiências com televisão em 1926, já focando na tecnologia, que virou um dos sinônimos dos equipamentos eletrônicos produzidos no país para a área de radiodifusão.

Na Alemanha, o primeiro serviço de TV pública foi oficializado em 22 de março de 1935, com um padrão de média definição (25 quadros por segundo e 180 linhas). Foi na Alemanha que se transmitiu, ao vivo, o primeiro jogo de futebol, em 15 de novembro de 1936, quando o país empatou com a Itália em 2 x 2. Em 1945, com o fim da Segunda Guerra Mundial, os alemães interromperam suas transmissões, retornando apenas em 1952, já com o país dividido. A França, no mesmo ano, em novembro, também fez suas primeiras transmissões (que apenas em 1947 passaram a ser diárias).

Já na Inglaterra, em 14 de julho de 1930, o primeiro-ministro Ramsay MacDonald assistiu ao pioneiro drama da televisão britânica, *The Man with the Flower in His Mouth*. Em 1932, o Reino Unido inaugurou, como rede nacional, a BBC, sediada em Londres, sendo que, em 2 de novembro de 1936, a emissora foi considerada pioneira tecnicamente ao definir um padrão de "alta definição" para a época, com 240 linhas, passando em três meses para 405. Vale lembrar que as transmissões da BBC foram interrompidas em 1939, durante a Segunda Guerra Mundial, retornando em 1946. Importante lembrar também que, em 1937, a BBC realizou a primeira transmissão de um evento ao vivo, a coroação do Rei Jorge VI, e, um ano depois, televisionou a Copa do Mundo da Inglaterra.

CAPÍTULO UM: A PRÉ-HISTÓRIA DA TV BRASILEIRA

Na União Soviética, a TV começou em 5 de novembro de 1934, sendo que, assim como na Inglaterra e na Alemanha, saiu do ar no mesmo período, voltando apenas em 1945, com transmissões duas vezes por semana – diárias apenas em 1951.

Nos Estados Unidos, consideram a paternidade da televisão pelo lançamento do primeiro canal comercial do mundo, a NBC, em 3 de abril de 1939. A formatação de intervalo e programa, como modelos de programação horizontal e vertical, foi estabelecida em 12 de julho de 1941 (ano em que estreou oficialmente também a concorrente CBS, que já fazia transmissões pela emissora experimental W2XAB desde 1931).

Vale lembrar que 1939 foi um ano crucial para a televisão no mundo, mesmo que muitos canais tenham paralisado suas atividades nos anos que se seguiram por conta da Segunda Guerra Mundial (1939-45). Ainda em 1939, transmissões regulares passam a ser realizadas e televisores comercializados. Nesse ano, Japão, Itália e Polônia fizeram também transmissões experimentais.

Durante a Segunda Guerra, Peter Carl Goldmark, da CBS, anunciou – ainda na emissora experimental W2XAB – a invenção do sistema de TV em cores no dia 29 de agosto de 1940, com uma primeira exibição colorida em 3 de setembro (apenas em 1951 começam as transmissões com o novo padrão, que oficialmente é adotado pela NBC e CBS, em 8 de junho de 1956). Em 30 de abril de 1941 foi oficializado o padrão NTSC, em todos os Estados Unidos.

Após o Conflito, em 1946, foi lançado o primeiro televisor popular. Ano em que o Canadá fez suas primeiras transmissões experimentais de televisão eletrônica, assim como o México.

Dois anos depois, surgiu a primeira TV a cabo, no Oregon, por conta de uma necessidade: os sinais não chegavam pelo ar às casas, naquela região montanhosa. Foi também em 1948 que nasceu a concorrente da NBC, a ABC (American Broadcasting Company).

O ano de 1950 foi marcado pela estreia da televisão na América Latina. O Brasil não foi o pioneiro. Oficialmente, dezessete dias antes, em 1º de setembro de 1950, estreou a primeira emissora do México, a XHTV, canal 4, do empresário Don Rómulo O'Farrill, com grande cerimônia no Hipódromo de las Américas. Com a estreia no Brasil em 18 de setembro, com a PRF-3 TV Tupi-Difusora de São Paulo, o país ultrapassou Cuba, que estreou em

22 A HISTÓRIA DA TELEVISÃO BRASILEIRA PARA QUEM TEM PRESSA

24 de outubro a Unión Radio Televisión, de Gaspar Pumajero. Posteriormente vieram Holanda, Dinamarca e Argentina em 1951; Alemanha (Ocidental e Oriental), Itália, Canadá, Venezuela e República Dominicana em 1952; e a televisão, aos poucos, ganhou força no mundo todo, com transmissões diárias. Mas... como será que a televisão chegou ao Brasil?

A TELEVISÃO EXPERIMENTAL NO BRASIL

Experiências não faltaram antes que a televisão oficialmente chegasse aqui, em 1950.

O primeiro brasileiro a se dedicar à busca por um equipamento que transmitisse imagens foi o inventor gaúcho, padre Roberto Landell de Moura (1861-1928). Considerado por muitos como o pioneiro do rádio, da telefonia sem fio e do wireless, foi um interminável explorador de novos formatos ligados às telecomunicações. Mesmo perseguido pela Igreja e sem o merecido reconhecimento pela sociedade, Landell realizou importantes estudos para o futuro da área, sendo que muitos ficaram apenas no projeto. Nos atentemos para um deles, chamado de "Teleforama", de 1904, de transmissão de imagens a distância, base para a televisão, o controle remoto e o teletipo. Chegou, em 1913, a aperfeiçoar o mesmo projeto, já como "televisão". Porém, não se sabe até hoje se, além do projeto, foi construído um protótipo.

Temos depois Edgard Roquette-Pinto, conhecido pelas transmissões pioneiras de rádio no Brasil e fundador daquela que, por décadas, foi reconhecida pelo Governo Federal (Ministério da Viação e Obras Públicas) como a precursora do país, a Rádio Sociedade do Rio de Janeiro (futura MEC AM), fundada em 1923 – porém, até hoje disputa tal pioneirismo com a Rádio Club de Pernambuco, de 1919. Em 1933, Roquette-Pinto fez experiências de TV na sede da emissora, na Rua da Carioca, 45. Criou um motor com dois eixos, sendo numa ponta um transmissor e na outra um receptor. Entre eles, dois discos com uma estrela na área central. No sincronismo dos objetos ocorria o espelhamento da imagem. Almirante (Henrique Foréis Domingues), um dos maiores radialistas do país, foi um dos muitos colaboradores nesta experiência, que se repetiu depois na casa do desenhista Flávio de Andrade, em Botafogo, bairro da zona sul do Rio. Foi realizada a tentativa de transmitir imagens e sons, da rádio, no Centro da cidade, até lá, usando hélices de ventilador para impulsionar a transmissão e a sincronia.

CAPÍTULO UM: A PRÉ-HISTÓRIA DA TV BRASILEIRA

No dia 2 de junho de 1939, praticamente dois meses após a histórica Feira Mundial de Nova York, ocorreu a Feira de Amostras do Rio de Janeiro, na Ponta do Calabouço. A inauguração oficial do evento se deu no dia 3 de junho, com discurso de Getúlio Vargas, às 16h30. Muitas autoridades compareceram, como Lourival Fontes, diretor do Departamento Nacional de Propaganda, e inúmeros representantes da Alemanha, como Von Lebetzow (o preposto germânico das negociações entre os países), os engenheiros Jahmlich e Perchermeier, e o conselheiro do Instituto de Pesquisas Científicas dos Correios do III Reich, Hans Pressler. Com transmissão em circuito fechado, os técnicos alemães demonstraram a televisão – o que já realizavam desde 1934, em visitas a várias nações – a partir de cenas feitas em estúdio com artistas radiofônicos. Logo após, a demonstração de uma TV por cabos telefônicos (o "videotelefone"), com Vargas e o Ministro Francisco Campos nas cabines, distanciadas em 20 metros. Após, um filme de 1938, realizado pelo Departamento Nacional de Propaganda, com uma saudação do presidente aos brasileiros. Apenas no dia seguinte é que o público pôde ver a "Exposição de Televisão", que permaneceu por duas semanas no local. Um estúdio foi montado ao lado do estande, repleto de televisores do fabricante alemão Telefunken. Nesse primeiro dia, os humoristas Heloísa Vasconcelos e Genésio Arruda abriram o show, que exibiu quadros com o elenco da Rádio Tupi carioca, de Chateaubriand. Nos bastidores estava Dermival Costa Lima, que viria a ser o primeiro diretor-geral da pioneira TV Tupi paulista, 11 anos depois. Outros artistas também se apresentaram, como Sylvinha Mello e o Regional do Canhoto, e a dupla Alvarenga e Ranchinho. Os visitantes, que superlotaram o estande, puderam também testar o "videotelefone". Muitas empresas, dia após dia, faziam suas demonstrações, assim como as principais rádios e jornais, por exemplo, *O Globo*, da família Marinho, Irmãs Pagã (Rosina e Elvira), Ary Barroso (simulando o seu "Calouros em Desfile" – que, muito tempo depois, ganharia sua versão na TV Tupi carioca); Josephine Baker; Silvio Caldas.

Já em 1946, a Rádio Nacional do Rio de Janeiro se interessou em fazer televisão, após a visita de uma empresa estrangeira que pretendia vender equipamentos. Nos bastidores da iniciativa, o radialista César Ladeira (que chegou a fazer transmissão do hall do Edifício A Noite, na Praça Mauá). Programas radiofônicos foram televisionados, como "Papel Carbono", com Renato Murce; "Rua 42", com Manoel Barcelos e produção de Max Nunes;

e "Nada Além de Dois Minutos", com Paulo Roberto. A criação da TV Nacional foi uma tentativa que, apesar do empenho, não evoluiu. Vale também lembrar que a primeira concessão no Brasil não foi de Assis Chateaubriand, mas sim do mesmo *speaker* César Ladeira, que fez o pedido de outorga em 1948 para a empresa que criou, a RTB – Rádio e Televisão do Brasil S/A, em sociedade com José Sampaio Freire, empresário do ramo da aviação. Ladeira havia ido aos Estados Unidos em 1939 e, desde então, ficou impressionadíssimo com a televisão. Sua programação seria gerada com apoio da Rádio Mayrink Veiga, tendo um modelo próximo a um consórcio, com coparticipação nos lucros. A concessão do canal 2 carioca foi outorgada por meio do Decreto nº 27168, assinado pelo Presidente Eurico Gaspar Dutra, em 12 de setembro de 1949. Chegaram a comprar equipamentos da GE, mas logo se deflagrou, em abril de 1950, a situação precária da RTB, cuja crise se instalou e, em 22 de fevereiro de 1952, Getúlio Vargas declarou caduca a concessão do canal 2, gerando ainda uma briga judicial.

OLAVO BASTOS FREIRE, O GÊNIO DA TV

Em Juiz de Fora (MG), o técnico Olavo Bastos Freire foi pioneiro ao criar seus próprios equipamentos: uma câmera, um transmissor e um televisor. Mas quem foi esse inventor? Olavo nasceu em Leopoldina (MG), em 29 de dezembro de 1915. Entre os oito irmãos, foi quem mais se inspirou no pai, um "faz-tudo" que trabalhava de pedreiro a bombeiro. Olavo estudou somente até o primeiro ano do ginásio (atual 6ª série); era autodidata. E já se interessava pelo rádio desde cedo. Em 1935, foi para Juiz de Fora trabalhar com o tio como engarrafador de bebidas. Pedro, o tal tio, que trabalhava também na Prefeitura, arrumou para ele uma vaga de auxiliar técnico em medições de terreno, na equipe do engenheiro Deusdedit Salgado, em 1937. Nesse período, ele se aprofundou ainda mais nos estudos sobre radiodifusão, o que acabou levando-o a conseguir um emprego de técnico em 1938, na A. Villela & Andrade, futura Casa do Rádio, com Adhemar Resende de Andrade. Lia muito e importava dos Estados Unidos livros técnicos e revistas ligadas à eletrônica – principalmente a *QSP*, que trazia um esquema de como construir um equipamento de transmissão de imagens. Foi pelas publicações que acabou se interessando por televisão, quando soube do lançamento da BBC de Londres, em 1936, dedicando-se a estudar os princípios teóricos do novo

CAPÍTULO UM: A PRÉ-HISTÓRIA DA TV BRASILEIRA 25

meio dois anos depois. Mesmo sem saber inglês, ia traduzindo palavra por palavra. Em consequência, resolveu importar material eletrônico, por intermédio do colega Eduardo Ferreira da Rocha, para realizar experiências em casa. O amigo também fez experiências em 1941, contudo, Olavo foi mais adiante, aperfeiçoando o equipamento planejado pelo passo a passo da publicação. O interesse dele era maior, pois o inventor tinha um problema de vista e achava que, refinando a imagem, poderia enxergar melhor ao ver as imagens da câmera que logo criaria.

Em novembro de 1940, Seu Olavo saiu da Casa do Rádio e montou uma oficina própria, de consertos de rádio. Construiu, um ano depois, seu próprio osciloscópio (o tubo de raios catódicos), conjugado com um monitor de TV, inicialmente em circuito fechado. Em junho de 1946, comprou, no Rio de Janeiro, um iconoscópio RCA 1847, que denominava "olho da televisão", iniciando a construção da câmera, concluída em dezembro. Viu então as primeiras imagens no monitor da câmera, no padrão de 120 linhas e 30 quadros por segundo – o que futuramente aperfeiçoou, na compra do iconoscópio RCA 5527, para 262 linhas e 60 quadros por segundo. O passo seguinte, já em janeiro de 1947, foi iniciar a construção de um receptor de TV, de 3 polegadas, concluído em junho. De tela verde, o aparelho permitia a recepção de sinal na frequência de 114,7 MHz – depois modificado para funcionar em vários padrões, possuindo um seletor de canais. Metódico, em julho de 1947 começou sua terceira invenção: o transmissor de vídeo, que operava inicialmente pela mesma faixa de Hertz, depois passando para sintonia do canal 6 VHF. A criação desse equipamento só foi concluída em dezembro, porém, em agosto, realizou sua primeira transmissão. Colocou a câmera na janela de sua oficina, na Rua Marechal Deodoro, 373, focalizou o bonde que ali passava e toda a movimentação, transmitindo para o receptor, colocado no quintal do seu vizinho Ademar Fernandes Ribeiro, na mesma rua, número 368. Inicialmente, a transmissão poderia chegar até 20 metros de distância, o que foi ampliado por Olavo ao longo do tempo. Não satisfeito, começou a fazer demonstrações públicas. A primeira foi em 10 de abril de 1948, quando ele, também radioamador, demonstrou aos colegas as invenções. Olavo, Aloísio Cavalcante Albuquerque e Roberto Thielmann transmitiram sinais da oficina do técnico para a residência do colega Homero Fontes, na Rua Delfim Moreira, 248. Nessa transmissão, eles conversavam por rádio e se viam por imagem, coligando os sinais – o transmissor, mais para frente, operou na faixa de radioamador de 80 metros.

Foi então que Olavo fez uma demonstração oficial, em circuito aberto, em 28 de setembro de 1948, com a presença de autoridades, como o Prefeito Dilermando Cruz e o General Demerval Peixoto. A câmera foi colocada no 1º andar do antigo Edifício Club Juiz de Fora, na Av. Rio Branco, focalizando, da sacada, o Parque Halfeld; já o receptor ficou na Casa do Rádio, na Getúlio Vargas. Na época, a Câmara Municipal homenageou Olavo Bastos Freire, prometendo apoio a seus inventos, mas não há registro se aconteceu tal contribuição.

Em maio de 1950, realizou duas importantes transmissões em Juiz de Fora: no dia 21, o amistoso Bangu (RJ) 2 x 3 Tupi (MG), no bairro de Santa Terezinha (naquela noite o "Repórter Esso", na Rádio Nacional do Rio de Janeiro, noticiou que o jogo havia sido televisionado); e no dia 27, o II Congresso Eucarístico Diocesano, promovido pelo Arcebispo Dom Justino José de Sant'Ana, por ocasião do centenário da cidade, sob o patrocínio da Carlos Pereira Indústrias Químicas S/A. Muitas vezes, Olavo deixava a câmera e o transmissor ligados em sua oficina, saindo por Juiz de Fora com o televisor para ver até onde ia o sinal.

Dez dias após a inauguração da TV Tupi de São Paulo, em 28 de setembro de 1950, ele realizou nova transmissão, considerada o primeiro programa de televisão de Minas Gerais: o "Noticiaristas T9", da Rádio Industrial, em seus estúdios, no 11º andar do Edifício Baependi, agora com o receptor de 7 polegadas e patrocinado pela mesma empresa. A transmissão teve total apoio do dono da emissora, Alceu Nunes da Fonseca (que, curiosamente, apenas nos anos 60, inaugurou sua TV Industrial – antes, experimentalmente, Juiz de Fora teve, entre 1959 e 1965, a TV Mariano Procópio, ligada aos Diários Associados).

No final de 1950, mudou-se para o Rio de Janeiro. Foi trabalhar como técnico de aparelhos de TV da marca Admiral. Já era reconhecido por suas habilidades na área de eletrônica. Em 1951, recebeu convite para trabalhar na recém-inaugurada TV Tupi, canal 6 carioca, mas recusou. Outro convite logo veio, para trabalhar nos Estados Unidos, contudo não sentia segurança por não ter um inglês fluente.

Em 1953, durante a I Exposição Brasileira de Rádio, Televisão, Eletrônica e Telecomunicações, no Rio de Janeiro, o genial inventor apresentou um controle remoto por meio de rádio, que desenvolveu a partir das suas leituras. O equipamento acendia 5 lâmpadas de cores diferentes, entre os números

CAPÍTULO UM: A PRÉ-HISTÓRIA DA TV BRASILEIRA

0 e 9 – a luz permanecia acesa por um tempo, com a possibilidade de memorização do sensor. Um ano mais tarde, ele construiu um gerador de pulso de sincronismo para estações de TV, e depois um conversor de frequência, de 50 para 60 Hertz – o Brasil trabalhava com dois padrões diferentes, no Rio e em São Paulo, o que chegou a atrasar o cronograma de lançamento, por exemplo, das cariocas Tupi e Rio, cujo equipamento de transmissão exportado vinha em correntes diferentes – tal conversor, porém, teria vida útil pequena, uma vez que logo se padronizou a frequência em todo o Brasil.

Em março de 1959, já considerado um dos principais técnicos do país, foi contratado pela Rádio Emissora Paranaense, pertencente a Nagibe Chede, que iria inaugurar sua emissora: a TV Paranaense, canal 12 de Curitiba (hoje RPC TV), inicialmente sob o nome de ONC-TV (Organização Nagibe Chede). As primeiras transmissões experimentais, quando o canal funcionava ainda no Edifício Marisa (Rua Senador Alencar Guimarães), na sede da rádio, foram feitas utilizando o transmissor pioneiro de Olavo Bastos Freire. Em maio de 1959, uma antena foi instalada no alto do Edifício Tijucas, na Av. Luís Xavier, cujo apartamento, antes destinado ao zelador, no 21º andar, passou a ser ocupado pela emissora. O transmissor e a antena ficavam no topo do prédio. A emissora foi inaugurada oficialmente em 29 de outubro de 1960.

Ainda em fase experimental, Olavo criou e patenteou o "escriptoscópio", aparelho para criação de desenho digital eletrônico, que, com um lápis eletrônico, desenhava na tela da TV sincronizadamente. Isso muito antes da criação de uma mesa digitalizadora touchpad, de um gerador de caracteres ou de um teleprompter! A definição da invenção não era tão boa, por possuir apenas 238 pontos luminosos. Freire queria aumentar para até 20 vezes mais o número de pontos, mas precisava de investimento financeiro para isso. Os transistores o ajudariam, compactando o equipamento. Porém, as indústrias brasileiras preferiram importar tecnologia estrangeira a gastar em pesquisa e desenvolvimento. Chegou ainda a construir um sintetizador de som (como os teclados musicais) e um controle remoto para acionar o transmissor da TV. Gastava todas as economias apenas nas suas invenções. Depois de Curitiba, o inventor foi para São Paulo trabalhar na pioneira fábrica Invictus, na Rua da Consolação. Depois retornou a Minas Gerais, voltando a ter oficina própria. Em outubro de 2000, o cineasta Rogério Terra Jr. gravou o documentário "A Luz Fragmentária de Olavo", protagonizado pelo próprio inventor. Em 2001, doou todo o seu acervo para a FUNALFA – Fundação Cultural Alfredo

A HISTÓRIA DA TELEVISÃO BRASILEIRA PARA QUEM TEM PRESSA

Ferreira Lage –, em Juiz de Fora, a quem concedeu também depoimento na ocasião. Olavo Bastos Freire faleceu em abril de 2005, aos 90 anos, sem deixar herdeiros.

OCTÁVIO GABUS MENDES, O VISIONÁRIO

Da parte criativa, não podemos esquecer de Octávio Gabus Mendes (1906--46), considerado um dos maiores radialistas do Brasil. Atuou em todas as frentes, sendo um dos diretores da Rádio Bandeirantes, um dos grandes comunicadores da Rádio Record (como no popular "Palmolive no Palco"), um dos líderes da dramaturgia nas Emissoras Associadas (como o "Cinema em Casa") e um dos pioneiros do cinema mudo brasileiro – com destaque para "Ganga Bruta" e "Onde a Terra Acaba". Também foi responsável por revelar talentos e dar visibilidade a iniciantes, como Adoniran Barbosa, Walter George Durst, Ivani Ribeiro e Janete Clair, além do próprio filho, Cassiano Gabus Mendes. Octávio se empolgou muito com a televisão desde que soube da invenção, ainda nos anos 30. Chegou então a buscar, já nos anos 40, quem pudesse bancar a nova mídia. Muitas foram as vezes que tentou convencer o amigo Dermival Costa Lima, parceiro na Cidade do Rádio, a se interessar pela novidade. Sua fascinação rendeu textos inesquecíveis e, mesmo doente, em meados dos anos 40, criou roteiros e marcações, mesclando técnicas de cinema e de rádio. De cama, era comum que seus roteiros televisivos fossem datilografados pelos filhos Cassiano e Edith, ambos pioneiros da televisão. Com sua morte prematura, em 1946, não chegou a ver a estreia oficial da televisão, porém, Dermival Costa Lima, ao assumir a direção da futura TV Tupi, convidou o filho de Octávio para ser seu assistente; afinal, Cassiano aprendera técnicas sugeridas pelo pai, sendo que vários roteiros acabavam sendo adaptados pelos filhos para a televisão.

CÁSPER LÍBERO E A TELEVISÃO

Em 1939, Cásper Líbero foi à Inglaterra para uma de suas muitas viagens, conforme depoimentos de contemporâneos que trabalharam com ele no jornal *A Gazeta*. Data desse ano seu interesse por um novo meio: a televisão. O jornalista conheceu a BBC de Londres, emissora pública do Reino Unido.

CAPÍTULO UM: A PRÉ-HISTÓRIA DA TV BRASILEIRA

Dizem que havia requerido, no retorno ao Brasil, o pedido de concessão ao Ministério da Viação e Obras Públicas para fazer uso do serviço de televisão. Porém, em 1943, um ano após o início da Segunda Guerra Mundial, Cásper Líbero morreu num acidente aéreo, no Rio de Janeiro. Em testamento, ordenou que suas empresas, como os jornais *A Gazeta*, *A Gazeta Esportiva* e a Rádio Gazeta, se tornassem uma Fundação – inaugurada em 1944 –, e que todos os novos meios que viessem a ser criados fossem prioridade de a nova entidade neles inserir-se. Data, do início dos anos 50, o pedido de concessão da TV Gazeta, que a obteve do canal 2 de São Paulo, mas que, por problemas políticos e administrativos, a estação foi perdida; e assim, o sonho da emissora de TV de Cásper Líbero só se tornou realidade em 1970, já no canal 11 de São Paulo.

CHATÔ E A CIDADE DO RÁDIO

Um dos maiores conglomerados de comunicação do Brasil, na primeira metade do século 20, foram os Diários Associados. À frente, Francisco de Assis Chateaubriand Bandeira de Melo, também conhecido como Chatô. Nascido em 5 de outubro de 1892, em Umbuzeiro (PB), começou sua vida no jornalismo aos 14 anos, escrevendo os classificados da *Gazeta do Norte*, em Recife. Virou repórter e estudou Direito, formando-se em 1913.

Aos 25 anos foi para o Rio de Janeiro. Sempre dedicado, ganhou a atenção dos diretores do *Jornal do Brasil*. Seis anos depois, já era uma figura conhecida em toda a capital federal. Os Diários Associados surgiram a partir da compra de sua primeira publicação, *O Jornal*, em 1924. Chegou a ter, na mídia impressa, uma agência de notícias (Meridional), 18 revistas (como *O Cruzeiro* e *Pif-Paf*) e 34 jornais (como *Diário da Noite*, *Diário de São Paulo*, *O Estado de Minas* e *Correio Braziliense*), e na mídia eletrônica, 25 emissoras de rádio (como Tupi – Rio de Janeiro e São Paulo –, Difusora, Tamoio, Piratini, Itacolomi) e 18 de televisão (que, em sua maioria, fizeram parte da Rede Tupi de Televisão, com algumas independentes, como TV Cultura, em São Paulo, e TV Alterosa, em Belo Horizonte).

Chatô ficou conhecido também por conseguir benefícios por meio de chantagem, expondo, de forma negativa, personalidades em seus veículos de comunicação. A mesma coisa fez para obter obras de arte, quando não as arrematava em leilões mundo afora. Chatô era um amante das artes, sendo responsável pela criação do Museu de Arte de São Paulo, o MASP, em 1947, sediado inicialmente na sede dos Diários Associados, na Rua Sete de Abril, 230. Era reverenciado não apenas pelos políticos, mas também pela alta sociedade – artistas e empresários que tiveram ligação com a Semana de Arte Moderna, de 1922, como o casal Ciccillo Matarazzo (Francisco Matarazzo Sobrinho) e Yolanda Penteado, a quem auxiliou na criação do Museu de Arte Moderna (MAM), cujo acervo hoje integra o MAC (Museu de Arte Contemporânea) em São Paulo, também sediado inicialmente na sede dos Diários Associados, em 1948.

Assis Chateaubriand

Em 1937, foi inaugurada a PRG-2 Rádio Tupi de São Paulo, sendo que, dez anos depois, Chatô adquiriu a PRF-3 Rádio Difusora. A Tupi então se mudou para o Sumaré, e lá foi fundada uma das maiores estruturas de rádio do país, a chamada "Cidade do Rádio", na Av. Professor Alfonso Bovero. O auditório, de uso conjunto das duas estações, chegou a ser considerado o maior de São Paulo. Os principais nomes da radiodifusão paulista transitavam entre as Emissoras Unidas, de Paulo Machado de Carvalho, e as Emissoras Associadas, de Assis Chateaubriand. Nestas, foram criados programas de enorme sucesso, como os da Tupi: "Grande Jornal Falado Tupi" e "Matutino Tupi", ambos dirigidos por Coripheu de Azevedo Marques;

CAPÍTULO UM: A PRÉ-HISTÓRIA DA TV BRASILEIRA   31

"Repórter Esso", com Kalil Filho; "Rancho Alegre" com Amácio Mazzaropi. E os da Difusora, como "Club Papai Noel", com Homero Silva, e os radioteatros de Octávio Gabus Mendes, como "Cinema em Casa". Auditório, estúdios e toda a estrutura da "Cidade do Rádio" tiveram de ser adaptados para receber a nova irmã, a futura PRF-3 TV Tupi-Difusora. Vem daí a história de quando Chatô chegou no Sumaré e, acompanhado de engenheiros, disse "aqui vai ser a televisão", no antigo campo de peteca – local de descanso dos profissionais das Associadas –, que viria a ser ocupado por parte do Estúdio A da TV Tupi. Profissionais já consagrados no rádio, depois grandes nomes da televisão, mostraram-se preocupados ao presenciar aquela visita surpresa ao pequeno campinho. Gente como Walter Forster, Lia de Aguiar, Vida Alves e Lima Duarte. Afinal, o que era essa tal de televisão? Haveria câmeras em todos os lugares? Radialistas poderiam trabalhar nela? Sim. Desde então, os profissionais, tanto de rádio como de TV, passaram a ser denominados "radialistas", que, conforme Nicolau Tuma, criador do termo, vem de "idealistas do rádio".

Quando Chateaubriand pensou em implantar a TV no Brasil, estava em seus planos que aquele centro nervoso que existia no Sumaré era, com certeza, um dos destinos do novo meio, em solo paulistano. Seu sonho, porém, desde o princípio já era ter primeiro uma televisão no Rio de Janeiro e outra em São Paulo, polos de enorme audiência radiofônica no Brasil, cujas futuras TVs dos Diários Associados seriam a versão audiovisual de suas rádios – Tupi e Difusora, em São Paulo, e Tupi e Tamoio, no Rio.

Na sua ida aos Estados Unidos, quando tomou a decisão de comprar os equipamentos para montar os canais de televisão, adquiriu-os de duas empresas diferentes, da GE, para a TV carioca, e da RCA, para a emissora paulista. Porém, o interesse por implantar a TV não era só do jornalista paraibano.

A CORRIDA DOS EMPRESÁRIOS PELA TELEVISÃO

Não foi apenas Chateaubriand que acreditou na vinda da televisão para o Brasil, como tanto se aborda em pesquisas. Chatô era um dos vários empresários que queriam tomar conhecimento do novo meio para investir, entendendo a possibilidade de negócios e de difusão comercial que a televisão poderia trazer para as suas empresas. O interesse partiu inicialmente dos empresários ligados à

32   A HISTÓRIA DA TELEVISÃO BRASILEIRA PARA QUEM TEM PRESSA

comunicação. Tanto que aí se explica o fato de muitas das emissoras pioneiras serem ligadas às rádios de mesmo nome (o que continuou a ser uma constante, mesmo depois de a televisão já estar em atividade há décadas, vide o caso das TVs Gazeta e Manchete). Regionalmente, a mesma tendência ocorreu. No caso de veículos de comunicação, é preciso lembrar que, de início, quase todos eram também proprietários de periódicos e revistas. Chateaubriand, por exemplo, possuía jornais fortes, como *Diário da Noite* e *Diário de São Paulo*, e revistas de circulação nacional, como *O Cruzeiro* e *A Cigarra*.

Proprietários	Outros veículos	Emissora(s) de TV
Diários Associados/ Assis Chateaubriand	Rádio Tupi e Rádio Difusora/Rádio Cultura	TV Tupi-Difusora (1950)/TV Cultura (fase comercial, 1960)
Grupo Paulo Machado de Carvalho	Rádio Record	TV Record (1953)
Organizações Globo (hoje Grupo Globo)/ Roberto Marinho	Jornal *O Globo*/ Rádio Globo	TV Globo (1965)
RTB (hoje Grupo Bandeirantes de Comunicação)/ João Saad	Rádio Bandeirantes	TV Bandeirantes (1967)
Fundação Cásper Líbero	Jornal *A Gazeta*/ Rádio Gazeta	TV Gazeta (1970)
Bloch Editores/ Adolpho Bloch	Revista *Manchete*/ Rádio Manchete	TV Manchete (1983)

O FIM DOS CASSINOS E O ESPAÇO PARA A TV

O panorama pós-Segunda Guerra Mundial ocasionou mudanças no mundo todo, mesmo nos países que saíram vitoriosos da batalha, como o Brasil. Em 1945 – ano em que findou o conflito –, chegou ao fim a Era Vargas. No seu lugar entrou o General Eurico Gaspar Dutra. O novo presidente, ainda no primeiro ano de mandato, impôs uma medida drástica ao estabelecer, em 30 de abril de 1946, o decreto-lei 9.215, que fechou os cassinos e proibiu jogos de azar em todo o país. Os cassinos eram uma potente fonte

CAPÍTULO UM: A PRÉ-HISTÓRIA DA TV BRASILEIRA
33

de receita: junto da jogatina, um enorme trânsito de turistas e um alto consumo. Petrópolis, Araxá, Poços de Caldas, Caxambu, Santos e até a capital brasileira, o Rio de Janeiro, faziam parte das regiões atingidas, onde havia quase 80 cassinos, e mais de 40 mil empregos diretos foram extintos com o decreto-lei. O General Dutra argumentou que o jogo era algo degradante ao ser humano; diziam-se, contudo, que a medida se deu por forte influência da esposa, a Primeira-dama Carmela Teles Leite Dutra, muito religiosa e com forte ligação com a Igreja Católica, que abominava a prática.

Porém, o maior problema do banimento dos cassinos não foi a sua extinção, mas tudo o que indiretamente dependia deles – em especial, os estabelecimentos culturais e de entretenimento, além de muitos também terem geração de renda advinda da jogatina. Teatros, cinemas, casas de espetáculos, centros culturais, companhias teatrais... No Cassino da Urca, de Joaquim Rolla – um dos principais empresários do ramo –, os shows eram frequentes, como o da internacional Carmen Miranda. Ao mesmo tempo, várias companhias de Teatro de Revista por lá se apresentavam, com nomes como Dercy Gonçalves (vale lembrar que muitos artistas deste cenário cultural colaboraram efetivamente na criação da TV, sobretudo no Rio de Janeiro). Com a baixa no turismo, inúmeros lugares, como a Cinelândia, tiveram uma queda considerável na arrecadação e no fluxo de público. Assim, cinemas também sofreram, mesmo com o crescimento de companhias como a Atlântida, no Rio, e a Vera Cruz, em São Paulo. Com a falência de diversos espaços culturais e de entretenimento, o desespero do setor para locação ou venda dos imóveis foi geral.

A chegada da televisão, que buscava espaços amplos para o movimento acelerado de produções, trouxe vida novamente a vários deles. Como foi o caso do Cine Sol, em São Paulo, que futuramente se tornou o Teatro Silvio Santos, na Av. Ataliba Leonel (bairro do Carandiru); do Teatro Paramount, depois denominado Record; do Teatro Cultura Artística, futura sede da TV Excelsior; do Cine Miami, depois sede da TV Globo São Paulo, na Praça Marechal Deodoro; e o caso mais clássico de todos: a obtenção do Cassino da Urca, transformado, em 1955, na sede da TV Tupi do Rio de Janeiro, quando Assis Chateaubriand o adquiriu do amigo Joaquim Rolla – que ainda tentava manter o local, mesmo sem os jogos de azar (o mesmo se deu com a TV Rio, que adquiriu o Cassino Atlântico, em Copacabana). Portanto, esse fato, anterior à inauguração da TV brasileira, acabou auxiliando-a a partir do

34   A HISTÓRIA DA TELEVISÃO BRASILEIRA PARA QUEM TEM PRESSA

momento que ela precisou se expandir, saindo das dependências das rádios que a criaram.

O Brasil e o Mundo em 1950

O que aconteceu em 1950, ano planejado para o lançamento da TV no Brasil? O que pensava a sociedade? Sobre isso vale lembrar que estávamos em um momento pós-guerra, com forte influência norte-americana em nossa cultura. O Brasil sempre esteve bem mais do lado dos ianques do que dos russos, incluindo tratativas e intercâmbios que fortaleceram a relação entre os países. Dessa forma, a cultura absorvida foi tanta e com tamanha força, que era possível ver até mesmo costumes sendo radicalmente modificados como resultado desse intercâmbio. Muito disso, vale lembrar, veio com a chegada dos blockbusters de Hollywood, de apoio de empresários norte-americanos em iniciativas nacionais, da profunda influência na música e nos programas de rádio, como na vinda de patrocinadores e agências internacionais. Na música, assistimos a vários de nossos artistas fazendo sucesso nos Estados Unidos. Período também em que vimos, ao longo dos anos 50, uma troca entre o sucesso do rock americano aqui e a nossa Bossa Nova brotando no exterior. Nas roupas, o jeans veio para ficar.

Mesmo com o fim dos cassinos, o Brasil ganhou as manchetes internacionais ao sediar a IV Copa do Mundo de Futebol da FIFA, com o Estádio do Maracanã lotado e turistas vindo conhecer a nossa capital federal. Ainda no esporte, meses antes, em 13 de maio, foi realizada a primeira corrida de Fórmula 1 – outra modalidade que estouraria na TV –, o Grande Prêmio da Grã-Bretanha, em Silverstone, com o italiano Giuseppe Farina, da Alfa Romeo, vencendo a prova.

No mundo, teve início a Guerra da Coreia, em 25 de junho, que durou três anos. Enquanto as Coreias brigavam entre si, outros países entraram no conflito. Entre eles, EUA e URSS, rivais desde o início da Guerra Fria, em 1947. Na Ásia ainda, a Índia se tornou, em janeiro, uma república.

Na política, o Brasil estava em ano eleitoral, portanto, época de campanhas. Em transmissões experimentais da TV Tupi, Cristiano Machado deu as caras, o que não valeu para vencer Getúlio Vargas, que acabou sendo eleito em 3 de outubro com 49% dos votos válidos, retornando ao poder. Curiosamente, uma das músicas de maior sucesso falava sobre a volta de Getúlio: "Retrato do

CAPÍTULO UM: A PRÉ-HISTÓRIA DA TV BRASILEIRA   35

Velho", de Francisco Alves, fazendo alusão ao retrato de Vargas, tão popular nas paredes das casas brasileiras. No rádio, outros nomes também continuavam a fazer sucesso, além do "Rei da Voz": Dircinha e Linda Batista, Luiz Gonzaga, Emilinha Borba, Ademilde Fonseca, Dalva de Oliveira, Herivelto Martins etc. Sobre o rádio, a estatal Rádio Nacional continuava a ser uma potência em todo o Brasil – não apenas na capital. Em São Paulo, rádios como Tupi, Difusora, Record e São Paulo despontavam na preferência do público. Vale lembrar também que não procede a informação de que a televisão matou o rádio. O meio radiofônico, nos anos 60, ainda garantia bom faturamento e audiência. Os dois meios passaram, aos poucos, a adaptar-se às tendências, somando-se muitas vezes em transmissões em pool (em cadeia, simultaneamente) de rádio e TV. Muitos programas migraram para a telinha – como os de auditório e infantis –, enquanto o rádio encontrou novos caminhos: jornalismo, música, esporte e humor passaram a ser os principais gêneros. A dramaturgia ficou por décadas ainda transitando entre ambas as mídias.

A IMPLANTAÇÃO DA TV TUPI

O processo de implantação da primeira emissora da América do Sul foi intenso, mês a mês, uma verdadeira aventura em menos de um ano.

Após Chatô acertar a compra de duas emissoras, uma com equipamentos da RCA, para São Paulo, e outra com os da GE, para o Rio, o primeiro passo foi enviar, em 1949, os técnicos Jorge Edo e Mário Alderighi aos Estados Unidos para "aprender" televisão. Depois disso, no final do mesmo ano, um rápido estágio a Cassiano Gabus Mendes e Jorge Ribeiro, que foram também aos Estados Unidos entender artisticamente como era possível adaptar a estrutura radiofônica ao formato televisivo, com a possibilidade de convergência com outras áreas, como o teatro e o cinema. Percebam: apenas quatro pessoas entendiam o básico do "fazer" televisão – dois técnicos e dois produtores. No mais, tudo foi aprendido com o tempo, com muita experimentação. Próximo passo: a chegada dos equipamentos e a montagem da televisão no Brasil.

Em 11 de janeiro de 1950, os equipamentos foram embarcados no cargueiro *S.S. Mormacyork*, na Filadélfia. Na verdade, foi embarcada uma emissora completa: de câmeras a switcher e equipamentos de iluminação, além de uma unidade móvel, transmissores e todas as partes da antena que logo seria

36 A HISTÓRIA DA TELEVISÃO BRASILEIRA PARA QUEM TEM PRESSA

montada em São Paulo. Quando tudo foi desembarcado no Brasil, no final do mês, dia 30, Assis Chateaubriand promoveu uma festa. Diretores, artistas, personalidades... todos foram ao Porto de Santos brindar a chegada da televisão – nomes como Walter Forster, Hebe Camargo, Dermival Costa Lima e muitos outros.

Já em 24 de março, após toda carga ser liberada e despachada no Porto de Santos, quatro carretas partiram para São Paulo. Chegando na capital paulista, Chatô fez questão de que as carretas estivessem com faixas alusivas à chegada da "misteriosa" televisão, como se fosse um desfile do que viria. A partir daí, os equipamentos foram separados e transportados para os respectivos lugares onde seriam instalados: antena e transmissores, para a sede do Banco do Estado de São Paulo, na Rua João Brícola (atual Farol Santander) – os quais seguiram para lá, em definitivo, somente após a reforma em tais instalações –, e para a Cidade do Rádio, no bairro do Sumaré. Por quatro meses, num ritmo alucinante, obras foram sendo executadas no local para dar espaço à televisão. É desse período que vem a tal história de que o campo onde os artistas e técnicos jogavam peteca nas horas vagas fora invadido por Chateaubriand e os engenheiros, dizendo que ali logo seria implantada a televisão – local que deu lugar ao futuro Estúdio A da TV Tupi. As instalações foram projetadas pela própria RCA Victor. Aos poucos, os profissionais, que desconheciam o que era a tal televisão, foram se familiarizando com as mudanças – é daí que vem outra história: inicialmente se faria "rádio com imagens". Foram também contratadas dezenas de profissionais de outras áreas, como o cenógrafo Carlos Jacchieri.

Com a chegada de junho, as adaptações no 34º andar, topo do Banco do Estado de São Paulo, foram realizadas. A montagem do transmissor e da antena foram concluídas, içando muitas peças pesadas e gigantescas (ação que aconteceu apenas em 12 de julho, com o imprescindível apoio dos técnicos). Devido à altura em que estaria a torre, acima do cume cilíndrico do prédio, todo cuidado era pouco. A antena da TV Tupi ficou por muitos anos no local onde depois a bandeira de São Paulo passou a tremular. No 34º andar, a sala dos transmissores. A posição era estratégica, pela altura do prédio em relação a todo o relevo da cidade, com perfeita visão para o fechamento de links, principalmente com a Cidade do Rádio, no Sumaré. Quem passava pela região da República via ali o topo do prédio envolto por andaimes.

CAPÍTULO UM: A PRÉ-HISTÓRIA DA TV BRASILEIRA

Julho foi o mês mais intenso para a implantação da TV Tupi-Difusora, canal 3 de São Paulo. Enquanto o Sumaré seguia sendo preparado para a instalação da emissora, transmissões experimentais eram feitas na região central da cidade. Chatô queria também impressionar e mostrar àqueles a quem vendera cotas de patrocínio, por meio de cartas de crédito (descontadas em anúncios nos seus veículos de comunicação), que a televisão seria uma realidade próxima. Assim, no dia 4 de julho, a pré-estreia da TV brasileira se deu com o início da temporada brasileira de um cantor mexicano, o Frei José Mojica, direto do auditório do MASP. Lembrando que o espaço funcionava dentro da sede dos Diários Associados. O espetáculo foi patrocinado pela Goiabada Peixe e comandado pelo cineasta e radialista Victor Berbara (futuramente imortalizado por ter criado a empresa de dublagem VTI Rio). Para o show, no auditório do museu, a TV Tupi instalou suas três câmeras TK-30, transmitindo em circuito interno, sendo vistas por receptores instalados no saguão do Edifício Guilherme Guinle. O público assistiu, maravilhado, à transmissão, com apresentação de Walter Forster e Homero Silva. Um dia depois, uma nova transmissão foi realizada em circuito fechado. Mostrou-se o lançamento da ampliação da sede do MASP dentro do mesmo edifício. Nos bastidores, a presença de celebridades, como o Presidente Eurico Dutra e o banqueiro estadunidense Nelson Rockfeller, cujas relações com Chatô cresceram durante o período da Segunda Guerra Mundial. O público novamente lotou o ambiente. Passados dois dias, 7 de julho, o Frei Mojica se apresentou no auditório do MASP em transmissão similar à primeira, retransmitida também pelas rádios Tupi e Difusora – a diferença apenas é que os monitores foram espalhados não apenas no saguão, mas também na praça ao lado do prédio. Passados quatro dias, Mojica se apresentou novamente em circuito interno, e cada vez com mais público.

Preocupado em fazer o máximo de sucesso com essas primeiras transmissões, Chateaubriand adquiriu televisores e os espalhou pelo local, posteriormente adquirindo outros, colocados em pontos estratégicos da cidade, para a inauguração oficial do canal, na Praça da República e no Jockey Club. Inicialmente, 20 receptores, na tentativa de adquirir 200 até o final de 1950! Lojas, como Mappin e Cássio Muniz, passaram também a vender aparelhos. Chatô ainda distribuiu, estrategicamente, televisores para personalidades, como o Presidente Dutra e Roberto Marinho (quem diria, seu futuro concorrente). Ambos estavam entre os felizardos que foram presenteados com os

100 televisores que, para agilizar o processo de entrega, Chatô contrabandeou. O primeiro deles foi para a sua fiel secretária, Vera Faria.

Mesmo que a estação do Rio de Janeiro tenha sido adquirida da GE, nada impediu que a marca patrocinasse transmissões experimentais de TV. Isso aconteceu de 21 a 26 de julho de 1950, em circuito fechado. Foram exibidos, ao vivo, os programas "Vídeo Médico" (com cirurgias diretamente do Hospital das Clínicas para um auditório no centro de São Paulo, onde acontecia um congresso de saúde, no Edifício Saldanha Marinho, na Rua Líbero Badaró) e "Vídeo Educativo" (com espetáculos de entretenimento para o público familiar, com artistas diversos, como o palhaço Arrelia, que atraiu a atenção das crianças que puderam ver a transmissão no saguão). No meio desse período, no dia 24, iniciaram-se os testes do transmissor da TV Tupi. A primeira imagem transmitida pelo ar, da antena do Banco do Estado de São Paulo para toda a cidade, foi o *test pattern* da RCA, com o cacique aparecendo no alto do desenho que auxiliava na regulagem da imagem nos televisores.

Homero Silva e Walter Forster recepcionam
Frei Mojica e conjunto, na estreia experimental da Tupi

CAPÍTULO UM: A PRÉ-HISTÓRIA DA TV BRASILEIRA

Estabeleceu-se que logo a televisão iria ao ar, provavelmente no mês de setembro. Para isso, a partir de 16 de agosto, da Cidade do Rádio, no Sumaré, passaram a ser gerados programas da PRF-3 TV Tupi-Difusora, para a antena no Centro da cidade, depois irradiando o mesmo sinal para toda a cidade. Tudo foi feito sob a coordenação do diretor técnico Mário Alderighi e de seus auxiliares Jorge Edo, Basta e Wilson Leite. Diversos receptores foram distribuídos a dedo, em lojas da cidade, para gerar aglomerações.

"Pé de Manacá", musical de Hebe Camargo e Ivon Curi, foi uma das produções em película transmitidas para todo o público, posteriormente repetido no show inaugural da emissora.

No dia 10 de setembro, o Arcebispo de São Paulo, Dom Carlos Carmelo Vasconcellos Motta, abençoou os estúdios do Sumaré, equipamento por equipamento.

Sim, estava tudo pronto, a televisão oficialmente iria começar.

CAPÍTULO DOIS

AO VIVO E SEM CORES (1950)

A televisão surgiu de forma modesta, sem grandes destaques na imprensa regional, e muito menos na nacional. Pequenas notas, quase sempre de jornais e revistas ligados ao rádio ou ao grupo dos Diários Associados, como *Diario da Noite* e *O Cruzeiro*, davam conta do que estava por vir. Poucas foram as vezes que uma matéria ampla falava sobre a novidade, enaltecendo ser ela um grandioso passo tecnológico e uma ampliação de um "rádio com imagens", um "cinema em casa". Quando revistas especializadas falavam sobre televisão, quase sempre usavam um tom jocoso ou polemizavam, como, por exemplo, como seria a sobrevivência dos artistas e apresentadores considerados feios para a TV.

Independentemente disso, nossa televisão se construiu nos anos 50 mesclando profissionais de diversas áreas, sobretudo os do rádio, que precisaram adaptar suas escalas de trabalho. Foi assim que, timidamente, a televisão nasceu à noite, das 18 às 23h, e ao vivo, ampliando, bem aos poucos, seus horários de programação, numa fase em que tudo eram imagens em branco e preto.

De início, o novo meio foi considerado elitista, uma vez que o preço de um aparelho era praticamente o de um carro 0 km. Tal característica fez com que muitos populares se aglomerassem diante das lojas de eletroeletrônicos – ou mesmo em padarias – para admirar um pequeno televisor. Mas o mais comum mesmo era se convidar para ir à casa de amigos e familiares que tivessem uma telinha. Foi assim que nasceram os chamados "televizinhos". Essa nova era surgiu, oficialmente, com a inauguração da PRF-3 TV.

A Inauguração da PRF-3 TV

Foi no dia 18 de setembro de 1950 que começou oficialmente a história da televisão brasileira. Com o objetivo de ser um meio democrático, curiosamente estreou no 4º aniversário da Constituição Brasileira de 1946. Naquela data, entrou no ar a PRF-3 TV Tupi-Difusora, canal 3 paulistano. A promessa foi a de que a estação seria a versão televisiva das emissoras da Cidade do Rádio, Tupi e Difusora, reunindo seus elencos e equipes. Isso justifica também o uso do nome das estações na nova emissora e a tentativa, nos primeiros anos da TV brasileira, de dar prefixos aos canais. Foi daí que veio o PRF-3, cuja origem está no prefixo da Rádio Difusora de São Paulo (a mesma tentativa de emplacar a ideia se deu com a PRG-3 TV Tupi, canal 6 carioca, prefixo da Rádio Tupi do Rio de Janeiro).

No final da tarde, a região do Sumaré registrou um grande fluxo de carros em direção à Av. Professor Alfonso Bovero. Com entrada pela Rua Piracicaba, a Cidade do Rádio recepcionou convidados especiais, autoridades e personalidades, que foram ao evento solene, cujo início se deu às 17h. Políticos, empresários, artistas, religiosos... havia mais gente atrás do que em frente às câmeras.

Minutos antes da abertura da solenidade, o Bispo Auxiliar de São Paulo, Dom Paulo Rolim Loureiro, abençoou os equipamentos, principalmente as três câmeras, seguido de um discurso do empresário Assis Chateaubriand falando sobre o advento da emissora a qual dirigia. Foi dessa altura do evento que nasceu o folclore de que uma das câmeras quebrou após uma garrafada de Chatô para batizar uma RCA TK-30, assim como fazem os capitães com seus navios. De acordo com o engenheiro Jorge Edo, realmente uma das câmeras pifou, mas por falha técnica, e o show inaugural foi improvisado com apenas duas e novas marcações. Tudo teve que ser replanejado entre o fim do cerimonial e o primeiro programa, num intervalo de três horas. O técnico da RCA, Walter Obermiller, apavorado, queria adiar a transmissão, mas Cassiano Gabus Mendes, assistente de Dermival Costa Lima e diretor do show "TV na Taba", não pestanejou e disse que o programa iria ao ar mesmo com uma câmera a menos. O estrangeiro, de repente... desapareceu!

Ainda sobre a solenidade: Chateaubriand, fazendo uso de um discurso inflamado, exaltou a importância do novo meio e falou sobre o Brasil, relacionando o que havia de melhor em nossa cultura à natureza e às propriedades das empresas que haviam patrocinado a inauguração e implantação da TV. Eram elas: Laminação

Lia de Aguiar e a poetisa Rosalina Coelho Lisboa na inauguração da TV Tupi

F. Pignatari, Moinho Santista, SulAmérica Seguros e Companhia Antarctica Paulista. Não por acaso foi escolhida para ser a madrinha da TV a poetisa Rosalina Coelho Lisboa Larragoiti, que discursou após Chatô. Ela era esposa de Antônio Larragoiti, dono da SulAmérica. O marido estava presente e também foi considerado padrinho; contudo, de acordo com os registros, principalmente os fotográficos, somente Rosalina era lembrada pelo momento. Além do apresentador Homero Silva, que conduziu a cerimônia durante a participação de Rosalina, também esteve no palco a atriz Lia de Aguiar, considerada a principal estrela das Emissoras Associadas. Ao final da cerimônia,

CAPÍTULO DOIS: AO VIVO E SEM CORES (1950)   43

concluída às 18h, anunciou-se que mais tarde iria ao ar o primeiro programa de televisão da América Latina, o show "TV na Taba".

Previsto para as nove da noite, a atração começou às dez, exibindo uma verdadeira apresentação de todos os gêneros que a TV teria dali pra frente, para deleite de quem assistia também pelos receptores, por toda a cidade.

Feitas as adaptações no roteiro, o show foi ao ar somente com as duas câmeras. O "TV na Taba" foi produzido e dirigido por Cassiano Gabus Mendes – ele também foi o operador da mesa de corte de imagens, cuja função logo se popularizou como de "diretor de TV", uma vez que Cassiano acumulava as funções no switcher e no comando da emissora; todos que posteriormente abraçaram essa função continuaram a usar a mesma denominação.

Inicialmente, surgiram duas figuras: a pequena Sonia Maria Dorce, apresentadora do "Club Papai Noel", na Rádio Difusora – com apenas cinco anos de idade, Sonia apareceu com cocar de índio, dizendo "Está no ar a televisão do Brasil"; e a atriz Yara Lins, que deu os prefixos das rádios dos Diários Associados, concluindo com "Senhoras e senhores telespectadores, boa noite. A PRF-3 TV, Emissora Associada de São Paulo, orgulhosamente apresenta, neste momento, o primeiro programa de televisão da América Latina" (detalhe: muitos acreditavam que teria sido o Brasil o país pioneiro, mas a TV do México havia sido inaugurada no início do mesmo mês).

Em seguida, veio a apresentação de Homero Silva, que conduziu Helenita Sanchez e Miriam Simone. A cada quadro, elas iam sendo apresentadas ao "fantástico" mundo da televisão. Assim, no estúdio A do canal 3, as atrizes ficaram maravilhadas com o que viram.

E por onde elas passaram? Pela "Dança Ritual do Fogo", espetáculo com a Orquestra Tupi, regida pelo Maestro Georges Henry, que contou com a apresentação do extraordinário assoviador William Fourneaut. Na sequência vieram: o humorístico "Escolinha do Ciccilo", transposição do programa radiofônico de Paulo Leblon, com a presença de Simplício, o garoto Walter Avancini, Xisto Guzzi, Nelson Guedes, Lulu Benencase, João Monteiro, Geni Prado e Aldaísa de Oliveira; antes do quadro seguinte, o Maestro Rafael Pugielli tocou piano; mais um humorístico: "Rancho Alegre", adaptação do sucesso de Amácio Mazzaropi na Rádio Tupi, com *causos* e piadas do universo caboclo; "Vídeo Esportivo", com Aurélio Campos, que, diante de uma miniatura de campo de futebol narrando uma partida, revelou ao fundo o

44 A HISTÓRIA DA TELEVISÃO BRASILEIRA PARA QUEM TEM PRESSA

jogador Baltazar, primeiramente de costas e depois sorrindo e acompanhado de gritos de gol. Numa fusão de imagens, surgiram os pés de uma criança negra chutando uma laranja e a voz de uma mulher chamando sua atenção; um número musical com Wilma Bentivegna e os Garotos Vocalistas (entre eles, Sidney Moares, que viria a ser conhecido como "Santo Morales") cantando bolero. Por fim, o balé com Lia Marques em "Romance Espanhol", acompanhada do cantor Marcos Ayala.

A dramaturgia também se fez presente com a esquete cômica de Walter Forster, "Ministério das Relações Domésticas", encenada por ele, ao lado de Vitória de Almeida e Lia de Aguiar.

O jornalismo surgiu na crônica política de Maurício Loureiro Gama, com "Em Dia com a Política", sucedido pela adaptação do programa "Club Papai Noel", com o próprio Homero Silva, Sonia Maria Dorce e outros talentos mirins. Durante o show, também foram exibidos vídeos falando sobre a televisão, os Diários Associados, e São Paulo em clipes (como "Pé de Manacá", gravado com Hebe Camargo e Ivon Curi). Logo após, Lolita Rodrigues cantou "Canção da TV", considerado o hino da televisão brasileira, com letra de Guilherme de Almeida e música de Marcelo Tupinambá.

E te dá num amuleto
O vermelho, branco e preto
Das penas do seu cocar (bis)

Vingou como tudo vinga
No teu chão Piratininga
A cruz que Anchieta plantou

E te mostra num espelho
O preto, branco e vermelho
Das contas do teu colar (bis)

Pois dir-se-á que hoje acena
Por uma altíssima antena (bis)
A cruz que Anchieta plantou!

A "Canção da TV" ficou conhecida mais pela ausência de sua intérprete, Hebe Camargo, que décadas depois revelou que faltou ao evento para sair com Luiz Ramos, à época seu namorado.

Às 23h30, o encerramento. Ainda que no primeiro dia tenham tentado ser o mais profissionais possível, como em todo programa ao vivo, pequenas falhas foram detectadas: uma das câmeras, antes do corte para a próxima, focalizou o braço de Dermival Costa Lima apontando para o set ao lado e, em outro momento, a roda do *boom* do microfone girou no ar. O americano Walter

CAPÍTULO DOIS: AO VIVO E SEM CORES (1950)   45

Obermiller, da RCA, reapareceu ao final, impressionadíssimo, e parabenizou Cassiano Gabus Mendes e a equipe, dizendo ter assistido de um bar a toda a transmissão e que estava estupefato com o resultado.

Ao final, Chateaubriand foi celebrar o resultado daquela primeira transmissão com convidados e reservou a Cantina do Romeu, na Alameda Pamplona, para os funcionários da emissora. Entre os presentes, surgiu um comentário: "E amanhã?" Dermival e Gabus Mendes, que já haviam planejado diretrizes gerais para as duas semanas subsequentes, fizeram ali uma pequena reunião e, na manhã seguinte, saíram em busca de complementações ao conteúdo ao vivo que seria exibido na noite seguinte. Foram atrás de consulados e distribuidoras de filmes, procurando séries, desenhos e documentários.

O Primeiro Ano da Telinha

A TV Tupi de São Paulo reinava literalmente sozinha nesse novo meio, embora muitos não botassem fé no sucesso da empreitada. Não era por menos, afinal, existia uma enorme preocupação dos Diários Associados com os descontos das cartas de crédito, negociadas por Assis Chateaubriand e Fernando Severino (diretor comercial da TV Tupi durante toda a sua existência; portanto, 30 anos). Muito devido ao trato feito com as empresas patrocinadoras da implantação da TV: elas bancavam tudo e poderiam descontar o investimento ao anunciarem, sem custo adicional, na TV, rádios, jornais e revistas do grupo. O prejuízo inicial com o novo meio deu lugar também à reprodução de um modelo de negócio que já existia no rádio: dar nome do patrocinador aos programas. Isso na primeira década foi bastante comum, como "Repórter Esso", "Telenotícias Panair" e "Sabatinas Maizena".

Na programação, os gêneros televisivos surgiram gradativamente. O jornalismo veio no segundo dia, 19 de setembro, com a apresentação de "Vídeo Político" e "Imagens do Dia". O humor começou em "Rancho Alegre", com Mazzaropi, em 20 de novembro – meses depois também "A Bola do Dia", com Walter Stuart e David Neto, cujos intervalos eram ocupados pela Marcel Modas, apresentando seus produtos por meio da primeira garota-propaganda da TV brasileira, Rosa Maria.

Ainda na semana inaugural, surgiu o primeiro infantil, "Gurilândia", com Homero Silva, Sonia Maria Dorce e outras crianças-prodígio, nessa

46 A HISTÓRIA DA TELEVISÃO BRASILEIRA PARA QUEM TEM PRESSA

adaptação do "Club Papai Noel" para TV. Naquele mesmo ano, outro sucesso foi o programa "Circo Bombril", com Walter Stuart e os palhaços Fuzarca e Torresmo.

Já o esporte, que também marcou o início das transmissões externas, foi no jogo Palmeiras x São Paulo, no Estádio do Pacaembu, em 15 de outubro. A dramaturgia entrou em cena com o teleteatro "A Vida por um Fio", com Lia de Aguiar, em 29 de novembro. Outros programas tiveram destaque, nesse primeiro ano, como os musicais "Antarctica no Mundo dos Sons" e "Desfile Musical Jardim".

A virada para 1951 representou a expansão da TV além de São Paulo. Era a vez de o Rio de Janeiro ganhar sua emissora.

TV TUPI À CARIOCA

A PRG-3 TV Tupi, canal 6 do Rio de Janeiro, era para ter sido o primeiro canal de televisão da América do Sul. Questões técnicas dos equipamentos da GE fizeram com que 1950 fosse um ano marcado, não pela inauguração, mas pela preparação da primeira estação fluminense. O Rio operava sua transmissão de sinais de radiodifusão em 50 ciclos, sendo que todo equipamento de TV operava em 60. Adaptações, que duraram meses, foram necessárias. Questões políticas, como liberações jurídicas ou a instalação da torre do Corcovado, à qual a Arquidiocese do Rio de Janeiro se opôs, acabaram atrasando o processo.

Lembrando que seu pioneirismo também foi muito esperado por ter ali grande concentração das atividades dos Diários Associados e ser a capital federal.

O atraso só fez prolongar seu período experimental, que se iniciou em 1950 com testes em que era mantida na tela a foto da atriz Haydée Miranda. Entre as transmissões, desde os primeiros testes internos (em abril de 1950), vale lembrar a visita de artistas – em maio, Tônia Carrero e Virgínia Lane – e até a simulação de um beijo entre o casal de atores, igualmente na vida real, Carlos Frias e Aimée; em 20 de julho, em turnê pelo Rio de Janeiro, o cantor Frei Mojica também se apresentou em circuito fechado, com apresentação de J. Silvestre, Oswaldo Luiz e Carlos Frias, em show produzido por Victor Berbara totalmente aberto ao público, que lotou as ruas em frente à sede das rádios Tamoio e Tupi. À medida que os ajustes técnicos eram

CAPÍTULO DOIS: AO VIVO E SEM CORES (1950)   47

efetuados, um maior número de transmissões experimentais se realizava. Primeiro, três vezes por semana, depois seis, parando para manutenção apenas às sextas. Mostrou-se de tudo: partidas de futebol (como Flamengo x Olaria), filmes documentais vindos de consulados gerais, a série "Hoppalop Cassidy" e corridas no Hipódromo da Gávea. Posteriormente reportagens, como a exibida em 7 de janeiro de 1951, com o Presidente Dutra, seus ministros, cônsules e o Prefeito Mendes de Moraes passeando de iate na Baía da Guanabara.

Assim como em São Paulo, a TV Tupi carioca passou a dividir espaço com suas coirmãs, as rádios Tupi e Tamoio, ocupando o 5º andar do número 43 da Av. Venezuela, no Centro da cidade. Uma curiosidade: no meio do andar tinha uma coluna que, com muita criatividade, os cenógrafos precisavam camuflar e os câmeras não a enquadrar. Já a antena foi colocada no alto do Morro do Pão de Açúcar.

A inauguração oficial da TV Tupi do Rio de Janeiro foi em 20 de janeiro de 1951, uma escolha que não se deu por acaso. Engana-se quem acha que foi por conta do nome do município. O 20 de janeiro foi considerado aniversário da cidade por lembrar a Batalha de Uruçumirim, quando o domínio português se consolidou na região, e por ser também Dia de São Sebastião, o padroeiro. Apenas cinco anos após a inauguração da TV Tupi Rio, em 1956, os cariocas decidiram considerar o 1º de março – neste dia, em 1565, Estácio de Sá chegou à Baía de Guanabara.

A estreia foi às 12h49 daquele dia 20, direto do Pão de Açúcar, quando o Presidente Eurico Gaspar Dutra acionou o transmissor, abrindo todo um cerimonial em que estiveram presentes o General Mendes de Moraes e sua esposa, que ligaram os receptores. Chateaubriand também fez parte do evento, que foi seguido por um show de 19 indiozinhos bugres encenando um espetáculo classificado como macumba branca. No ar, já às 20h30, além da imagem estática, Haydée Miranda apareceu ao lado de Luiz Jatobá. Entre os números apresentados, Severino Araújo e a Orquestra Tabajara, e a versão televisiva de "Calouros em Desfile", com Ary Barroso. Sob a apresentação de Antônio Maria, shows musicais de Dorival Caymmi, Linda e Dircinha Baptista, Aracy de Almeida, Jorge Veiga, Trio de Ouro, Alvarenga e Ranchinho, Jupira e Suas Cabrochas; o humor de José Vasconcelos e Amácio Mazzaropi; o balé cigano de Ghyta Lamblousky; Luiz Jatobá introduzindo o telejornalismo; e luta-livre com Hélio Gracie, iniciando o esporte. Tivemos ainda, com texto de Lúcia Benedetti, Carlos Frias e Aimée, uma amostra do que seria a

48 A HISTÓRIA DA TELEVISÃO BRASILEIRA PARA QUEM TEM PRESSA

teledramaturgia (lembrando que o primeiro teleteatro se fez apenas em 23 de janeiro, com Fernanda Montenegro como protagonista, em "Grandes Espetáculos"; nos bastidores, Chianca de Garcia, um dos principais nomes como produtor). Aos poucos, outros programas fizeram sucesso, como "Personagens Célebres", com Haroldo Barbosa e Colé.

Em 1955, o canal deu um enorme passo, mudando suas instalações para a Av. João Luiz Alves, 13 e 14 (os dois lados da rua, onde até 1946 funcionou o antigo Cassino da Urca). No lado do Morro da Urca, oposto ao da orla, estava o seu grande auditório, onde, até 1980, funcionou toda a sua linha de shows.

Nesse início, José Mauro e Carlos Rizzini foram nomes importantes na direção do canal, que logo contou com o apoio de profissionais, como Fernando Chateaubriand, um dos filhos de Chatô, e também José de Almeida Castro, que se tornou diretor do canal 6, em 1956.

A TV Tupi do Rio de Janeiro se tornou referência na capital federal e passou a fazer parte da rotina diária dos cariocas, transmitindo pelo canal 6 tradições sociais, como o Carnaval (com desfiles de escolas de samba, blocos carnavalescos, bailes e campeonato de marchinhas), o Miss Brasil (apoiado pelos Diários Associados desde 1955) e as partidas de futebol no Estádio do Maracanã. A televisão carioca, diferentemente da paulista, teve em sua formação inicial não apenas os profissionais do rádio, de forma significativa, mas muitos que vinham do teatro (incluindo o de revista), do cinema e dos grandes musicais, tão presentes na rotina do carioca.

TV Paulista: A Primeira Concorrente

Até 1952 não houve concorrência no meio televisivo. Isso porque, tanto em São Paulo como no Rio de Janeiro, só existia uma TV em cada cidade, sendo ambas do mesmo grupo, os Diários Associados.

Aquele ano seria impactante para a televisão paulistana, por dois fatos: a chegada de uma concorrente, a TV Paulista, canal 5, e o surpreendente desembarque da Organização Victor Costa (O.V.C.) na cidade. Sobre este último caso, não é que o rádio sacudiu o nascente mercado da TV? Victor Costa, diretor da Rádio Nacional do Rio – pertencente ao Governo Federal –, resolveu implantar na capital paulista uma Rádio Nacional, trazendo todo o seu conhecimento e os contatos que possuía na campeã de audiência

CAPÍTULO DOIS: AO VIVO E SEM CORES (1950)

no rádio carioca. Adquiriu então a Rádio Excelsior, mudou-a de frequência (que seria logo ocupada pela Nacional de São Paulo) e reinaugurou-a em novo dial. Veio então com a proposta de, por maiores salários, levar para a O.V.C. os melhores nomes do rádio e TV paulistanos. De repente, os entusiasmados profissionais da TV foram financeiramente seduzidos. Assim, nomes como Walter Forster, Yara Lins, Wilma Bentivegna e Hebe Camargo mudaram da TV... para o rádio, das Associadas para a O.V.C.

Já sobre a Rádio Televisão Paulista S/A, o canal 5 de São Paulo, ela foi a primeira emissora projetada por um grupo que não vinha do rádio. Eram empresários influentes, como Nestor Bressane, que, num segundo momento, passaram a ser comandados pelo Deputado Ortiz Monteiro. O objetivo inicial do político era também fazer do canal um verdadeiro palanque eletrônico. Entre um programa e outro, sempre que possível, lá ia Monteiro falar sobre projetos políticos. O canal 5 foi inaugurado no dia 14 de março de 1952 e modestamente instalado em um pequeno prédio na Rua da Consolação, com os setores divididos em cômodos de, em média, 3 x 4 m. Na sala, a redação; no quarto, a central técnica e projeção; na cozinha, o laboratório de revelação de filmes. À medida que crescia, novos cômodos eram alugados no prédio, chegando a ter no térreo um estúdio maior que, para caber a equipe dos bastidores, chegou a ter uma de suas paredes vazadas para uma área interna do edifício. Detalhe: por ser um prédio residencial, era capaz de se abrir uma porta e dar de cara com um artista. Por cinco anos improvisaram toda a programação da TV Paulista lá mesmo, praticamente na conjunção da Rua da Consolação com as avenidas Rebouças e Paulista. Pela boa localização, teve entre os seus slogans: "A imagem perfeita e o melhor som".

Para superintendente do canal 5 foi contratado o diretor de teatro Ruggero Jacobbi, que já havia feito, na TV Tupi, peças para o "Grande Teatro das Segundas-Feiras" (futuro "Grande Teatro Tupi"). Trouxe então vários nomes do teatro e do cinema, muitos ligados ao Teatro Brasileiro de Comédia (TBC) e à Companhia Cinematográfica Vera Cruz, ambas de Franco Zampari, para participar da TV Paulista. Nomes como Cacilda Becker, que a partir de 1953 fez ali o seu "Teatro Cacilda Becker", Graça Melo, Adolfo Celi, entre outros. Lembrando que, na inauguração da TV Paulista, a dramaturgia se fez muito presente, já iniciando com uma novela: "Helena", adaptação da obra de Machado de Assis, com Vera Nunes no papel-título, Jane Batista e Paulo Goulart (com direção e texto de José Renato e Manoel Carlos), e o especial "O Mártir do Calvário", uma vez que a emissora foi inaugurada próximo da Páscoa de 1952. No telejornalismo, Roberto Côrte-Real com "Mappin Movietone", tendo também no time Mário Mansur e futuramente Branca Ribeiro.

Já um dos primeiros seriados da TV brasileira, "O Invisível", fez sucesso no canal, tendo direção de Antonino Seabra, nessa adaptação do radiofônico "O Sombra", interpretado por Luiz "Guima" Guimarães – o funcionário mais longevo do canal 5, de 1952 a 1990, sendo diretor de programação da já TV Globo São Paulo por décadas.

A história da TV Paulista foi marcada também por grandes sucessos infantis, como "Parque Petistil", com Mário Lúcio de Freitas (o "Petistilino") e "Sessão Zás-Trás", com Márcia Cardeal, Henrique Ogalla e Délio Santos. Tradição iniciada em 1953 com o dominical "Circo do Arrelia", com o palhaço Arrelia (Waldemar Seyssel) e seu sobrinho Pimentinha (Walter Seyssel). Junto deles, o sucesso da canção:

Como vai, como vai, como vai?
Como vai, como vai, vai, vai?
Eu vou bem, muito bem, bem, bem!

O canal 5 foi prejudicado em termos de audiência por não ter a tradição e a estrutura de suas concorrentes, como a TV Tupi, dos Associados, e a que logo surgiria, também com grande força na área de radiodifusão, a TV Record, canal 7, das Emissoras Unidas. Entre gigantes, lá permanecia ela, lutando bravamente. O maior reforço desse "Exército Brancaleone" veio em 1955, quando a O.V.C. adquiriu a emissora de Ortiz Monteiro, passando ela a ser irmã das rádios Nacional de São Paulo e Excelsior, como esteio para a criação de novos canais do conglomerado de Victor Costa, como a TV Bauru, em Bauru (SP), e a subestação do canal 5, a TV Santos, na Baixada Santista. Entre as grandes mudanças, a chegada de novos profissionais. Dermival Costa Lima saiu da TV Tupi e se tornou o novo diretor-geral do canal 5, trazendo com ele um grande time de artistas e anunciantes – a principal garota-propaganda era Elizabeth Darcy, mãe do locutor esportivo Silvio Luiz, que também começou na emissora (inicialmente como ator), e da atriz mirim Verinha Darcy. Ao lado de Dermival, como supervisor, Cláudio Petraglia, e na direção de teledramaturgia, Álvaro de Moya. Nomes vitais para a criação do "Teledrama", principal teleteatro do canal 5 – sempre aos sábados – e por

CAPÍTULO DOIS: AO VIVO E SEM CORES (1950)   51

muitos anos patrocinado pela loja Três Leões. Entre suas estrelas, nomes como Márcia Real, Wilma Bentivegna, José Miziara, Yara Lins, Walter Forster (que também apresentava "Intimidade") e Vera Nunes. No mesmo 1955, lançaram "O Mundo é das Mulheres", primeiro programa de destaque de Hebe Camargo, em que ela sabatinava um entrevistado junto de Wilma Bentivegna, Lourdes Rocha, Cacilda Lanuza e Eloísa Mafalda.

Para tal crescimento, em 1956, a TV Paulista se transferiu da Rua da Consolação para a Rua das Palmeiras, 320 – as rádios Nacional e Excelsior estavam defronte, no 315, tendo também estúdios na Rua Sebastião Pereira, e com um auditório.

Eram feitos muitos links e transmissões em conjunto, das rádios e da TV Paulista, como o programa "Quando os Maestros se Encontram", com nomes de relevo, como o do Maestro Guerra-Peixe. Os links, algo difícil para a época por razões técnicas, eram quase sempre realizados sob a supervisão de um "craque" neste quesito, Clodoaldo Seabra, irmão do diretor Antonino Seabra. Na sede da TV Paulista, de cinco andares, existia também um curioso estúdio com palco giratório, onde gravavam programas, como o musical "Hit Parade". Toda a equipe de cenografia e cenotécnica fazia malabarismos para atender as demandas da produção, uma vez que tal palco era montado sobre uma piscina. De acordo com o cenógrafo Rubens Barra, da equipe de Campello Neto, eles chegaram a montar teleteatros com sobrados em cena, cuja sacada ficava no térreo do estúdio e as câmeras no fundo da piscina vazia, onde se encenava o espetáculo.

O intercâmbio entre as rádios da O.V.C. e a TV Paulista, e o bom trânsito de Victor Costa com a estatal Rádio Nacional carioca, fizeram com que muitos artistas fossem ao Rio de Janeiro participar de programas da estação, assim como a transposição de atrações, como o humorístico "PRK-30" (de Lauro Borges e Castro Barbosa), para a televisão, em São Paulo. Falando de humor, o canal 5 trouxe o melhor que as rádios da O.V.C. tinham nessa área, principalmente os capitaneados por Manoel de Nóbrega, que lançou a "Praça da Alegria", em 1957, com Moacyr Franco, Carlos Alberto de Nóbrega, Simplício, Canarinho, Borges de Barros, Ronald Golias (que também apresentava "Folias do Golias") e um grupo fiel que o acompanhou por décadas. Do radiofônico "Programa Manoel de Nóbrega" veio para a televisão o jovem Senor Abravanel, popularmente conhecido como Silvio Santos, que, em 1960, inaugurou o seu próprio programa: "Vamos Brincar de Forca",

52 A HISTÓRIA DA TELEVISÃO BRASILEIRA PARA QUEM TEM PRESSA

no canal 5. Vários humoristas fizeram também "Miss Campeonato", em que os times eram personificados pelos atores, como o espadachim do Corinthians, interpretado por Borges de Barros. Também concorria à grande taça, a Miss, que por um tempo foi interpretada por Lucimara Parisi. A TV Paulista, sempre com muita criatividade, buscava seu lugar ao sol. Deu voz a inúmeros profissionais iniciantes, alguns dos quais acabaram revolucionando a TV, entre eles Boni (José Bonifácio de Oliveira Sobrinho) e Fernando Faro (criador do programa musical "Ensaio"). Todavia, com a morte de Victor Costa, em 1959, entrou em um período de decadência, abrindo espaço para produções independentes com locação de horários – o que ajudou, por exemplo, Silvio Santos a crescer, sendo ele o próprio produtor e responsável pelas atrações que comandava. A TV Paulista, como consequência de tal declínio, sofreu com uma forte perda de profissionais para a concorrência, com seu sucateamento e um cenário propício para venda, objetivo dos herdeiros de Victor Costa. O canal foi então adquirido por Roberto Marinho em 11 de novembro de 1964, transformando-se gradativamente em TV Globo São Paulo, tendo ainda a intermediária denominação de "TV Globo Paulista", por sugestão do diretor Geraldo Casé. Nomes como Boni, Luiz Guimarães, Roberto Montoro, Mauro Salles e Luiz Eduardo Borgerth foram fundamentais nessa mudança de comando da TV, vindos na compra de toda a O.V.C. – as rádios Excelsior (transformada em CBN em 1991) e Nacional (logo Rádio Globo São Paulo), a TV Bauru, as emissoras Rádio Paulista Ltda. e Rádio Império Musical de São Lourenço da Mata, a Rádio Cultura de São Paulo e as recifenses Rádio Relógio Musical e o canal 11 (ainda em implantação, que foi repassado à Universidade Federal de Pernambuco, inaugurando a educativa TVU, em 1968).

Uma das últimas iniciativas de Victor Costa, um dos principais radialistas do país, foi conseguir também a concessão da TV Excelsior, atrelada à sua Rádio Excelsior, mas que logo foi repassada ao Grupo Simonsen, fundadores do canal 9 paulistano, em 1960. Mas se a TV Paulista não representou uma grande ameaça à soberania da líder TV Tupi, então quem veio para brigar? O tigre da Record.

TV RECORD: O CANAL 7 VEIO PRA FICAR

Quando, em 1990, a Rádio e Televisão Record mudou de comando, veio como herança um valioso patrimônio. E muito disso se deve a uma pessoa:

CAPÍTULO DOIS: AO VIVO E SEM CORES (1950)

Paulo Machado de Carvalho. Carreira bem difícil de resumir. Só ao futebol dedicou 48 anos de vida, sendo chefe da delegação brasileira nas conquistas dos mundiais de 1958 e 1962. Considerado um homem de sorte, foi apelidado "Marechal da Vitória" – não foi por acaso que o Estádio do Pacaembu recebeu seu nome. Machado de Carvalho presidiu importantes instituições. No esporte, a atual CBF e a Federação Paulista de Futebol; no campo da radiodifusão, foi um dos diretores da AESP (Associação das Emissoras de São Paulo). Foi também um dos maiores empresários do setor, dirigindo as Emissoras Unidas, maior concorrente das Emissoras Associadas, de Chateaubriand. Sua história com a radiodifusão se iniciou em 1931, quando adquiriu, por 31 contos de réis, a Rádio Record, de Álvaro Liberato de Macedo. Junto do cunhado João Batista do Amaral (o "Pipa" da TV Rio), Leonardo Jones Jr. e Jorge Alves Lima.

O nome Record remete principalmente à *recording* (gravação), analogia aos registros sonoros, principal mercadoria da loja de discos de Liberato de Macedo, que dava nome ao estabelecimento e depois à rádio, numa estratégia conjunta de divulgação, que fazia com que a rádio tocasse os principais hits da loja, incitando a compra dos LPs no local. A Record foi uma das rádios de maior destaque em São Paulo, quando o aparelho radiofônico passou a ter alto-falantes. Já sob o comando de Machado de Carvalho, a Rádio Record, sob o slogan de "A Maior", tinha os principais nomes do rádio paulista, com grandes shows musicais (até de artistas internacionais), programas de auditório, além de ter sido considerada a voz oficial da Revolução Constitucionalista de 1932. Com os estúdios na Praça da República, a manifestação que vitimou os estudantes Martins, Miragaia, Dráusio e Camargo, em 23 de março de 1932, pôde ser acompanhada da janela da estação – César Ladeira, Nicolau Tuma e Renato Macedo se revezavam ao microfone. Em pouco tempo, Paulo Machado de Carvalho passou a aumentar sua audiência e faturamento, adquirindo outras emissoras, como as rádios Bandeirantes, São Paulo e Panamericana (futura Jovem Pan, ainda pertencente à família). Inaugurou também a Rádio Excelsior. Shows, novelas, esportes, notícias, cada uma explorando prioritariamente algum dos gêneros. Foi a base para criação das Emissoras Unidas, em 1948, que depois se expandiu com canais de TV, como Record (SP), Rio (RJ), Alvorada (DF), entre tantas outras.

54 A HISTÓRIA DA TELEVISÃO BRASILEIRA PARA QUEM TEM PRESSA

Sempre de olho nas tendências do mercado de radiodifusão, Paulo Machado de Carvalho não ficaria de fora da televisão. Ainda nos anos 40, passou a esboçar o projeto da TV Record, consolidado com a outorga da concessão do canal 7 paulistano, em 22 de novembro de 1950, mesmo ano de estreia da pioneira TV Tupi. A TV foi instalada na Av. Miruna, 713, próximo ao Aeroporto de Congonhas.

Ao lado de Paulo Machado de Carvalho estavam seus filhos Paulinho, na direção artística, Tuta (Antonio Augusto Amaral de Carvalho, o "A.A.A." de Carvalho, que, junto de Nilton Travesso, Raul Duarte e Manoel Carlos, criou a "Equipe A"), na produção e técnica, e Alfredo, no comercial.

Fizeram testes até 1953, como uma apresentação dos corais da Força Pública de São Paulo e da Escola Caetano de Campos (que curiosamente funcionava próxima ao antigo endereço da Rádio Record). Tudo para que em 27 de setembro, nove dias após o 3º aniversário da Tupi, desse de "presente" ao público um grande espetáculo, de impressionar os olhos de quem assistia à televisão e descobria um novo canal. Às 20h, o casal Blota Júnior e Sônia Ribeiro anunciaram: "Senhoras e senhores, está no ar a TV Record, canal 7". O apresentador, num inflamado discurso, saudou a todos, antecipando o que a Record iria oferecer de melhor. Músicas, um dos filões mais evidenciados pela Rádio Record, passaram a ter lugar cativo na emissora, tocadas com a orquestra de Enrico Simonetti. Também foram ao ar números de dança e vozes populares: a potência de Dorival Caymmi e Isaura Garcia, a seresta de Inezita Barroso, o "paulistês" de Adoniran Barbosa. Apresentando outros gêneros, o jornalista Randal Juliano e o humor de Pagano Sobrinho e suas "paganadas". Começava ali a história da emissora mais longeva da TV brasileira.

Blota Júnior, um profissional completo, virou um dos principais nomes do canal 7. Personificava com sua carreira não apenas a linha de shows, mas também o esporte e o jornalismo. Não por acaso foi apresentador de um dos primeiros programas da Record, "Grandes Espetáculos União", patrocinado pelo Açúcar União, ao lado de Sandra Amaral. No jornalismo, o telejornal "Estado de São Paulo" e o boletim "Nossa Cidade", em que Nicolau Tuma falava sobre as principais notícias de São Paulo. Enquanto na TV Tupi tínhamos um simpático tupiniquim, um alegre tigre na Record apitava seu trem anunciando que vinha uma atração de sucesso após o intervalo! Sim, com a Record, as Unidas tiveram que se mexer, entrando na briga pela audiência... e não foi só em São Paulo.

CAPÍTULO DOIS: AO VIVO E SEM CORES (1950)   55

TV Rio: Um Espetáculo de Televisão

Em 1955, mesmo ano em que a TV Tupi carioca passou a ocupar um dos cartões-postais da cidade, o Cassino da Urca, outro ponto foi habitado pela televisão: o antigo Cassino Atlântico, na Av. Atlântica, altura do Posto 6 de Copacabana. Ali virou a morada da segunda emissora da então capital federal, a TV Rio. Como era esperado, as Emissoras Unidas desembarcaram na cidade. Ocuparam o canal 13, cuja concessão foi antes prometida à Rádio Mauá, do Ministério do Trabalho, e depois direcionada às Unidas, representadas por Paulo Machado de Carvalho, e ao cunhado João Batista "Pipa" do Amaral (que, naquele ano, se tornaria o único proprietário da emissora).

Seus primeiros testes foram em 18 de junho, mas a estreia se deu praticamente um mês depois, 17 de julho. No ar, imagens do Congresso Eucarístico Internacional, no Aterro do Flamengo, coberto pela voz de Luiz Mendes, que lia texto de Moacyr Áreas sobre o início das transmissões do canal 13 e do evento religioso, demonstrando seu símbolo, a Cruz de Cristo. Após, surgiu na tela Murilo Néri, que conduziu a transmissão do canal, cuja antena ficava na Serra da Carioca. À noite, um espetáculo nos estúdios do Posto 6 foi apresentado por David Cohen, com a presença de jornalistas, como Murilo Mello Filho e Léo Batista (futuro apresentador do "Telejornal Pirelli", ao lado de Heron Domingues), do popular Osvaldo Sargentelli (o das mulatas, que logo se consagrou com "Preto no Branco") e de Anilza Leoni, conhecida vedete do teatro de revista.

Nos bastidores, Moacyr Áreas era o braço direito de Pipa do Amaral, sendo não apenas da direção da TV Rio, como também da Rádio Nacional, de onde trouxe para o canal 13 muitos talentos da estação – lembrando que a grande maioria veio de outra rádio, a Mayrink Veiga. Assim como Victor Costa, Áreas, na Nacional, foi também um dos responsáveis por dar identidade e aumentar os laços com o público regional. O mesmo fez na TV Rio, estimulando o carioca a criar o hábito de assistir televisão, apelidando-a carinhosamente de "a cariquinha". Cada vez mais o carioca se via representado naquela emissora que tinha o "Rio" no próprio nome, sendo uma escola também para a área executiva da televisão, por onde passaram nomes como Cerqueira Leite, Péricles do Amaral, Walter Clark, Boni e Fernando Barbosa Lima.

56 A HISTÓRIA DA TELEVISÃO BRASILEIRA PARA QUEM TEM PRESSA

Por intermédio da TV Rio, as Emissoras Unidas abocanharam muito da audiência das Associadas – de sua TV Tupi –, conquistando até mesmo a liderança, em 1956, com o dominical "TV Rio Ring", voltado ao pugilismo. "Noites Cariocas" e "Noite de Gala" com Flávio Cavalcanti, "Teatro Moinho de Ouro" e inúmeras outras atrações ganharam a preferência do público. Em 1964, a TV Rio sofreu com a chegada dos militares ao poder, sendo sua trajetória, a partir dali, uma verdadeira novela. Chegou a sair do ar, por ter sido solidária ao deposto Presidente João Goulart, promovendo vigílias cívicas. Sua principal aliada, a TV Record, também foi desestruturada nesse período, incluindo aí a falta de grandes nomes no canal 13 carioca e a saída da dupla Boni e Clark. O crescimento da Globo foi o golpe fatal. A crise resultou na venda da emissora aos Machado de Carvalho e a Murilo Leite (da Band), mas sem os resultados esperados. Em 1971, 50% de suas ações foram vendidas ao Grupo Gerdau e à TV Difusora (Porto Alegre), ligada aos Frades Capuchinhos. Nesse período, ainda um respiro de esperança quando a TV Rio passou a colaborar para a implantação da televisão em cores e a transmitir a famosa Festa da Uva de Caxias do Sul, em 1972. Dois anos depois, nova venda: um grupo liderado por Alberto Matos adquiriu as cotas societárias da emissora e lançou uma nova rede, a SBC (Sistema Brasileiro de Comunicação). No mesmo ano, o Grupo Vitória-Minas virou sócio majoritário da emissora, mas Alberto Matos não se conformou e, com novos sócios, retomou a direção em 1975. Ainda naquele ano, o Governo Federal exigiu que a TV Difusora (Salimen Jr.), os Machado de Carvalho e os Frades Capuchinhos retomassem a direção da emissora. Endividada, em 1976, a RCA confiscou parte do seu equipamento para pagar dívidas com a empresa, chegando a TV Rio a sair do ar em abril. A dívida era de mais de 70 milhões de cruzeiros e praticamente 150 salários atrasados. Em fevereiro de 1977, novamente a TV Rio saiu do ar, mas seus funcionários conseguiram fazer uma campanha e ela retornou em 2 de abril; a situação, porém, era irreversível: em 5 de abril, o Presidente Geisel decretou a cassação do canal 13, e, no dia 11, o "Programa Henrique Lauffer" encerrou a história da TV Rio no ar, seguido da lacração dos transmissores. Em 1983, o canal 13 recebeu nova outorga, ligada ao Pastor Nilson Fanini, da Primeira Igreja Batista de Niterói. Devido à memória gloriosa que deixou aos cariocas, o nome TV Rio retornou ao canal em 1988, com Walter Clark desenvolvendo uma nova programação, além dos cultos produzidos pela Fundação Ebenezer. Contudo,

CAPÍTULO DOIS: AO VIVO E SEM CORES (1950) 57

não decolou e, por coincidência ou não, foi comprada por sua antiga irmã das Emissoras Unidas, a Record, sob o comando do Bispo Edir Macedo; hoje é chamada Record TV Rio – o que nos faz relembrar os tempos áureos dos programas interestaduais, como o "Show 713".

Os Novos Costumes do Brasileiro

Nos anos 50, a casa dos brasileiros foi, aos poucos, absorvendo a televisão. O cômodo usualmente utilizado para que todos se reunissem em torno do aparelho de rádio passou a agregar a televisão ou até mesmo substituí-lo. Foram criados, ainda nessa década, os primeiros móveis que possuíam rádio e TV embutidos, tendo também vitrola, um "3 em 1" diferente. Lembrando que essa sala, antes chamada "sala de estar", era o espaço para conversa, o que, a partir de então, passou também a ter como pauta os assuntos apresentados bem ali, no televisor.

Nessa primeira década da TV no Brasil, tínhamos televisores comercializados por grandes lojas que os importavam, adquiridos por famílias ricas que traziam do exterior os pesados equipamentos, ou produzidos pelas primeiras fábricas brasileiras, como a Invictus, de Bernardo Kocubej, implantada em 1951. Vale ressaltar que a maioria dos televisores vinham dos Estados Unidos por conta do sistema analógico adotado no Brasil, o padrão "M" (variante NTSC-M), o mesmo utilizado por lá.

Daqueles iniciais 20 televisores, ao final de 1950 chegamos a cerca de 1.000 aparelhos em todo o Brasil. Já em 1960, tivemos 621.919 televisores, conforme a ABINEE (Associação Brasileira da Indústria Elétrica e Eletrônica). Foi um salto e tanto! O que faz entender um novo processo em desenvolvimento, quase como a famosa campanha dos biscoitos Tostines: "Vende mais porque é fresquinho ou é fresquinho porque vende mais?". A comparação se deve à queda dos preços dos aparelhos e ao crescimento dos programas populares. Concomitantemente, à medida que um crescia, o outro idem. Isso explica também a popularização da TV nos anos 60. A famosa lei da oferta e da procura. As promoções de televisores eram muito bem-vindas.

A estrutura dos televisores era, em sua maioria, de madeira, depois também de ferro. Um grande passo se deu nos anos 60 com o surgimento do transistor, que permitiu não apenas todos os tipos de design (como a elegante Philco Predicta) e tamanho, mas diminuiu o número de componentes dentro

58   A HISTÓRIA DA TELEVISÃO BRASILEIRA PARA QUEM TEM PRESSA

dos aparelhos. RCA, Invictus, Philco Ford, Philips, Semp, Erga, GE, Zenith, Hitachi, Teleking, Stromberg, Admiral, National, Motorola, Sony, Panasonic, Sharp, Toshiba, Empire, Telespark, Bandeirante (pertencente a Silvio Santos), Telebras, Sony, Simpson, Lancaster, Universal, Shepard, Tonbras, Zephir, Mitsubishi, LG, Samsung, Gradiente, Cineral, AOC, TCL, ABC, Telestasi, Colorado, Teleotto, Lenoxx, CCE, Magnavox, Emerson, Quasar, Casio, Bentley, Sanyo, Coby, Dumont e tantas outras marcas fazem parte da história da TV brasileira.

Ainda sobre os primeiros anos, a presença dos "televizinhos" (vizinhos, amigos e familiares), convidados ou não!, que *apareciam* na casa de quem tinha um televisor, era supercomum. A expulsão do "penetra" logo que terminava o programa, ou até famílias cobrando ingresso para quem quisesse assistir TV, também virou rotina. Afinal, não apenas tiravam a privacidade do morador, muitas vezes ainda reclamavam de não terem mais que água para desfrutarem em frente à telinha. Assim como no escurinho do cinema, casais acabavam se formando nas casas, muitos que antes nem se conheciam e só ali conviviam.

Falando em "escurinho", o telespectador também passou a desenvolver um novo hábito: apagar a luz para dar a mesma sensação das salas de cinema. Os brasileiros chegaram a utilizar as aposentadas cortinas pretas de black-out (que deixavam as casas totalmente às escuras na época da Segunda Guerra Mundial e na Revolução de 1932, para que um avião inimigo não resolvesse bombardeá-las) para diminuir ainda mais a luminosidade do local. Precisou os médicos irem à televisão explicar que a exposição dos olhos à luz do aparelho, de uma forma constante, poderia prejudicar a visão. Sabemos que até hoje nem todo mundo ouviu o conselho!

Foi o tempo também do surgimento dos técnicos de televisão, muitos dos quais já ofereciam o conserto de aparelhos de rádio. Alguns faziam o serviço básico de instalação apenas. Talvez você não saiba, mas as próprias emissoras ajudavam os telespectadores, como no programa "Aprenda a Sintonizar", da TV Tupi carioca, de 1953. Já na Tupi de São Paulo, o "Pergunte à Câmera" não só tirava dúvidas, a partir de cartas e telefonemas do público, como também era uma das primeiras formas interativas. O telespectador pedia um tema, e um programa era produzido. Apareceu todo tipo de pergunta, muitas vezes ilustradas por aqueles primeiros documentários de consulados e empresas médicas que ajudavam a preencher a programação inicial da TV.

CAPÍTULO DOIS: AO VIVO E SEM CORES (1950)

Outros novos hábitos: populares se aglomerando em frente às lojas com televisores nas vitrines; proprietários das primeiras TVs portáteis "levando" à casa das visitas o aparelho para assistir junto; dar "boa noite" e conversar com o televisor; colocar esponja de aço (Bombril) na antena para melhorar a imagem; ligar o aparelho com antecedência para esperar a válvula esquentar e a imagem aparecer; decorar indevidamente a televisão com vaso de flores e acabar causando pane no aparelho ao derramar água nos vãos traseiros (o respiro do televisor) que davam acesso à válvula e aos componentes; vestir a melhor roupa para assistir a concertos, óperas, balés e programas "de alta classe" – sim, a televisão era um símbolo de status. Ah, mais um hábito bem comum: ainda com a inexistência do controle remoto na esmagadora maioria dos televisores, as crianças eram praticamente forçadas pelos pais a saírem de seu conforto e irem até o seletor de canais mudar de estação. Ai de quem quisesse ficar próximo do aparelho para encurtar o caminho, pois ainda era capaz de ouvir: "Menino, sai daí de perto. A luz é muito forte para os seus olhos."

A programação, em sua maioria ao vivo, estava longe de conseguir ocupar as 24 horas no ar. Era apenas noturna, abrindo, aos poucos, espaço para programas vespertinos, que iniciavam a programação ao meio-dia. Também abriram horários aos finais de semana para programas infantojuvenis, pensando nas crianças que acordavam cedo. A primeira expansão de programação (vespertina) começou oficialmente ao meio-dia, a partir de 1º de maio de 1952. Apenas em 28 de setembro de 1952, na TV Tupi, tentou-se o horário das 11h30, cancelado por falta de audiência. Muitos ligavam a TV apenas para olhar, fascinados, o *test pattern* dos canais, tentando imaginar como aquela imagem chegava até suas casas. Primeiro aparecia a imagem, lá pelas 19 horas, e, meses depois, próximo ao meio-dia, até que a programação entrava no ar. Lembrando que, no restante do horário, muitos profissionais trabalhavam no rádio, faziam ensaios para a programação que logo iria ao ar na TV... ou descansavam. Praticamente viviam no trabalho, nesses tempos românticos da TV, tempos de descobertas. Cassiano Gabus Mendes e a equipe do "TV de Vanguarda", por exemplo, chegavam a ficar após o horário da programação, em plena madrugada, experimentando tecnicamente os aparelhos, para efeitos especiais em futuras atrações. Um caso pitoresco é o do casal Heloísa e José Castellar, que emprestaram a própria cama para uma novela da TV Paulista e aguardavam toda noite o caminhão de mudanças

60 A HISTÓRIA DA TELEVISÃO BRASILEIRA PARA QUEM TEM PRESSA

chegar à casa deles com o móvel, para que pudessem dormir. Nas duas primeiras décadas da televisão era muito comum, entre os profissionais da TV, pegar emprestado móveis, objetos cenográficos, acessórios, figurinos... não só em suas casas, mas também na dos pais e avós; ou quando um patrocínio surgia, conseguirem dinheiro para alugar nas chamadas casas teatrais, como a que existia na extinta Casa do Ator, no bairro da Vila Olímpia. Uma prática de todas as emissoras.

O *prime time* (o chamado "horário nobre" no Brasil) na televisão passou a ser, principalmente, entre às 19 e 21 horas. Foi, de certa forma, uma transferência gradativa: de um público habituado com tal horário no rádio, com suas principais novelas e noticiosos, que agora migrava para o novo meio. Horário também em que os maridos voltavam do trabalho e a família se reunia. Muitos jantavam ouvindo rádio e descansavam vendo TV. Até mesmo o teatro foi parar dentro de casa.

O Teatro na Televisão

A dramaturgia, gênero forte do rádio, não demorou a aparecer na televisão. Para tal, todos os cuidados foram tomados a fim de absorvê-la com excelência. Era um novo gênero que necessitava de uma estrutura maior e bem mais complexa, com grande número de cenários, cenas, ângulos e enquadramentos, o que não se tinha na mídia sonora. Da estreia até 29 de novembro de 1950 foi realizada uma série de esquetes, comandados por Walter Forster. Na noite daquele 29, foi ao ar o primeiro teleteatro completo, "A Vida por um Fio", dirigido por Cassiano Gabus Mendes e Dermival Costa Lima, adaptado do filme homônimo (1948), baseado no radioteatro de Lucille Fletcher, *Sorry, Wrong Number* (1943). Na trama da TV Tupi de São Paulo, o cenário principal era o quarto de Leona Stevenson (Lia de Aguiar). Com paralisia nas pernas, a personagem ouve pelo telefone um plano de assassinato de uma mulher, que descobre ser ela a vítima. Foi praticamente um monólogo em que Lia manteve a audiência com todo o texto decorado. Ao final, no ar, Leona é estrangulada com o fio de telefone pelo próprio marido. Já fora do ar, conforme relatou Luiz Gallon, a equipe quase quebrou a cama do cenário após boa parte, exausta, se atirar no móvel ao fim da transmissão! Foi o início do horário denominado "Teatro Walter Forster".

Lia de Aguiar em "A Vida por um Fio"

Era quase 1951, ano em que a teledramaturgia muito progrediria. Havia enorme preconceito com o novo meio: atores de teatro e cinema consideravam-no uma mídia "menor", não sendo uma "arte" devido ao modo industrial de produção e muitas vezes utilizando profissionais sem formação teatral. Madalena Nicol foi a primeira atriz de teatro, em 10 de janeiro daquele ano, a ingressar na TV. Em São Paulo, o TBC foi uma valiosa fonte de intercâmbio entre os formatos, trazendo de lá nomes como Sérgio Britto, Fernanda Montenegro e Cacilda Becker – uma das principais estrelas da Companhia Cinematográfica Vera Cruz e do TBC, ela se apaixonou pela televisão e criou o programa "Teatro Cacilda Becker", que esteve em diversas emissoras, da Paulista à Bandeirantes, em 1969, quando faleceu. Cacilda trouxe colegas para a televisão, oriundos da EAD (Escola de Arte Dramática), onde lecionava. Outras companhias, como a de Nicette Bruno, do Teatro de Alumínio, também se abriram à televisão.

Em 21 de maio de 1951, surgiu o "Grande Teatro das Segundas-Feiras" (o futuro "Grande Teatro Tupi" paulista), com a peça *Professor de Astúcia*. Por intermédio de João Restiffe, que tinha bom trânsito com os atores de teatro, as companhias eram convidadas a se apresentar na TV Tupi em seu dia

62 A HISTÓRIA DA TELEVISÃO BRASILEIRA PARA QUEM TEM PRESSA

de folga, muitas vezes entre uma temporada e outra. Era o espaço em que, no canal 3 de São Paulo, os artistas de teatro trocavam experiência com os de TV, em sua maioria vindos do rádio. Inicialmente, eram apresentações esporádicas, mas em breve passariam a ser semanais, sob o patrocínio da imobiliária Monções – adotou-se aqui também o modelo de negócio de batizar o programa com o nome do patrocinador, recebendo denominações como "Grande Teatro Monções", "Grande Teatro Cássio Muniz", "Grande Teatro Philips" e "Grande Teatro Brastemp". Ruggero Jaccobi, diretor do TBC, foi o primeiro diretor do programa, que também teve no comando Geraldo Vietri, Luiz Gallon, Armando Bógus e Wanda Kosmo, que durante os anos 60 virou a titular da atração. Cada vez mais os artistas de teatro se misturavam com os de televisão, resultando também na ida de muitos do vídeo para os palcos.

Em 1951, mais uma estreia, agora na TV Tupi carioca: "Os Grandes Espetáculos", de Luís Peixoto e Paulo Magalhães, com direção de Chianca de Garcia e, no elenco, entre outros, Heloísa Helena, Jacy Campos e Colé – lembrando que, em sua fase experimental, o canal 6 carioca já havia montado, com Paulo Porto, Fregolente e Gilberto Marinho, um teleteatro. Porém, o maior destaque da emissora se deu na versão carioca do "Grande Teatro Tupi", dirigida até 1956 por Adolfo Celi, mais tarde substituído por Sérgio Britto. Ao lado dele, nomes como Manoel Carlos, Fernanda Montenegro, Fernando Torres, Ítalo Rossi, Nathália Timberg, Zilka Salaberry, Chianca de Garcia, Paulo Porto e Aldo de Maio. Uma nova peça, sempre após a abertura, ao som de *Smile*, de Chaplin. Nesse tempo, ao vivo, era comum os artistas irem de carro ou ônibus para o Rio de Janeiro se apresentarem e voltarem depois para São Paulo, como nômades, ou vice-versa. Ponte-aérea era luxo, e a TV não podia custear. No Rio de Janeiro, o "Grande Teatro" ainda passou pela TV Rio e TV Globo, nos anos 60, e teve uma vida curta, nos 70, quando Sérgio Britto tentou ressuscitá-lo na TV Tupi.

Outro teleteatro importante foi o "TV de Vanguarda", da TV Tupi de São Paulo. Começou como "Teatro de Vanguarda", em 17 de agosto de 1952, sempre aos domingos, às 21h. A primeira peça encenada foi *O Julgamento de João Ninguém*, uma adaptação de Dionísio Azevedo, do conto de V. Saar, escrito originalmente na *Mistery Magazine*, com Lima Duarte como protagonista – ele que foi um dos principais nomes desse horário de teleteatro, assim como Lia de Aguiar, Henrique Martins, Vida Alves, Laura Cardoso,

Márcia Real, Rolando Boldrin, José Parisi, Geórgia Gomide... um timaço. Centenas de adaptações foram realizadas, inicialmente de filmes, cujos roteiros originais vieram do programa "Cinema em Casa" (Rádio Difusora), de Octávio Gabus Mendes, de onde partiu a ideia do filho, Cassiano Gabus Mendes, com apoio do seu colega de rádio, Walter George Durst, agora um dos principais adaptadores de obras para a televisão. A ideia era a mesma do programa radiofônico: experimentar a linguagem, adaptando cinema para a televisão. De forma sinérgica, o "TV de Vanguarda" testou técnicas e definiu muito da linguagem de nossa teledramaturgia, mesclando conhecimentos da televisão, cinema, teatro e rádio. Após a transmissão e durante a madrugada chegavam a testar as possibilidades dos equipamentos para a criação das peças. Foram adaptados os mais diversos clássicos: *Macbeth* e *Hamlet* (Shakespeare), *A Dama das Camélias* (Alexandre Dumas), *Antígona* (Sófocles), *Crime e Castigo* e *Os Irmãos Karamasov* (Dostoiévski), *À Margem da Vida* (Tennessee Williams), *Sagarana* e *A Hora e a Vez de Augusto Matraga* (Guimarães Rosa), e *O Bem-Amado* (Dias Gomes). Inicialmente produzido para a TV Tupi de São Paulo, após o videoteipe, o programa "TV de Vanguarda" acabou sendo exibido em todo o Brasil. Foi o principal teleteatro da TV Tupi, onde se comemoraram inúmeros aniversários da emissora e até mesmo onde foram feitas as primeiras gravações em VT. Por 14 anos, os principais artistas passaram por ele, sempre abrindo com o *Tema de Tara*, do filme *E o Vento Levou* (1939). O principal adaptador foi Durst, mas Dionísio Azevedo e Túlio de Lemos também se dedicaram bastante ao programa. Na direção, Gabus Mendes e Durst, posteriormente com o apoio de Syllas Roberg, e, a partir de 1962, Benjamin Cattan. Em 1957, suas edições quinzenais passaram a revezar com outro teleteatro: o "TV de Comédia", quase sempre dirigido por Geraldo Vietri, que utilizou como base muitas peças de teatro do TBC, comédias mundiais e, posteriormente, dando ênfase à adaptação de contistas brasileiros do início do século 20. A primeira telepeça do "TV de Comédia" foi *Treze à Mesa*, adaptação da comédia de Marc-Gilbert Sauvajon, dirigida por Antunes Filho, em 29 de dezembro de 1957, com Laura Cardoso, Percy Aires, Amândio Silva Filho, Turíbio Ruiz e Cathy Stuart. Dez anos depois, em 1967, tanto o "TV de Vanguarda" como o "TV de Comédia" saíram do ar, numa reformulação da grade da TV Tupi.

Vários outros programas de teleteatro marcaram a história da telinha, como o "Contador de Histórias" (1955), adaptação do "Teatro de Terror", e "Ravengar", de Octávio Gabus Mendes (no rádio), cujos textos na televisão foram, principalmente, de Cassiano Gabus Mendes e Vida Alves, depois transformado em "Studium 4" (alusão ao canal 4, ocupado pela Tupi paulista, a partir de 1960). Na TV Paulista, "Teatro Graça Mello" e "Teatro Cacilda Becker", inicialmente, e mais tarde o "Teledrama", coordenado por nomes como Álvaro de Moya e Régis Cardoso, que adaptou também importantes clássicos da literatura em "Teledrama Três Leões", atração que ficou popularmente conhecida, na época em que era patrocinado por tal loja. O "Teledrama" enfrentou os desafios do pequeno estúdio da Rua da Consolação, expandindo para novos – e bem mais amplos – estúdios na Rua das Palmeiras. Já Jacy Campos, inicialmente na TV Tupi do Rio de Janeiro, passando depois por inúmeros canais, inovou na televisão com o teleteatro "Câmera Um", cuja base era toda a ação ser desenvolvida e captada a partir de uma única câmera, tendo muitas vezes um cenário subjetivo, como no teatro moderno, sem paredes e utilizando o escuro do estúdio, a partir de 1956 – na Tupi carioca tivemos outros programas, como "Teatro Semanal", com Heloísa Helena, "Teatrinho Kibon", "Teatro Policial", "Teatro Gebara" e "Teatro Moinho de Ouro". Já na TV Record, "Teatro Record", gerido pela Equipe A, sendo que, da TV Paulista, Cacilda Becker acabou se transferindo para o canal 7 paulistano. A TV Excelsior também fez sucesso com teleteatros nos anos 60, como "Teatro Nove" e "Teatro 63" – nomes já conhecidos da TV, como Walter George Durst e Gianfrancesco Guarnieri (que se dedicava mais ao teatro), estiveram presentes nas adaptações do canal 9, além de craques como Stênio Garcia, Juca de Oliveira, Cleide Yáconis e Mauro Mendonça.

Para o público infantojuvenil, programas como "Teatro da Juventude", de Júlio Gouveia (também apresentador) e Tatiana Belinky, diretores do TESP (Teatro Escola São Paulo), alcançaram gigantesco sucesso. Adaptaram não apenas clássicos como *Peter Pan*, mas também histórias bíblicas, a exemplo de *Os Dez Mandamentos*. O casal fez adaptações, como *Os Três Ursos* (fábula de Cachinhos Dourados), no início de 1952, ainda na fase experimental da TV Paulista. Posteriormente, na TV Tupi, adaptaram o *Sítio do Pica- -Pau Amarelo* (inicialmente com *A Pílula Falante*, do livro *Reinações de Narizinho*), que virou seriado em 3 de junho de 1952, permanecendo na emissora até 1963. Já na TV Tupi carioca o "Teatrinho Trol" também era um teleteatro infantil.

CAPÍTULO DOIS: AO VIVO E SEM CORES (1950)   65

Essa fase do teleteatro ao vivo influenciou toda uma geração, criando o formato unitário de teledramaturgia, com uma trama com começo, meio e fim a cada edição. E inspirou programas, em sua maioria gravados, como "Teatro 2", na TV Cultura, e "Caso Especial", na Rede Globo, ambos que se iniciaram nos anos 70 e chegaram a ter presença de profissionais do teleteatro ao vivo, como Cassiano Gabus Mendes, Walter George Durst e até jovens talentos, como Silvio de Abreu. Na TV Cultura, ainda "Teleconto" e "Tele Romance" também seguiram a mesma linha, nos anos 80, e uma versão moderna foi "Terça Nobre", na Globo, já na década seguinte.

Nomes como Cláudio Cavalcanti, na Tupi carioca, Osmar Prado, na TV Paulista, Adriano Stuart e David José, na Tupi paulista, que começaram no teleteatro ainda na infância, viriam a se tornar grandes e consagrados atores. Ou mesmo adolescentes como Walter Avancini e Régis Cardoso, importantes diretores.

Do teatro para a televisão, não podemos jamais esquecer que muito se deve também ao trabalho dos câmeras e ao olhar apurado dos diretores de TV (ou de imagem), como Cassiano Gabus Mendes, Luiz Gallon e Mário Pamponet Jr., na TV Tupi paulistana, Mário Provenzano, na Tupi carioca, Álvaro de Moya, Antonino Seabra, na TV Paulista, e um numeroso time que definiu nossa linguagem televisiva tipicamente brasileira.

Hoje, nomes que batizam teatros Brasil afora passaram pelo teleteatro. Gente como Procópio Ferreira e sua filha Bibi, Maria Della Costa, Sérgio Britto, Nydia Lícia e Eva Wilma. Os teleteatros consagraram para a TV talentos como Lia de Aguiar, Dionísio Azevedo, o casal Tarcísio Meira e Glória Menezes, Walter Forster, Jaime Barcelos, Percy Aires, Vida Alves, Yara Lins, Cláudio Marzo, Laura Cardoso, Marisa Sanches, Lima Duarte, Marcos Plonka, Débora Duarte, Jaime Barcellos, Sonia Maria Dorce, Cleide Yáconis, Rolando Boldrin, Henrique Martins, Luiz Gustavo, Jorge Ribeiro, Amilton Fernandes, Turíbio Ruiz, John Herbert, Geórgia Gomide, José Miziara, Norah Fontes, José Parisi, Marly Bueno, Patrícia Mayo, Lisa Negri, Araken Saldanha, Francisco Cuoco, Juca de Oliveira, David Neto, Walter Stuart, Eloísa Mafalda, Márcia Real, Susana Vieira, Lúcia Lambertini, Tony Ramos, Francisco Negrão, Wilma Bentivegna, Mauro Mendonça, Vera Nunes, Walmor Chagas, J. Silvestre e uma centena de atores, produtores e autores, cujas histórias se confundem com a da própria televisão.

66 A HISTÓRIA DA TELEVISÃO BRASILEIRA PARA QUEM TEM PRESSA

Com a chegada do videoteipe e o processo industrial que as produções passaram a ter, o teleteatro se tornou um produto altamente oneroso, por exemplo, na cenografia. Enquanto nele se tinha um cenário específico por peça, numa novela existiam diversos cenários fixos, por meses no ar. Além de São Paulo e Rio de Janeiro, praticamente todas as emissoras pioneiras do Brasil, nas mais diversas regiões, possuíram teleteatros como ponto de partida de suas dramaturgias. Nessas primeiras décadas, os teleteatros fizeram com que muitos atores desenvolvessem uma habilidade sem igual de memorização e técnica de marcação em estúdio, permanecendo no personagem, mesmo que não estivessem sendo focalizados: numa possível troca de quadro poderiam entrar em cena num simples corte de imagem. Erros ocorriam, assim como bastante improviso, mas nada que desqualificasse a criação e o profissionalismo dos primeiros tempos. Prova disso é que, com a chegada do VT nos anos 60, muitos dos teleteatros eram "apenas" gravados, mas a equipe toda os fazia de ponta a ponta, devido às dinâmicas já desenvolvidas desde 1950 e à química de quem sabia fazer ao vivo.

E as novelas?, você já deve estar se perguntando. Então, vamos lá.

As Primeiras Novelas

A dramaturgia é algo que envolve o ser humano há séculos, mas o brasileiro aprendeu a amar a produção contínua e em capítulos por meio de uma literatura que surgia de forma fracionada, aqui batizada de folhetim. Textos que, seguindo o padrão dos folhetins franceses, eram impressos nos jornais. Um dos grandes mestres na arte de criá-los, ainda no século 19, foi José de Alencar. Não é por acaso que muitos dos seus folhetins se transformaram em obras clássicas, como *O Guarani* e *Senhora*, inúmeras vezes adaptadas para a teledramaturgia, seja como novela ou minissérie – produções feitas até de forma compilada e/ou com histórias paralelas, como em "Essas Mulheres" (novela escrita em 2005 para a Record, por Marcílio Moraes e Rosane Lima), trama baseada em *Senhora*, *Lucíola* e *Diva*. A teledramaturgia várias vezes foi beber na fonte da literatura, até que começou a criar textos inéditos e específicos para o novo meio.

Muitos fizeram escola na criação de radioteatros, séries radiofônicas e radionovelas – em São Paulo, um dos principais nomes foi Walter Forster, que tanto se dedicou à dramaturgia (era diretor do departamento de radio-teatro da Rádio Tupi) e foi o principal incentivador de que ela fosse para a televisão, com apoio de colegas como Dionísio Azevedo, Cassiano Gabus Mendes (também diretor) e José Castellar. O teleteatro então começou com um programa comandado pelo próprio: "Teatro Walter Forster", o que não demorou muito para convencer Dermival Costa Lima a iniciar as novelas na televisão. Porém, naquele momento, a telenovela teria um grande entrave: afinal, como adequá-la na grade e, principalmente, no espaço físico dos estúdios, cuja divisão já era ocupada constantemente por cenários de tele-teatros, séries, telejornais e programas da linha de shows? Toda logística respeitava também a escala dos artistas, que se dividiam entre a TV e as rádios Tupi e Difusora, além da questão de que tudo respeitava o período de ensaio e exibições ao vivo. Foi por tais razões que Walter Forster, em consenso com Dermival Costa Lima e Cassiano Gabus Mendes optaram por uma novela com poucos capítulos, fracionados num intervalo contínuo (pensando na memorização do público), e portanto de curta duração. E dessa forma ficou definido que as primeiras tramas iriam respeitar inicialmente o horário das terças e sextas-feiras na grade noturna (tempos depois, terças e quintas). Forster, então, criou a pioneira trama "Sua Vida me Pertence", que tanto na tela como na imprensa brasileiras foi tratada sob o slogan de "A primeira novela em capítulos pela TV em toda a América Latina". Walter Forster não só foi o protagonista, como também o produtor (diretor na época) e o autor. Para viabilizar a produção, conseguiram o patrocínio da Coty, de produtos de beleza e higiene, agenciada pela J.W. Thompson Publicidade.

Nesse período, apresentava-se um trailer, em película, sobre a novela. Isso começou na noite de terça, 18 de dezembro de 1951, anunciando a estreia na sexta seguinte, 21 de dezembro. No elenco estavam Lia de Aguiar, Walter Forster, Vida Alves, José Parisi, Astrogildo Filho, Néa Simões, Dionísio Azevedo, Regina Silva, Lima Duarte, João Monteiro e Tânia Amaral. Foram 15 capítulos, às terças e sextas, cujo último foi em 15 de fevereiro de 1952 – também numa sexta. Por sugestão do Ivon Curi a Walter Forster, na data foi dado o primeiro beijo nas telenovelas, entre o ator e Vida Alves – curiosamente o nome da atriz é mais lembrado que o da protagonista, Lia de Aguiar. Como na época não era costume na tele-visão, nem no cinema brasileiro, beijar na boca, Walter e Vida conversaram

68 A HISTÓRIA DA TELEVISÃO BRASILEIRA PARA QUEM TEM PRESSA

com o marido dela, o engenheiro Gianni Gasparinetti, que entendeu a importância da cena. Conforme Vida Alves, "Acho que fui eu que inventei o beijo técnico."

Não é possível precisar o horário em que se passava a novela, mas, por conta das atrações do dia, ela teve início próximo das 22h. Foi publicado no *Diario da Noite*, de 21 de dezembro de 1951:

> *"Programa de hoje da PRF-3 TV (estação de televisão das Emissoras Associadas): 16h30 às 17h30 – Programa dedicado às donas de casa e às crianças, com desenhos animados, shorts, documentários etc. A partir das 20h / 1) MARIANITO MORAES NA TV (apresentação do famoso compositor, regente e pianista argentino com a sua orquestra de câmara de tango / 2) TELE-FILM / 3) "NOITES DE ENCANTAMENTO" (Show – Produção de Bruna Bruno) / 4) DESENHO ANIMADO / 5) "SUA VIDA ME PERTENCE" (novela de Walter Forster – 1º capítulo) / 6) SHORT / 7) PIANO DE JAZZ (com Hector Lagna Fieta) / 8) VÍDEO DE ARTE (prod. de Pierre de Chavannes) / 9) IMAGENS DO DIA (telejornal de Ruy Rezende)"*

"Sua Vida me Pertence" ganhou uma versão radiofônica a partir de 5 de maio de 1952, quando Walter Forster se transferiu para o Rio, apresentando a trama na Rádio Tupi, às 17h, com ele no elenco, além de Lourdes Maia, Aliomar de Matos, Teresinha Moreira, Avalone Filho, Abel Pêra, Miguel Rosemberg, Wilton Franco e Paulo Moreno. Foi a primeira radionovela que Forster produziu na Rádio Tupi carioca, no horário denominado "Grande Teatro Odol" (pasta de dente patrocinadora). Foi anunciada como "A história de sentimentos em conflito". Um ano depois, em 1953, a Rádio América, em São Paulo, apresentou "Sua Vida me Pertence", apenas homônima, com autoria de Otávio Augusto Vampré.

A segunda novela do país surgiu em 4 de março de 1952, "Um Beijo na Sombra", de José Castellar, com José Parisi, Vida Alves, Guiomar Gonçalves, Tânia Amaral e Norah Fontes, e terminou em 29 de abril de 1952. Curioso imaginar que depois de uma pequena polêmica em torno do primeiro beijo, a segunda novela já o colocou no título, mesmo que tenha sido dado no escuro.

CAPÍTULO DOIS: AO VIVO E SEM CORES (1950) 69

Walter Forster e Vida Alves na novela "Sua Vida me Pertence"

Aos poucos, a presença das telenovelas na programação foi crescendo, tendo sido produzidas 216 tramas – em todas as emissoras – em doze anos, com produções não diárias, de 1951 a 1963. Nessa primeira fase, tivemos desde enredos românticos até adaptações literárias. Títulos como "Meu Trágico Destino", "Direto do Coração", "Segundos Fatais", "Os Três Mosqueteiros", "Sangue na Terra", "O Conde de Monte Cristo", "E o Vento Levou...", "Robin Hood", "Pollyana", "O Corcunda de Notre-Dame", "Os Miseráveis" e "O Jardim Encantado", na TV Tupi de São Paulo; "Gabriela", "Adeus às Armas", "Olhai os Lírios do Campo" e "Senhora", na TV Tupi carioca; "Helena", "Casa de Pensão", "Diva", "Iaiá Garcia" e "David Copperfield", na TV Paulista; "A Muralha", "Éramos Seis", "Viagem à Lua" e "Fiorela", na TV Record; "Rebecca", "Estava Escrito no Céu", "Cabocla" e "Morte no Mar", na TV Rio – percebam a quantidade de adaptações literárias. Além de Forster e Castellar, conhecemos outros autores como J. Silvestre, Tatiana Belinky, Vicente Sesso, Dionísio Azevedo, Péricles Leal, Heloísa Castellar, Túlio de Lemos, Ribeiro Filho, Sillas Roberg, Vida Alves, George

Ohnet, Fernando Baleroni, Geraldo Vietri, Felipe Wagner, Lúcia Lambertini, Hélio Ansaldo, Antônio Leite, Aldo Viana, Ruy Guerra, Antônio Bulhões e Walter Peixoto. O que se viu foi a paulatina migração de vários autores de radionovelas para a TV, como Ivani Ribeiro, Janete Clair e Dias Gomes. Interessante observar que muitas tramas se repetiram ao longo da história: antes da novela diária "Os Dez Mandamentos" (Record, 2015), o texto foi adaptado como novela pela mesma emissora em 1955, e na TV Tupi em 1958 (além de uma versão no "Teatro da Juventude"). Já *Éramos Seis*, romance de Maria José Dupré, virou novela na Record (1958), na Tupi (em 1967 e 1977), no SBT (1994) e na Globo (2019), tendo como Dona Lola, respectivamente, Gessy Fonseca, Cleyde Yáconis, Nicette Bruno, Irene Ravache e Glória Pires. Fomos de "Pollyana" (Tupi, 1956, com Verinha Darcy) a "As Aventuras de Poliana" (SBT, 2018, com Sophia Valverde).

Essas primeiras novelas foram produções que, aos poucos, acabaram tendo seu lugar ao sol, destacando-se além dos teleteatros e seriados, mas ainda sem ser a paixão nacional das décadas vindouras. Mesmo assim, já conquistava um público além das fronteiras de Rio e São Paulo, até com produções de telenovelas regionais.

Além dos Limites Territoriais

Quando a TV Tupi de São Paulo foi ao ar, em 1950, os técnicos já buscavam até onde o sinal chegava. Pela potência, acreditavam numa distância de 15 km, o que se expandiu com o tempo, claro, podendo o sinal da emissora ser sintonizado em algumas cidades do interior, mas não alcançando uma boa qualidade técnica. A construção de antenas repetidoras passou a ser primordial.

Com o crescimento da concorrência, fazer o sinal ir mais longe virou questão de vida ou morte. Abraçando o pioneirismo, em 18 de dezembro de 1955, a TV Tupi transmitiu Palmeiras x Santos direto da Vila Belmiro, em Santos. Para tais transmissões, os técnicos precisaram fazer um esforço quase de bandeirantes, atravessando a Serra do Mar e colocando antenas repetidoras no percurso. Depois de Santos, transmitiram também de São Caetano, na região do ABC paulista, para São Paulo. Já a TV Record, em 25 de abril de 1956, levou o sinal até Campinas, em uma transmissão externa, e alfinetou a Tupi com o slogan: "Emissoras Unidas: 100 quilômetros

CAPÍTULO DOIS: AO VIVO E SEM CORES (1950) 71

à frente". Quintuplicou o alcance praticamente um mês depois, em 26 de maio, e um novo slogan precisou ser lançado: "Emissoras Unidas: 500 quilômetros à frente", quando a TV Record fez a primeira transmissão interestadual em conjunto com a TV Rio. Silvio Luiz e Hélio Ansaldo apareceram passeando no calçadão de Copacabana, no Rio de Janeiro. À noite, paulistas puderam ver o show "Conquista Histórica", também na TV Rio, brindando o feito. Já em 1º de julho daquele mesmo ano, as Emissoras Unidas transmitiram em pool. Paulistas e cariocas assistiram ao jogo Brasil 2 x 0 Itália, no Estádio do Maracanã. As Emissoras Associadas então responderam, dez dias depois, ao realizar uma transmissão interestadual entre as duas TV Tupi. Arnaldo Nogueira entrevistou o vice-governador de São Paulo, Porfírio da Paz. O teleteatro "Uma Grande Mulher", de Joracy Camargo, foi apresentado com Aimée protagonizando. Logo após, o espetáculo "História e Música", produzido por Walter George Durst e, no final, o governador paulista Jânio Quadros deu boa noite aos cariocas. A resposta às Unidas foi: "Seus 500 e mais 500". Já em 5 de agosto, Record e TV Rio transmitiram o Grande Prêmio Brasil, direto do Hipódromo da Gávea, no Rio de Janeiro.

Um ano depois, em 15 de novembro de 1957, foi inaugurada a primeira emissora fora de uma capital: a TV Santos (canal 5), uma subestação da TV Paulista, já pertencente à O.V.C. Funcionava na sede da Rádio Clube de Santos, parceira da O.V.C., no bairro do Gonzaga, onde mais tarde seria o Cine Alhambra. A TV Santos teve programação própria por pouco mais de um ano, culminando com a crise na Rádio Clube, e após isso passou apenas a retransmitir o sinal do canal 5 paulistano. Nesse breve intervalo, além de apresentações exclusivas de Hebe Camargo, Manoel de Nóbrega e outros talentos da capital – direto da Baixada Santista –, o diretor Rebello Jr. descobriu um novo nome da televisão: a culinarista Ofélia Anunciato, trazida por ele para São Paulo, cuja carreira decolou a partir dali. Ela acabou indo para a TV Tupi trabalhar ao lado de Maria Thereza Gregori, em "Revista Feminina", a quem acompanhou por muito tempo, até ter seu próprio programa, o "Cozinha Maravilhosa de Ofélia", na TV Bandeirantes, de 1968 a 1998, ano em que faleceu.

"A Cozinha Maravilhosa de Ofélia"

Voltando às transmissões pioneiras, o ano de 1959 foi muito especial para tal expansão. As Emissoras Unidas, em meados daquele ano, se ligaram via micro-ondas, podendo ter geração de conteúdo simultâneo e ao vivo entre TV Rio e Record. Programas, como o infantil "Pullman Jr.", com Rosa Maria (duas vezes por semana); o show semanal "*La Revue Chic*" ("A Revisão da Sabedoria"), de Nilton Travesso e Lívio Rangan; e o "Show 713" (alusão aos canais 7 e 13, da Record e TV Rio), produzido por Abelardo Figueiredo, foram alguns dos transmitidos em pool pelas emissoras. Nesse mesmo ano, as Emissoras Unidas também foram pioneiras na utilização da lente Zoomar, o famoso *zoom*, que aproximava e afastava a imagem em partidas de futebol.

Surge então a primeira emissora do interior, a TV Bauru, canal 2 de Bauru (SP), entrando experimentalmente em dezembro, ainda sob o comando de João Simonetti. Estreou oficialmente em 14 de maio de 1960, mas foi reinaugurada em 28 de novembro como propriedade da Organização Victor Costa, uma vez que Simonetti era italiano, e proibia-se que estrangeiros tivessem comando acionário de emissoras. Em 1965, com a compra da O.V.C. por Roberto Marinho, o canal se transformou em TV Globo Oeste Paulista e, em 1998, virou TV Modelo, sendo que, em 2002, as Organizações Globo venderam 90% de sua participação acionária à J. Hawilla, que a transformou na TV TEM Bauru, um ano depois. Temos ainda outros casos pioneiros, como a TV Tupi-Difusora, de Ribeirão Preto (SP) e a TV Mariano Procópio, de Juiz de Fora (MG), ligadas às Emissoras Associadas.

Televisão para Crianças

Independentemente da região, sempre existiu um público, sem vícios, que é conquistado por aquilo que chama a sua atenção e garante total correspondência: o infantil. As crianças ditam moda e, muitas vezes, arrastam a família toda para, juntas, assistirem a uma atuação na TV.

Foi do meio radiofônico que essa influência veio, com programas como "Club Papai Noel", apresentado por Homero Silva, sempre acompanhado por crianças-prodígio, como a pequena Sônia Maria Dorce. Cantar, declamar, dançar, imitar… Uma fórmula que Homero Silva criou em 1937, primeiro nos domingos da Rádio Tupi, posteriormente na Difusora. Foi adaptado para o show inaugural da PRF-3 TV, em 1950, e ainda em setembro ganhou um novo formato do canal televisivo, sob o nome de "Gurilândia".

A pequena Sonia Maria Dorce, aos 5 anos, foi a nossa primeira apresentadora e atriz mirim, considerada a "Shirley Temple brasileira" (com o mesmo estilo, no SBT, Maísa Silva). A menina estrelou diversas produções, como "De Mãos Dadas", ao lado de Heitor de Andrade, que também foi o apresentador da competição entre escolas, "Sabatinas Maizena". Sonia, em 1962, também foi Pam de "Pim Pam Pum", programa patrocinado pelos Brinquedos Estrela, com Aurélio Campos e mais duas crianças. Henrique Ogalla (Pim) e David José (Pum).

No Rio de Janeiro, a TV Tupi tinha o "Clube do Guri", apresentado por Collid Filho, num formato bem próximo de "Gurilândia" e homônimo a seu programa na Rádio Tupi carioca – tal nome existiu em outras emissoras, como, por exemplo, na Rádio Farroupilha, sendo o programa que revelou uma talentosíssima criança: Elis Regina, em 1957.

74 A HISTÓRIA DA TELEVISÃO BRASILEIRA PARA QUEM TEM PRESSA

Já o "Sítio do Pica-Pau Amarelo" foi adaptado em 1952 por Tatiana Belinky e Júlio Gouveia, que comandava também outros programas e novelas ligados ao TESP. Surgiram no "Sítio" nomes como Lúcia Lambertini (nossa primeira boneca Emília), Edi Cerri (Narizinho), David José, Nagib Anderáos (ambos interpretaram Pedrinho) e tantos outros – alguns dos que ali se formaram, muitos anos depois, também foram reconhecidos na área, como a autora Maria Adelaide Amaral. Tatiana e Júlio fizeram peças, séries (como "Tom Sawyer") e novelas infantis (como "Pollyana" e "Pollyana Moça", com Verinha Darcy – histórias que inspiraram o SBT a recriá-las já no século 21).

O "Sítio do Pica-Pau Amarelo" foi produzido pelas TVs Cultura (1964), Bandeirantes (1967) e Globo (com duas versões, uma lançada em 1977, com direção de Geraldo Casé, e outra em 2001). Nos tempos da TV Tupi, chegou a ter versões regionais, como a da Tupi carioca, cujo Visconde Sabugosa era o ator e futuro diretor Daniel Filho.

Tivemos também os nossos primeiros heróis na TV. Em "As Aventuras do Falcão Negro", um capa e espada nos moldes do Zorro, porém passado no período medieval, em que o herói mascarado era interpretado por José Parisi, na Tupi paulista, e, a partir de 1957, por Gilberto Martinho, na Tupi carioca. Muitos tinham medo de fazer o seriado, uma vez que os protagonistas levavam a sério as lutas, no calor do ao vivo. Parisi chegou a machucar atores que contracenaram com ele. No Rio, Gilberto Martinho recebeu o troco de Jece Valadão, quando este acertou um banco na sua cabeça, que o fez desfalecer – no final, tiveram que improvisar e, nos episódios subsequentes, mostraram a recuperação do herói. Em São Paulo, Falcão Negro teve um mensageiro, o pequeno Pé-de-Coelho, interpretado pelo iniciante José Bonifácio de Oliveira Sobrinho, o Boni.

Na TV Tupi, tivemos também, já em 20 de dezembro de 1961, a nossa primeira série filmada: "Vigilante Rodoviário", protagonizada por Carlos Miranda e patrocinada pela Nestlé. A série passou em diversas emissoras: Excelsior, Cultura, Globo e Record, e, nos anos 2010, no Canal Brasil e na TV Brasil. Foi lançada em DVD e continua sendo um sucesso. Carlos ganhou um fã-clube, que o acompanha em eventos. O ator vai sempre caracterizado como o Vigilante e sempre acompanhado de seu fiel escudeiro, o pastor-alemão Lobo, como também de sua Harley-Davidson e seu Simca--Chambord. Curiosamente, após o término da série, Carlos entrou para a Polícia Rodoviária, chegando a tenente-coronel. Hoje, o hino da classe –

CAPÍTULO DOIS: AO VIVO E SEM CORES (1950)

a "Canção do Policiamento Rodoviário de São Paulo", do Cabo Mário Celso dos Santos – é uma adaptação da abertura de "Vigilante Rodoviário": *De noite ou de dia, firme no volante, vai pela rodovia, o bravo vigilante*. A série foi produzida e dirigida por Ary Fernandes, também criador de outra série, "Águias de Fogo" (1968), que tinha como pano de fundo o esquadrão da Força Aérea Brasileira (FAB).

Outro mascarado da Tupi foi o "Capitão Estrela", criado por Zaé Júnior e interpretado por Henrique Martins. Já na Record, o "Capitão 7" (1954), cujo nome se deve ao canal 7, criado por Rubem Biáfora e interpretado por Ayres Campos. O herói vinha do espaço e tinha uma assistente, a atriz Idalina de Oliveira. Ayres Campos criou depois o primeiro fã-clube de um herói nacional, com direito a HQ, fantasia e inúmeros itens do Capitão 7 – ao final acabou licenciando e criando produtos até de heróis internacionais, como, por exemplo, fantasias em "tamanho P" do Super-Homem.

Na TV Paulista, o personagem O Sombra, famoso no rádio, foi adaptado por Antonino Seabra sob o nome de O Invisível, interpretado por Luiz Guimarães. Anos depois (1953), outro sucesso radiofônico virou televisivo: "Jerônimo, o Herói do Sertão", criação de Moysés Weltman para a Rádio Nacional. Na TV Tupi, em 1972, e no SBT, em 1984, o ator Francisco di Franco foi Jerônimo.

Ao mesmo tempo que tínhamos nossos heróis nacionais, foram adquiridas produções estrangeiras, como "Nacional Kid", que, a partir dos anos 60, passou a ser amado pelos brasileiros. Muitos outros heróis internacionais ganharam a atenção dos nossos telespectadores: do faroeste, "Bat Masterson"; do espaço, "Ultraseven", "Ultraman", "Spectreman"; e, para as gerações mais novas, "Jaspion", "Changeman", "Flashman", nos anos 80, e os "Power Rangers", nos anos 90... além de desenhos, muitos na emissora dos Bloch, como "Cavaleiros do Zodíaco", "Sailor Moon", "Shurato" e "Pokémon". Daria um outro livro só de lembrar os grandes sucessos que alegraram a garotada. Fomos de "Astroboy" e "Pica-Pau", nas primeiras décadas, até o estrondoso sucesso de "Digimon".

Sobre a comercialização de desenhos, filmes e seriados estrangeiros não podemos esquecer um importante nome: Antônio Vittuzzo, que primeiro vendia para a Tupi de São Paulo os "enlatados", e depois foi contratado pelo canal e passou a negociar com as distribuidoras. Graças principalmente a ele, iniciou-se uma paixão que hoje culmina no costume de maratonar séries no streaming. Vittuzzo, apaixonado pela Sétima Arte, fundou, nos anos 90 (oficialmente), o Museu do Cinema, em São Paulo, a partir do seu acervo com milhares de peças reunidas ao longo de décadas.

Carlos Miranda como o Vigilante Rodoviário

Outros capitães surgiram, como o "Capitão Furacão", desbravador dos mares, interpretado por Pietro Mário, na Globo, sempre acompanhado de Elizângela. Já com a chegada das cores, o espacial "Capitão Arco-Íris" estreou em 1976 na TV Gazeta, com Loriberto Rosa. Na TV Tupi do Rio, o "Clube do Capitão Aza", comandado por Wilson Vianna, de 1968 a 1979, foi um sucesso. Ah, o bordão era inesquecível: "Alô, alô, Sumaré! Alô, alô, Embratel! Alô, alô, Intelsat 4! Alô, alô, criançada do meu Brasil! Aqui quem fala é o Capitão Aza, comandante das forças armadas infantis deste Brasil!"

CAPÍTULO DOIS: AO VIVO E SEM CORES (1950)

Entre os programas infantis, o circo também esteve sempre presente. Ainda na fase experimental da TV Tupi em São Paulo (1950), o palhaço Arrelia (Waldemar Seyssel) participou da apresentação no hall do Hospital das Clínicas. Porém, só teve o seu próprio programa em 1953, com o "Circo do Arrelia", na TV Paulista, produzido por Gilberto Martins, aos domingos. Pouco tempo depois, foi para a Record, ficando por mais de uma década, sempre acompanhado do sobrinho Pimentinha (Walter Seyssel).

Já na TV Tupi, era bem costumeira a presença dos palhaços Fuzarca (Albano Pereira) e Torresmo (Brasil José Carlos Queirolo) em programas como "Tele Gongo" e "Circo Bombril", este comandado por Walter Stuart – também de origem circense, era pai de Adriano Stuart, ator mirim (que viria a ser diretor de programas, como "Os Trapalhões", na Globo), irmão de Cathy Stuart (Cachita Oni) e de Henrique Canales, um dos mais competentes diretores de estúdio da Tupi, que chegou também a apresentar a atração. "Sr. Henrique", como muitos o chamavam, era capaz de se jogar no chão, digno da destreza circense, para soprar aos ouvidos do ator as falas que porventura não fossem memorizadas, na época da televisão ao vivo, como um verdadeiro "ponto" de teatro. Voltando a Fuzarca e Torresmo, com o fim da dupla, Queirolo passou a dividir o espaço com o filho Pururuca (Brasil João Carlos Queirolo), com quem compartilhou programas em diversas emissoras, como Bandeirantes, Record e Gazeta. Curiosamente, toda a família Queirolo tem nomes artísticos ligados ao porco: o pai de José Queirolo, o palhaço Chicharrão, que fez sucesso na TV Excelsior, cujo nome vem de *chicharrón* (torresmo, em espanhol), é prova disso. Tivemos também, na TV Paulista, Sacarrolha e Cebolinha. O circo estava presente em todos os canais.

No Rio de Janeiro, o "Circo Bombril" fez um estrondoso sucesso com os palhaços Carequinha (George Savalla Gomes) e Fred (Frederico Viola), sendo depois renomeado como "Circo do Carequinha", ficando dezesseis anos no ar, entre as décadas de 50 e 60. Carequinha depois triunfou nas TVs Gaúcha (atual RBS), Curitiba (atual Band Paraná), Difusora e, nos anos 80, com "Circo Alegre", na Manchete. Carequinha explodiu com a música "O Bom Menino".

Muitos outros programas com palhaços prosperariam na TV brasileira, entre eles o mundialmente famoso e inesquecível "Bozo" (SBT). Os principais intérpretes do Bozo Bozoca Nariz de Pipoca foram: Wandeko Pipoca, Décio Roberto, Luís Ricardo, Paulo Seyssel Neto – o Pula-Pula, filho de Pimentinha e Amelinha Seyssel – e Arlindo Barreto. Papai Papudo (Gibe), Salci Fufu (Pedro de Lara), Bozolina e Vovó Mafalda (Valentino Guzzo) faziam parte da turma do Bozo. Já Atchim (Eduardo dos Reis) e Espirro (Carlos Alberto de Oliveira) fizeram sucesso com "Brincando na Paulista" (Gazeta) e "Circo da Alegria" (Bandeirantes).

Os últimos palhaços com grande destaque foram Patati e Patatá, criação de Rinaldi Faria, com inúmeros intérpretes, como Flávio Barollo e Wagner Rocha como Patati; já Rogério Faria e Henrique Namura como Patatá. Com participações em diversos canais, apresentaram, nos anos 2010, o "Carrossel Animado" (SBT).

Dos programas de auditório com crianças, devemos destacar também "Grande Ginkana Kibon", sucesso da Record, patrocinado pela marca de sorvete (por isso "Ginkana" com "K"), ancorado por Vicente Leporace (conhecido apresentador de "O Trabuco", na Rádio Bandeirantes), sempre acompanhado por Clarice Amaral. Já na TV Excelsior, nos anos 60, "Essa Gente Inocente", com Wilton Franco se apresentando ao lado de talentos mirins – fórmula que deu origem ao "Gente Inocente" (Globo, 2000), com Márcio Garcia.

A Band é uma emissora que sempre apostou e acreditou no potencial dos programas infantis: "TV Fofão", com Orival Pessini, "TV Criança", com as crianças Ticiane Pinheiro, Cibele Colososchi, Viviane e Dando, "ZYB Bom", com Jeferson, Juliana, os irmãos Aretha Marcos e Rafael Vannucci, e o iniciante Rodrigo Faro, e "TV Tutti-Fruti", com bonecos criados por Ely Barbosa, ilustrador e irmão do autor Benedito Ruy Barbosa.

Das primeiras apresentadoras, tivemos ícones como "Gladys e Seus Bichinhos", da Tupi Rio à Band; Márcia Cardeal em "Sessão Zás-Trás"; Giovanna, já nos anos 70, com "Tup Tupi Show", apresentando desenhos na "Sessão Patota"; e os desenhistas Titio Molina e Daniel Azulay.

O que não faltou nessas mais de sete décadas foram sucessos infantis: "Vila Sésamo" (1972), feito em parceria da Globo com a Cultura, que nos anos 2000 voltou com uma nova edição, depois se transformando apenas em "Sésamo", cuja figura central deixou de ser o Garibaldo para ser o boneco Elmo. Ou até "Pluft, o Fantasminha" e "Turma do Pererê", clássicos da TVE Brasil.

Tudo culminaria na criação de canais a cabo exclusivos para as crianças, como Cartoon Network, desde 1993, TV Rá-Tim-Bum, da Fundação Padre Anchieta, Gloob, dos Canais Globo, Discovery Kids, Nick Jr., Baby TV, Disney, Zoo Moo Kids, entre vários outros! É uma história que puxa outra… sem fim, como narrava Júlio Gouveia ao final do "Teatro da Juventude": "Entrou por uma porta, saiu por outra, quem quiser que conte outra."

Os Primeiros Seriados

O costume do brasileiro de assistir a seriados começa inicialmente com o famoso "Alô, Doçura!" (1954) na TV Tupi de São Paulo, mas é necessário conhecer seus antecedentes. O seriado foi inspirado no programa "Encontro das Cinco e Meia", da Rádio Difusora, criado por Octávio Gabus Mendes. Apesar das semelhanças com o americano "I Love Lucy", com Lucille Ball, o formato de "Alô, Doçura!" veio genuinamente do programa do falecido Octávio, cujo filho Cassiano resolveu levar para a televisão como "Somos Dois" (1952) e depois como "Namorados de São Paulo" (1953), com o ator Mário Sérgio, do estúdio Vera Cruz, e com a ex-bailarina do "Balé do IV

John Herbert e Eva Wilma em "Alô, Doçura"

80 A HISTÓRIA DA TELEVISÃO BRASILEIRA PARA QUEM TEM PRESSA

Centenário", Eva Wilma. Esses programas acabaram dando origem ao "Alô, Doçura!", nosso primeiro *sitcom* (comédia de situações). Com a saída de Mário Sérgio, que retornou às produções cinematográficas, entrou o namorado de "Vivinha", John Herbert, com quem ela fez par durante dez anos – eram chamados de "casal doçura". No dia do casamento, na vida real, a igreja lotou de fãs! Depois continuaram a carreira além do seriado, mas jamais esquecidos pelo "Alô, Doçura!". Um detalhe: Cassiano Gabus Mendes tinha um carinho especial pelo programa, cuidando ele próprio da atração, com roteiros coescritos por sua irmã Edith Gabus Mendes, uma das primeiras autoras da TV brasileira, assim como Vida Alves, Heloísa Castellar e Ivani Ribeiro.

Outro seriado que vale a pena ser lembrado devido ao impacto causado logo na estreia foi "Lever no Espaço"(1957), também na TV Tupi paulistana. Muitos conhecem a história de *A guerra dos mundos*, com Orson Welles, que, em 1938, pela rádio CBS, fez com que os americanos achassem que a Terra estava sendo invadida por ETs, assustados com a veracidade do radioteatro baseado no romance de H.G. Wells. Os mais novos provavelmente não sabem, mas o mesmo ocorreu em São Paulo, na divulgação do seriado da Gessy-Lever, nosso primeiro de ficção-científica, bolada pela agência Lintas por José Bonifácio de Oliveira Sobrinho (Boni) e Rodolfo Lima Martensen. A direção ficou a cargo de Cassiano Gabus Mendes e o roteiro, de Mário Fanucchi. Ao longo de semanas, criaram interferências durante a programação, com imagens difusas e vultos, e sons gerados pela inversão do áudio da produção. A Lintas ainda publicou um anúncio perguntando sobre a interferência no canal 3. Causou polêmica, choveram telefonemas e cartas na emissora, matérias na imprensa... até que a imagem, aos poucos, foi ficando mais nítida e entendeu-se que eram ETs, do planeta Verúnia. Ao final, próximo do lançamento, já esclarecida a *brincadeira*, foi desfeito o mistério, falando da estreia de "Lever no Espaço", que tinha no elenco nomes como Lima Duarte, Dionísio Azevedo, Henrique Martins e a estreante Beatriz Segall, nossa eterna Odete Roitman de "Vale Tudo". Resultado: 60% de audiência para a Tupi!

Tivemos também, na época, seriados cômicos, como "Pequeno Mundo de Dom Camilo" (Tupi, 1954), com Otelo Zeloni.

Nas TVs Record e Tupi carioca estreou, um ano depois, "Ford na TV", nossa primeira série dublada na Grava-Son G.S. Ltda. por vozes, como a de Henrique Martins, Ilka Ferreira e Cybele Silva. Logo, uma profusão de

CAPÍTULO DOIS: AO VIVO E SEM CORES (1950) 81

sucessos ganhou dublagem nacional, como "Papai Sabe Tudo" (que teve a paródia "Papai Sabe Nada", com Renato e Ricardo Côrte-Real, na Record), "As Aventuras de Rin Tin Tin", "Bonanza", "Daniel Boone", "Os Waltons", "Jornada nas Estrelas", e muitas outras.

AUDITÓRIOS E MUSICAIS: UMA PROGRAMAÇÃO DE GALA

Apesar de ser um meio de comunicação de massa, nas duas primeiras décadas da TV brasileira a programação era mais elitista; afinal, somente as pessoas com maior poder aquisitivo podiam comprar aparelhos. Havia também uma preocupação inicial para que a televisão fosse um instrumento de ampliação de conhecimento e exercesse uma função social, dando ao público a possibilidade de ver filmes gratuitamente; o mesmo com peças, orquestras, balés, entre outras atrações culturais. Assim, os nossos primeiros comunicadores, os apresentadores de programas de auditório, se exibiam vestidos como para um grande encontro de gala. Eles eram chamados "Mestres de Cerimônia". Tivemos nomes como Homero Silva, em "Almoço com as Estrelas", em São Paulo, e Aérton Perlingeiro no Rio; Márcia Real e Júlio Nagib, no "Clube dos Artistas" – depois substituídos pelo casal Airton e Lolita Rodrigues nos dois programas –, na Tupi; Blota Jr. e Sônia Ribeiro, na TV Record, no "Show do Dia 7" (com grande elenco, sempre no dia 7 do mês, por ser o número do canal); Blota com Sandra Amaral, em "Grandes Espetáculos União"; ele sozinho (apresentando "Esta Noite se Improvisa", com competições entre as estrelas da MPB); Randal Juliano, em "Astros do Disco"; Murilo Néri, em "Rio Hit Parade" (com Adalgisa Colombo), "Noite de Gala", na TV Rio, e "O Rio É Nosso", na TV Continental; Hilton Gomes, no "Festival Internacional da Canção", e um grande time que se apresentava sempre de terno e vestido longo. Só depois, com a popularização da TV, aos poucos foi desaparecendo a imagem do "mestre de cerimônias".

Em 1956, uma atração consolidou a audiência dos programas de auditório: "O Céu É o Limite" (produzido por Túlio de Lemos), em que o participante tinha que responder perguntas sobre um tema específico. O programa serviu de base para o filme "Absolutamente Certo!" (1957), dirigido e protagonizado por Anselmo Duarte. O nome se deve ao bordão do apresentador Aurélio Campos, na TV Tupi de São Paulo, enquanto J. Silvestre comandava na Tupi carioca – quando surgiu a rede, ele passou a apresentar a atração

82 A HISTÓRIA DA TELEVISÃO BRASILEIRA PARA QUEM TEM PRESSA

para todo o Brasil. Entre os famosos candidatos do game-show: Leni Orcida Varela, que ficou conhecida como "Noivinha da Pavuna", que queria o prêmio para se casar. Ela respondeu por semanas sobre o poeta Guerra Junqueiro. Resultado: ganhou a simpatia do público, assumiu matrimônio diante das câmeras e teve J. Silvestre como padrinho!

Mais programas seguiram a escola de "O Céu É o Limite", como "8 ou 800" (Globo), com Paulo Gracindo, tendo Clodovil Hernandez respondendo tudo sobre a Dona Beija. Outros ainda: "Show sem Limites" (Band) e um quadro de "Domingo Milionário" (Manchete), ambos com J. Silvestre, que também ficou conhecido pelo programa "Essa É sua Vida", precursor do quadro "Arquivo Confidencial", do "Domingão do Faustão", com tudo sobre a vida de uma personalidade. "O Céu É o Limite" voltou em 2016, com novo formato, na Rede TV!, sob apresentação de Marcelo de Carvalho.

HEBE CAMARGO: NASCE UMA ESTRELA

Já que estamos falando de auditório, abordar a história da TV e não citá-la numa entrada especial seria um erro. Ela, que sempre defendeu a igualdade entre os sexos, não poderia ter nascido em outra data senão no Dia Internacional da Mulher: 8 de março. De família humilde de Taubaté (SP), Hebe era filha do músico Fêgo Camargo, que fazia parte da Orquestra Tupi. Começou na carreira aos 15 anos, cantando músicas românticas na Rádio Tupi de São Paulo. Com a irmã Estela e as primas Maria e Helena, formou o Quarteto Dó-Ré-Mi-Fá, e então, só com a irmã, a dupla Rosalina e Florisbela. Assinou seu primeiro contrato em 1944, na mesma emissora, e um ano depois, em carreira solo, ficou conhecida como a "estrelinha do samba". Aos poucos, foi fazendo sucesso com turnês por todo o país. Fez filmes, como *Quase no Céu* (1949), e foi escalada para cantar a *Canção da TV* na inauguração da Tupi, mas faltou no dia só para namorar; entretanto, lá estava no musical "Pé de Manacá" com Ivon Curi.

Em 1952, saiu das Associadas e foi para a O.V.C., estreando na Rádio Nacional. Após Victor Costa adquirir a TV Paulista, Hebe foi, em 1955, para a emissora e estreou "Encontro Musical Aliança", com Roberto Côrte-Real, depois "Hit Parade" e, em 11 de setembro de 1957, "O Mundo é das Mulheres", onde ela e Wilma Bentivegna, Lourdes Rocha e Eloísa Mafalda sabatinavam um entrevistado. Foi considerado um dos primeiros programas ligados

CAPÍTULO DOIS: AO VIVO E SEM CORES (1950) 83

ao feminismo e ao empoderamento da mulher – hoje, um formato próximo é "Saia Justa" (2002), do canal GNT, que já foi ancorado por Mônica Waldvogel e Astrid Fontenelle. Hebe, em 1957, tingiu o cabelo e virou loira. Apresentou outros programas, como "Calouros em Desfile" e "Hebe Comanda o Espetáculo" – que, em 1959, com a estreia da TV Continental, passou a viajar semanalmente para o Rio de Janeiro para apresentar este e "O Mundo é das Mulheres" para os cariocas. Foi eleita "Madrinha da TV" (1960), em concurso promovido pela revista *São Paulo na TV*. Três anos depois foi para a Tupi, mas, em 1964, casou-se com Décio Capuano e por ele abandonou a carreira... por um ano. Não conseguiu ficar longe do público, improvisando dentro de sua casa um estúdio, para fazer o programa "Mulher 65", na Rádio Excelsior. No mesmo ano nasceu o filho Marcello. Para a televisão, retornou num show no Teatro Record, em 6 de abril de 1966, estrelando "Hebe aos Domingos" quatro dias depois. O sucesso de audiência na TV e os ciúmes fizeram com que Décio e Hebe se separassem em 1971. Então, dois anos depois, a apresentadora decidiu dar uma pausa, saindo da Record e de seu programa na Rádio Jovem Pan, do mesmo grupo. Retornou em 2 de fevereiro de 1974 (ano em que se casou com Lélio Ravagnani), já em cores, com "Elas por Elas", na TV Record, junto de Elizeth Cardoso. Semanas depois mudou-se para a Tupi, em programa solo, ficando até 1975. Foi para a Rádio Mulher, em 1976, e para a TV Bandeirantes, em 1979. Entrou em choque com Walter Clark, que na época dirigia o canal, e ficou entre 1981 e 1982 fora do vídeo, mais tarde retornando ao canal. Foi em 1986 para o SBT, onde ficou até dezembro de 2010 como uma das principais estrelas do canal; em 1998, incentivou a criação da campanha beneficente "Teleton", junto à AACD, de quem se tornou madrinha da ação. Em 2011, estreou na RedeTV!, com direito ao seu famoso sofá e a uma nova tecnologia: o uso de holografia – a participação de convidados a distância, como Paulo Coelho, direto do exterior. Lutou por anos contra um câncer, mas faleceu em 29 de setembro de 2012, aos 83 anos, e prestes a retornar ao SBT. Polêmica, criticou políticos, levantou a bandeira de causas sociais, pôs o dedo na ferida. Hebe Camargo entrou para a história da TV, transformando-se em vários livros, musicais, exposições, filme e na série "Hebe – A Estrela do Brasil" (2019), na Globo e Globoplay. A "gracinha", dona dos "selinhos", "linda de viver" foi sempre autêntica. Assim era Hebe Camargo, a maior apresentadora da história da TV brasileira.

Wilma Bentivegna e Hebe Camargo

A Notícia na Televisão

Tivemos o ponto de partida para o telejornalismo brasileiro com a crônica "Em Dia com a Política", de Maurício Loureiro Gama, na inauguração da TV Tupi de São Paulo, em 18 de setembro de 1950. Na ocasião, Loureiro Gama comentou sobre um episódio na Câmara Municipal, envolvendo Jânio Quadros, que, após acalorada discussão, saiu no tapa com outros políticos, que lhe tiraram sangue após um bofetão: "É o sangue do povo!", bradou Jânio.

Um dia depois da inauguração do canal, "Imagens do Dia" fez sua estreia com Ruy Rezende e reportagens cinematográficas de Paulo Salomão (posteriormente, Alfonso Zibas e Jorge Kurkdjian), utilizando uma Auricom com filme 16 mm. Nessa época, imagens externas iam contra a agilidade do telejornalismo, uma vez que era preciso filmar, depois revelar a película, negativar, telecinar... para só depois ir ao ar, com o apresentador comentando sobre as imagens.

Maurício Loureiro Gama

Voltando a 1950, às quintas-feiras, antes de "Imagens do Dia", Loureiro Gama apresentava seu "Vídeo Político". Certa vez, na Rua Sete de Abril, logo após sair da sede dos Diários Associados, o jornalista se deparou com uma senhora que o questionou, chamando-o de "insolente". Loureiro Gama pediu então que ela se explicasse. A senhora disse que havia morado nos Estados Unidos e que conhecia bem televisão, que lá eles conversavam com o espectador, como se fosse um eterno diálogo. Foi assim que ele voltou para casa e escreveu novamente a crônica política do dia seguinte, já começando com um "boa noite" ao espectador, *conversando* com o público. Dias depois, ao encontrar Assis Chateaubriand, o patrão o parabenizou, dizendo que ele havia sido o primeiro a entender no Brasil como se fazia televisão. Loureiro Gama foi também apresentador do primeiro telejornal vespertino, "Edição Extra", na TV Tupi paulista, em 1957, que dividia inicialmente com o repórter Tico-Tico (José Carlos de Moraes).

Para que entendam a estrutura de um telejornal nos anos 50, exemplificaremos com os quadros do "Edição Extra": "Falando às Claras" (com Maurício Loureiro Gama), "O Que Vai pelo Brasil" (noticiário nacional), "Manchete

Filmada" (realizado pela equipe cinematográfica da Tupi), "A Bicada do Tico--Tico" (com José Carlos de Moraes), "Por detrás das Notícias de Ferro e de Nylon" (noticiário internacional), "Hora da Saudade" (uma foto que ficou na História), "Revista Diária dos Diários Associados e Revistas" (leitura dinâmica sobre o que saiu na imprensa), "A Loteria do Estrilo" (a palavra é sinônimo de grito ou protesto, com mensagens enviadas por políticos, como Jânio Quadros, e pelo público), "Em Cima da Hora" (a notícia principal do dia).

Posteriormente, outros nomes fizeram o telejornal, como Carlos Spera (com reportagens externas) e Vida Alves (com a crônica, após a saída de Tico-Tico da Tupi). Aliás, Spera e Tico-Tico foram os primeiros repórteres de destaque que tivemos na televisão, cobrindo, por exemplo, a inauguração de Brasília, em 1960, e até reportagens no exterior (Tico-Tico chegou a pedir a bênção ao Papa no Vaticano para os espectadores brasileiros!). A jornalista Helle Alves, irmã de Vida, foi também jornalista dos Diários Associados e integrava parte da equipe que deu um furo mundial: em outubro de 1967, foram eles que descobriram o paradeiro e noticiaram a morte de Che Guevara, na Bolívia, para toda a mídia internacional, com direito a fotos de Antônio Moura e imagens do cinegrafista Walter Gianello para o telejornal "O seu Repórter Esso". Helle também, anos depois, fez parte do histórico programa "Pinga Fogo", na Tupi, com Chico Xavier, em 1971, que antes tinha sido entrevistado com exclusividade pelo repórter Saulo Gomes.

O processo de produção jornalística, como já falado, era feito com externas em película. Por isso, a base de suas criações, além dos radiojornais, foram os cinejornais, que eram apresentados antes dos filmes. Foi de lá a origem de um importante telejornal, criado pela loja de departamentos Mappin, o "Mappin Movietone", em 1953, na TV Tupi de São Paulo, com Toledo Pereira – que antes apresentou "Telenotícias Panair". Depois foi para a TV Paulista, sob a direção de Mário Mansur, e a apresentação logo passou a ser de Roberto Côrte-Real (irmão do comediante Renato Côrte-Real), conhecido por apresentar o telejornal de gravata borboleta, além de toda a credibilidade que já construíra no rádio. Roberto foi também diretor artístico do canal 5 e apresentou "Momento Político". Em 1959, o "Mappin Movietone" lançou as duas primeiras apresentadoras de telejornal, Cacilda Lanuza e Branca Ribeiro, que ancoravam a atração junto a Paulo Bonfim. Com a compra do canal 5 pela Globo, o telejornal saiu do ar na emissora. O programa passou também pela Record, mas vale lembrar que, nos tempos de "O seu

CAPÍTULO DOIS: AO VIVO E SEM CORES (1950)

Repórter Esso", seu principal concorrente no canal 7 era o "Telejornal BCR", patrocinado pelo Banco de Crédito Real, às 19h45. O noticiário foi criado em 1953, assim como o "Nossa Cidade", o pioneiro da emissora. Posteriormente vieram, em 1954, "Record em Notícias" (por quase três décadas no ar, foi apelidado de "jornal da tosse", devido à participação de jornalistas já com muito tempo no vídeo, como Hélio Ansaldo e Murillo Antunes Alves), às 21h, e "Última Edição", às 23h.

Na TV Rio, pertencente também às Emissoras Unidas, teve sucesso o "Telejornal Pirelli", com Léo Batista e Heron Domingues, o eterno "Repórter Esso" na Rádio Nacional. Falando neste programa, ele foi lançado na Rádio Nacional em 28 de agosto de 1941. Ficou conhecido por ser "O primeiro a dar as últimas". Ganhou então versão televisiva, primeiramente na Tupi carioca, em 1º de abril de 1952, sob a apresentação de Luís Jatobá e depois Gontijo Teodoro. "A testemunha ocular da História" foi um outro bordão seu. Em São Paulo, teve início na TV Tupi paulista, em 17 de junho de 1953, com Kalil Filho na apresentação, muitas vezes substituído por Dalmácio Jordão. Em cada cidade, "O seu Repórter Esso" tinha um apresentador de voz, mas com o mesmo padrão de voz e tipo de apresentação, sob orientação da McCann--Erickson, agência que respondia pela conta dos postos Esso no Brasil. Tínhamos então, principalmente, Helmar Hugo (TV Piratini, Porto Alegre), Edson Almeida (TV Rádio Clube, Recife) e Luiz Cordeiro (TV Itacolomi, Belo Horizonte). Entre os destaques desse pioneiro telejornal esteve a cobertura da morte e o cortejo de Getúlio Vargas, em agosto de 1954. Nele também apareceu o primeiro nu frontal da TV brasileira, quando o cinegrafista Ricardo Artner (cunhado de Cassiano Gabus Mendes) filmou uma tribo indígena. Começava pontualmente às 19h45, sendo abastecido por notícias e telefotos da UPI (United Press International). Muitos diziam que "se o Repórter Esso não deu é porque não é verdade".

Com a criação de noticiários em rede e o até hoje líder de audiência "Jornal Nacional" (1969), da concorrente Globo, a fórmula de "O seu Repórter Esso" acabou ficando ultrapassada, chegando ao fim um ano depois, quando, em 31 de dezembro de 1970, melancolicamente, saiu do ar, encerrando suas atividades. E como 31 de dezembro lembra Réveillon e a Corrida de São Silvestre, falemos já de esporte!

O Esporte na Tela

Uma das maiores paixões do brasileiro é o futebol, e não seria por acaso ter sido ele a primeira modalidade escolhida para abrir a programação esportiva. Inicialmente temos Aurélio Campos, no dia da inauguração da TV, simulando uma partida cujo desfecho foi a entrada do jogador Baltazar na fictícia hora do gol. Porém, a primeira transmissão externa foi num domingo chuvoso em São Paulo, no dia 15 de outubro de 1950, quase um mês depois da estreia da TV Tupi. Naquela tarde, o Palmeiras venceu o São Paulo por 2 x 0 (o primeiro gol da história da TV no Brasil foi do ponta-esquerda Brandãozinho, aos 28 minutos do 2º tempo), no Estádio do Pacaembu. A transmissão iniciou às 15h30, com uma incógnita: quem teria sido o primeiro narrador esportivo? Aurélio Campos, Jorge Amaral ou Wilson Brasil? A certeza é que Ary Silva foi o primeiro comentarista. Importante lembrar que Aurélio estava sempre presente, pois ele, muito além de ter sido conhecido por programas, como "O Céu É o Limite", entendia tudo sobre esporte e comandava tal departamento nas Emissoras Associadas. O canal 3, naquele domingo, fez uma pausa às 18h e retornou com a programação uma hora depois, com um longa-metragem legendado. A razão não era outra senão o processo comum que se tinha de montagem e desmontagem dos equipamentos. Primeiro saía a TV do ar e ficava um slide na tela. Depois levavam os aparelhos para o estádio, faziam a transmissão e, posteriormente, tiravam mais uma vez a Tupi do ar para retornar com todos os equipamentos para o estúdio... ufa, que sufoco! Contudo, algo "normal" entre as emissoras na época.

Sobre esses desafios técnicos, Jorge Amaral, certa vez, estava transmitindo uma partida de futebol, e uma das câmeras pifou. Então ele pediu que o cameraman o focalizasse. Amaral, portanto, explicou que logo a transmissão continuaria e pediu desculpas pela falha técnica. Comentou, em seguida, um gol que o telespectador não viu, e aí, enquanto se desculpava... outro gol! Imaginem só, numa época em que era difícil conseguir que as imagens de um link externo chegassem até a antena, o desafio que era, na TV Tupi, transmitir a Corrida de São Silvestre (sempre com o apoio da sua criadora, *A Gazeta Esportiva*), no tempo em que a prova começava praticamente na virada do ano! A mudança para a tarde, às 17h, só se deu em 1989, quando se tornou internacional e com transmissão conjunta entre TV Gazeta e Rede Globo, indo para a manhã somente nos anos 2000.

CAPÍTULO DOIS: AO VIVO E SEM CORES (1950) 89

Transmissão esportiva no Pacaembu

Outros grandes nomes da seleção de craques que iniciaram o esporte na TV: Ary Barroso (comentarista e locutor esportivo da Tupi Rio, tocando sua gaita a cada gol); Rebello Jr. (na TV Paulista, o "homem do gol inconfundível", criador da expressão GOOOOOLLLLL!!!"); Léo Batista (na TV Rio, com o programa de pugilismo TV Rio Ring); Raul Tabajara (na TV Record, vencedor do Troféu Roquette-Pinto, 1955, por achar um equilíbrio entre a locução esportiva do rádio e da TV), Oduvaldo Cozzi (narrador na TV Tupi Rio, que, com seu estilo, criou a chamada "Escola Cozzi" de locução esportiva, imitada por muitos desde seu início no rádio); Blota Jr. (muito além de mestre de cerimônia, também dedicou-se ao esporte da TV Record, irmão de outro grande nome do jornalismo esportivo, Geraldo Blota, o "GB"); Nicolau Tuma (pai da locução esportiva no rádio, fez também televisão); Leônidas da Silva (craque no campo e nos comentários da TV Record).

Já nos anos 60, na TV Excelsior, Chico Anysio (o próprio!) e Geraldo José de Almeida, e na TV Rio, um time campeão na primeira mesa-redonda

A HISTÓRIA DA TELEVISÃO BRASILEIRA PARA QUEM TEM PRESSA

televisiva, a "Grande Resenha Facit" (1963): João Saldanha, Armando No-gueira, Nelson Rodrigues, Mário Vianna, Vitorino Vieira, José Maria Scassa e Luiz Mendes (mediação), posteriormente sendo transmitida pela TV Globo.

E, aos poucos, muitos oriundos do rádio foram integrando esse time: Peirão de Castro, Milton Peruzzi, Roberto Petri, Zé Italiano (eles que depois fizeram muito sucesso com "Futebol é com Onze", na TV Gazeta); Waldir Amaral, Fernando Solera, José Paulo de Andrade, Walter Abrahão, Silvio Luiz e Cidinha Campos (como repórteres de campo da TV Record); Cláudio Carsughi, Dalmo Pessoa e um elenco de tirar o chapéu!

Ah, não podemos esquecer um nome, dentre os empresários de TV, um dos mais apaixonados por esporte: Paulo Machado de Carvalho, que hoje dá nome ao Pacaembu, estádio onde tudo começou em 1950. Que golaço!

Ê, MINAS GERAIS...

A primeira capital a receber uma televisão fora do eixo Rio-São Paulo foi Belo Horizonte, em 1955. Os Diários Associados sempre foram muito for-tes em Minas Gerais, como são até hoje, com jornais tradicionais, como *O Estado de Minas*.

A origem da futura TV Itacolomi vem do pedido de uma concessão tele-visiva, por Assis Chateaubriand, por intermédio de sua Rádio Guarani, em 1951. Porém, antes mesmo da estreia do canal 4 de BH, a Guarani se trans-formou em Rádio Itacolomi, alusão ao Pico do Itacolomi, beleza natural do horizonte mineiro. Foi a primeira TV do país montada somente por técnicos brasileiros, tendo apoio também de profissionais e artistas de outras Emisso-ras Associadas para a tão esperada estreia, em 8 de novembro de 1955, às 19h30. Funcionava, principalmente, no 24º andar do Edifício Acaiaca, na Av. Afonso Pena, 867, só se mudando para a Av. Assis Chateaubriand, 499, no final dos anos 60 – chegou a ter um auditório na Av. Tocantins. Na estreia, um slide com o símbolo da RCA Victor (de onde eram seus equipamentos), que, para surpresa dos mineiros, era, na verdade, um papel na tela, foi rasgado por Bernardo Grinberg numa entrada triunfal, dando início à cerimônia, que teve a bênção do Arcebispo de Belo Horizonte, Dom Antônio dos Santos, e contou com discursos de autoridades, como Chatô; o superintendente da emissora, Victor Purri; o diretor dos Associados em Minas, Newton Paiva Ferreira; Juscelino Kubitscheck; o Governador Clóvis Salgado; e Ana Amélia

CAPÍTULO DOIS: AO VIVO E SEM CORES (1950)

Faria e Cristiano Guimarães, escolhidos como padrinhos da emissora. Às 20h50 iniciou-se a programação com um recital do Coral Pró-Hóstia, depois um número de balé (dirigido por Carlos Leite, que ficaria famoso pelo personagem Beleza), o programa de variedades "Divertimentos Mobin" (com Roberto Márcio e Mariana Carlos), o show "Honra ao Mérito" (contando com talentos vindos de São Paulo, como Marly Bueno e os cantores Clélia Simone, Leny Caldeira e Romeu Feres) e, enaltecendo a cultura regional, "Minas por Minas".

O show ficou no ar por uma semana, e várias outras atrações surgiram já de início, como "Repórter Real", com Milton Panzi (lembrando que logo teriam "O seu Repórter Esso", com Luiz Cordeiro), além de programas esportivos com Cleto Filho. A TV Itacolomi acabou gerando para a televisão brasileira inúmeros talentos, fruto de um intercâmbio entre artistas das emissoras do Rio e de São Paulo, que muitas vezes se apresentavam na emissora ou faziam regionalmente programas que já haviam estrelado em suas cidades de origem. Por lá passaram Amilton Fernandes, Sérgio Cardoso, Jardel Melo e Heloísa Helena, em programas como "Grande Teatro Windsor" e "Grande Teatro Lourdes", Oduvaldo Cozzi fazendo "O Céu É o Limite", Carlos Gaspar com "Esta É a sua Vida", Jacy Campos com "Câmera Um", Tia Gladys com o infantil "Gladys e seus Bichinhos", Chico Anysio com "Banco da Praça", entre tantos outros.

Tiveram uma versão do "Circo Bombril", o "Circo Itacolomi", e "No Reino do Faz de Conta" (que muito lembrava o "Teatro da Juventude"). Sucesso local também foi "A Arte de Comer Bem", com o melhor da culinária mineira, com Dona Alzira Santos, e programas de auditório de Dirceu Pereira e Fernando Sasso, além do educativo "Universidade Popular da Manhã". Entre os astros e estrelas que despontavam na TV Itacolomi, nomes como a inesquecível atriz Lady Francisco, garota-propaganda da emissora, e o diretor Mário Lúcio Vaz, que por décadas foi um dos principais executivos da Rede Globo. A TV Itacolomi ficou 25 anos no ar, fechando em 19 de julho de 1980, junto com a Rede Tupi, mas ainda hoje é lembrada com carinho pelos mineiros que possuem em Belo Horizonte sua irmã-caçula, a TV Alterosa, afiliada do SBT há décadas.

Não é mesmo uma tentação?

No "Domingão do Faustão" (Globo), Fausto Silva sempre falou dos "reclames do plim-plim". Remete diretamente aos primeiros tempos da TV, quando a propaganda era conhecida como "reclame". O intervalo comercial tinha um outro nome: "interprograma"; afinal, ele já ficava como um sanduíche entre blocos ou entre programas.

Uma vez que a programação era ao vivo, os comerciais – repetidos muitas vezes durante a semana – precisavam ser feitos em película, e o filme passava pelo setor de Projeção ou Telecinagem das emissoras para ir ao ar. Tempos das Gotinhas da Esso; do vento batendo na porta (Casas Pernambucanas); de Cabral chegando ao Brasil (Varig); das crianças indo dormir (Cobertores Parahyba); da brancura total (Rinso); de Mônica levando o Jotalhão para casa (Cica)... e tantos outros comerciais clássicos. Peças produzidas pela Linx, ou por agências como J.W. Thompson, MCcann, Salles, Lintas, Standard etc. Lembrando que a televisão surgiu em 1950, um ano depois da criação da ABAP (Associação Brasileira de Agências de Publicidade), e um ano antes da ESPM (Escola Superior de Propaganda e Marketing), que surgiu como ESP (sem o Marketing) dentro da sede dos Diários Associados, na Rua Sete de Abril, 230. Chateaubriand deu apoio a Rodolfo Lima Martensen, da Lintas, e a Pietro Maria Bardi, que criaram a escola de propaganda dentro do MASP. Nesse ínterim, os publicitários que ali estavam também passaram a estudar o novo meio para se tornarem professores também.

No mesmo 1951 foi criada, no Brasil, uma nova forma de fazer publicidade e propaganda. Cassiano Gabus Mendes, numa parceria com o diretor comercial da TV Tupi, Fernando Severino, bolaram um novo formato para a Marcel Modas, loja de artigos femininos. No intervalo de "A Bola do Dia", humorístico de Walter Stuart e David Neto, aparecia a bela Rosa Maria, que apresentava as ofertas da Marcel Modas e suas qualidades, sempre terminando com o bordão: "Não é mesmo uma tentação?" O quadro virou "Tentação do Dia", com 5 minutos de duração. De repente, a loja, que precisava se livrar de 200 peças encalhadas, teve que encomendar à fábrica 5.000 novas para suprir o sucesso do anúncio ao vivo de Rosa Maria, nossa primeira garota-propaganda. Com isso, todo o mercado publicitário se voltou à nova modalidade – e não apenas em São Paulo. Na TV Tupi, passou a existir um pequeno estúdio, próprio para elas, sendo dirigidas inicialmente por

Cassiano, diante da responsabilidade comercial que tinham tais anúncios. Dálias, as famosas "colas" em papel ou cartaz, ajudavam as garotas-propaganda a não esquecerem o que deveria ser falado, mas no ao vivo, às vezes, trocas de nomes e de expressões infelizmente aconteciam! Chegavam a fazer de 10 a 15 comerciais por dia. Inventaram bordões famosos, como o de Neide Aparecida, na TV Tupi carioca, que, após estalar os dedos, dizia: "To-ne-luuuuux!" – lembrando que a pioneira no Rio foi Aidée Miranda, em 1951, vendendo os eletrodomésticos das Casas Varma no programa "Brindes Varma". As garotas-propaganda vendiam todo tipo de coisa: de roupa a geladeira, máquina de lavar, ventilador, carro, refrigerante... Como diz a expressão, "só não vendiam a mãe" (essas, que muitas vezes acompanhavam as belas moças aos estúdios, principalmente se menores de idade, para evitar os olhares dos rapazes). Bonitas, elegantes e simpáticas, elas se apresentavam como as melhores amigas do público. Algumas marcas contavam com mais de uma garota-propaganda, como Odete Lara e Vida Alves, anunciando as ofertas das Lojas Mappin.

Neyde Alexandre estrelando um anúncio no intervalo de "Lever no Espaço"

Havia um grande número de garotas-propaganda: Idalina de Oliveira, Elizabeth Darcy, Meire Nogueira, Wilma Rocha, Telma Elita, Nely Reis, Amelinha Seyssel, Marlene Mariano, Aracy Rosas, Ana Maria Neumann, Márcia Maria, Marlene Morel, Wilma Chandler, Jane Batista, Maninha de Castro, Neuza Amaral, Lady Francisco, Cleide Kyara, Maria da Glória, Mariúza Diniz, Beatriz Oliveira, Maria Helena, Marly Bueno, Paula Léa, Carol Lopes, Neyde Alexandre, Cleide Blota, Vininha Moraes, Darcy Carlota, Lolita Rodrigues, Xênia Bier, Sonia Greiss, Marília Pêra, Clarice Amaral – ela que depois seria pioneira na criação do merchandising na TV brasileira, aproveitando seu conhecimento como garota-propaganda para fazer anúncios em seu programa "Clarice Amaral em Desfile", na TV Gazeta, a partir de 1970.

"Clarice Amaral em Desfile"

Falando em merchandising, quem inventou o formato para novelas foi Luis Gustavo, na novela "Beto Rockfeller" (TV Tupi, 1968). Como a emissora devia aos atores, estava com dificuldade para pagar os salários, o popular Tatá fez um acerto com o Laboratório Fontoura: toda vez que falasse Engov na trama, ganhava pela inserção. Acabou falando Engov até seis vezes por capítulo! Como cada episódio era editado quase em cima da hora, passava tudo.

Um dos patrocinadores da novela acabou ficando incomodado, pois era concorrente, o fabricante Alka Seltzer. A TV Tupi, que antes não entendia a repetição de Engov, pediu para ele parar e ainda inseriu, no mesmo molde, um diálogo do inimigo de Beto, o Carlucho (Rodrigo Santiago), para falar sobre o patrocinador. Luis Gustavo buscou então um jeito de também não desagradar o Laboratório Fontoura. Na hora H, Carlucho disse: "Nossa, que ressaca! Bebi demais na festa de ontem à noite. Mas agora vou melhorar. Acabei de tomar um Alka Seltzer", e o personagem Beto emendou: "Você é burro, Carlucho. Devia seguir o meu exemplo. Tomei um Engov antes da festa, outro depois, e hoje estou zerinho". Foi assim para o ar, com a direção da Tupi tendo depois que tomar um remédio para dor de cabeça, para explicar o "mal--entendido"!

Outros dados importantes sobre essa área: na TV Rio, em 1956, Walter Clark, que vinha de agência de publicidade, criou o padrão da minutagem nos comerciais de TV. Se o anunciante passasse de 30 segundos, por exemplo, teria sem dó seu comercial cortado ao final. Se fosse menos, deixava um *black*, e o telespectador poderia mudar de canal e não assistir à atração patrocinada. Com tal rigor, colocou o setor em ordem.

Foi nos anos 60 que, legalmente, novas restrições surgiram para a publicidade na TV. Inicialmente, tivemos comerciais de quase meia hora de duração; contudo, em 1961, foram limitados a 3 minutos. Na Excelsior, para que o público não trocasse de canal, usavam o slogan: "Dois minutos, um sucesso". O mesmo funcionou, no início dos anos 70, quando a Globo criou o "plim--plim" (inicialmente como "bip-bip"), avisando a ida e o retorno do intervalo. Ainda nos anos 70, o Ministério das Comunicações regulamentou a proporcionalidade entre minutos e horas dentro da programação (1971), no padrão de 3 minutos, sendo que seis anos depois criou nova regulamentação: 10 minutos por dia para propaganda governamental gratuita. Na mesma década, em 1978, surgiu o mais famoso garoto-propaganda da TV brasileira, Carlinhos Moreno, o "Garoto Bombril", criado para o comercial da esponja de aço, pela W/Brasil. Lembrando que Carlos Henrique, das Casas Sendas, nos anos 50, foi o nosso primeiro garoto-propaganda, na TV Tupi Rio.

Nos anos 90, os infomerciais – principalmente o 1406 (Grupo Imagem) – dominaram os intervalos da TV brasileira. A partir de 1991, facas Ginsu, meias Vivarina, óculos Ambervision, Seven Day Diet, Polishop, Walter Mercado, Ultrafarma, Medalhão Persa, Cogumelo do Sol e muitos outros ganharam a nossa atenção. Já em 6 de novembro de 1995, surgiu o primeiro canal de televendas, o Shoptime, da Globosat, destacando nomes como Ciro Bottini, Viviane Romanelli, Carlos Takeshi, Rodolfo Bottino e Marcos Veras. Na TV Gazeta, em 2006, tivemos o Bestshop TV, também com Romanelli, Carol Minhoto, Thiago Oliveira, Pâmela Domingues, Claudia Pacheco, Fernando Fernandez, Regiane Tápias e Paloma Silva. Como diria o personagem Samuel Blaustein (Marcos Plonka): "Fazemos qualquer negócio."

Rir Nunca É Demais

A arte de fazer rir é algo presente na televisão desde o primeiro dia. Tanto com a "Escolinha do Ciccilo", criada por Paulo Leblon, como com o "Rancho Alegre", com Amácio Mazzaropi, que já nas primeiras semanas da TV Tupi de São Paulo batia ponto, trazendo aquele universo caipira e seu jeito singelo de ser, ao lado de Geni Prado e João Restiffe. Mazzaropi foi sucesso no circo, no rádio, na TV e depois no cinema, quando foi para a Companhia Cinematográfica Vera Cruz, pouco tempo após começar na Tupi, até estourar seu sucesso e criar a sua PAM – Produções Amácio Mazzaropi, em Taubaté (SP).

João Restiffe, Geni Prado e Mazzaropi em "Rancho Alegre"

CAPÍTULO DOIS: AO VIVO E SEM CORES (1950)   97

Na TV Tupi também tivemos "A Bola do Dia", com David Neto e Walter Stuart. Já na Record, "É Proibido Colar Cartazes", com Pagano Sobrinho. E na TV Paulista, mesclando esporte e humor, "Miss Campeonato", com a "taça" Carmem Verônica (posteriormente Lucimara Parisi) e os representantes de cada time, como Borges de Barros, o mosqueteiro do Corinthians. Em 1957, na TV Paulista, estreou "Praça da Alegria", humorístico criado por Manoel de Nóbrega, que, numa viagem a Buenos Aires, observando pela janela um cidadão que conversava com todos na praça ao lado do hotel onde se hospedara, teve a ideia do formato. O programa esteve na TV Paulista até 1967, quando se transferiu para a Record. No elenco, humoristas que acompanharam Nóbrega durante toda a sua vida, assim como o filho Carlos Alberto (participante e redator do programa com o pai). Em "A Praça é Nossa", no SBT, brilharam, entre outros: Maria Tereza, Consuelo Leandro, Canarinho, Borges de Barros, Ronald Golias, Moacyr Franco, Simplício, Zilda Cardoso, Viana Júnior, Clayton Silva. Algumas curiosidades: Simplício, que dizia que na sua cidade tudo era grande, ao revelar ser de Itu (SP), o município passou a desenvolver objetos em tamanho colossal, como um enorme orelhão telefônico (na Praça Padre Miguel), e vender produtos, como lápis, sorvetes e pentes gigantes. Outra cidade influenciada pela "Praça" foi Serra Negra (SP), onde Golias tinha sua fazenda, e onde atualmente há uma estátua do intérprete de Pacífico ("Ô cride!") na Praça J.F. Kennedy. Outra curiosidade é que Silvio Santos e muitos integrantes da trupe de "Os Trapalhões" chegaram a fazer parte da atração em algumas edições. Após a morte de Nóbrega, o programa esteve também na Globo (1977), apresentado por Miele. Chegou a ter uma versão como "Praça Brasil" (com Dionísio Azevedo no banco), na Band, e depois "A Praça é Nossa" (já com Carlos Alberto de Nóbrega), no mesmo ano, no SBT – com a música-tema *A Praça*, de Carlos Imperial, famosa na voz de Ronnie Von.

Outro grande sucesso do humor foi "A Família Trapo" (1967), criado pela Equipe A, com direção de Manoel Carlos e Nilton Travesso, e roteiro de Jô Soares e Carlos Alberto de Nóbrega. A cenografia, onde era possível ver todos os cômodos da casa, foi criada por Cyro Del Nero. No elenco, Otelo Zeloni (Otelo Pepino Trapo), Renata Fronzi, Cidinha Campos (Verinha), Ricardo Côrte-Real (Sócrates), Jô Soares (Mordomo Gordon) e… Ronald Golias, que, nos anos 80, reviveu o personagem Carlos "Bronco" Dinossauro em "Bronco Total" (Record, 1972), "Super Bronco" (Globo, 1979), "Bronco"

(Band, 1987, com a participação da jovem atriz Sandra Annemberg) e "Meu Cunhado" (SBT, 2004). Uma curiosidade: o nome vem da Família von Trapp, cantores austríacos, cuja história contada em livro pela matriarca Maria von Trapp inspirou o filme *A Noviça Rebelde (The Sound of Music)*. Pelé, Elis Regina e Roberto Carlos foram algumas das personalidades convidadas que participaram da atração. Programas como "Sai de Baixo" e "Toma Lá, Dá Cá" tiveram influência direta desse formato.

Manoel de Nóbrega e Borges de Barros na "Praça da Alegria"

Outro êxito entre os humorísticos foi "Balança, mas Não Cai", sucesso da Rádio Nacional, criado por Max Nunes e Paulo Gracindo, nos anos 50. Foi ao ar pela TV Globo em 1968, sendo apresentado por Augusto César Vannucci. Esteve na Tupi a partir de 1972, retornando à Globo dez anos depois, com apresentação de Paulo Silvino. Entre seus quadros principais, Primo Rico e Primo Pobre (Paulo Gracindo e Brandão Filho), e o casal Fernandinho e Ofélia (Lúcio Mauro e Sônia Mamede), também com outros talentos, como Costinha, Tutuca, Ferrugem, Luiz Pini, Zezé Macedo, Tião Macalé, Marina Miranda e Marcos Plonka.

CAPÍTULO DOIS: AO VIVO E SEM CORES (1950)

Bem, falar de humor sem citar Chico Anysio é impossível, o homem de mil faces. Nascido em Maranguape (CE), em 1931, começou na Rádio Nacional imitando locutores em "Papel Carbono" (1947), de Renato Murce. Ganhou inúmeros concursos de humor, passando pelas principais rádios do Rio de Janeiro. Amava esporte e até foi auxiliar de Raul Longras com locuções, chegando a ser galã de radionovelas. Em 1949, foi para Pernambuco, numa fase difícil, participando dos programas "Boteco do José" e "Rua 42". Voltou ao Rio em 1952, na Rádio Clube do Brasil. Perdeu o emprego e foi ser contínuo do Sindicato dos Economistas. Haroldo Barbosa conseguiu levá-lo para a Rádio Mayrink Veiga, e lá Chico criou o Professor Raimundo, em "A Cidade se Diverte", no início dos anos 50. Trabalhou com os melhores humoristas da época, e pouco tempo depois seguiu para a Rádio Nacional.

Interpretando ou roteirizando, Chico Anysio foi ganhando seu espaço. A televisão veio para ele em 1957, no "Programa Cássio Muniz", na TV Rio; roteirizou "Noite de Gala"; um ano depois, atuou em "Noites Cariocas", no canal 13, e em "Espetáculos Tonelux", na Tupi Rio. Pegou a ponte-aérea e desceu em São Paulo. Na TV Paulista fez "Folias do Golias" (com Ronald Golias) e "Clímax para Milhões". Não parou mais: "TV... Se te Agrada" e "Milhões de Napoleões", "Noite de Black-Tie", na TV Rádio Clube (PE), "Banco da Praça", na TV Itacolomi (MG)... e a consagração em "Chico Anysio Show", na TV Rio, na virada de 1961, com direção de Carlos Manga. Lá, ambos foram pioneiros na edição em videoteipe, contracenando com ele mesmo. Em 1963, foi para o "Times Square", na Excelsior e novamente com o seu "Chico Anysio Show". Voltou para a TV Rio com "O Homem e o Riso" e retornou para a Excelsior com "A Volta ao Mundo sem Fazer Força" (1964). Três anos depois teve uma breve passagem pela Tupi e logo retornou à Record, fazendo dupla com Wilson Simonal, em "Vamos S'imbora". Em 1968, de volta à Excelsior com "Hotel do Crioulo Doido". Depois de um período no teatro, foi para a TV Globo em 1970, com "Chico Anysio Especial". Em 1973, criou o "Chico City". Fez "Azambuja & Cia.", e era presença constante no "Fantástico". Em 1981, estreou "Chico Total", na Globo, regressando um ano depois com "Chico Anysio Show" semanalmente. Chegou a participar do "Viva o Gordo" (sucesso de Jô Soares na Globo, que se transformou em "Veja o Gordo" quando foi para o SBT). Em 1991, lançou "Estados Anysios de Chico City", cinco anos depois retornou com "Chico Total". A partir de 1999, fez "Zorra Total", dirigido por

A HISTÓRIA DA TELEVISÃO BRASILEIRA PARA QUEM TEM PRESSA

Maurício Sherman, ao lado de Agildo Ribeiro e Renato Aragão. Outro campeão de audiência foi a "Escolinha do Professor Raimundo", que estreou no vídeo em 1957, como parte do "Noites Cariocas" (TV Rio). O simpático professor fez parte de quase todos os programas de Chico, ganhando um somente para ele, apenas em 4 de agosto de 1990, na Globo. Com cinco anos de sucesso absoluto, acabou inspirando outras atrações na concorrência, como "Escolinha do Gugu", "Escolinha do Barulho" e "Escolinha Muito Louca". Foi também escritor, artista plástico, compositor... Em 2015, com o filho Bruno Mazzeo interpretando o Professor Raimundo, o Canal Viva e a Globo reviveram o formato. Entre seus inesquecíveis personagens, Bento Carneiro, Bozó, Painho, Salomé, Justo Veríssimo, Qüem Qüem, Nazareno, Pantaleão, Alberto Roberto, Popó, Salomé, Coalhada e mais uma infinidade! O grande mestre do humor, para muitos o maior de todos os tempos, nos deixou em 2012.

Tanta gente nos fez rir... Nair Bello, Maria Vidal, Amândio Silva Filho, Farid Riskala, Theobaldo "Boko Moko" (Roberto Maquis), Rony Rios, Renato Côrte-Real, José Santa Cruz, Antônio Carlos Pires, Jorge Dória, Adélia e Átila Iório, Roni Cócegas, Arnaud Rodrigues, Mário Alimari ("Pé-com-Pano"), Roberto Guilherme, Chocolate, Orlando Drummond, Walter D'Ávila, Antônio Carlos Pires, Lúcio Mauro, Rogério Cardoso, Zezé Macedo, Jorge Lorêdo (Zé Bonitinho), João Lorêdo, Nádia Maria, Olney Cazarré, Ary Toledo, Carvalhinho, Costinha, Castrinho... um divertido – e numerosíssimo – grupo que tanto alegrou a nossa televisão. E o Agildo Ribeiro, o Jô Soares e "Os Trapalhões"? Calma, vamos por partes – assim como boas piadas – até o próximo capítulo sobre o tema.

UMA TV CONTINENTAL

Quase no fim da década de 50, o Rio de Janeiro ganhou uma nova emissora: a TV Continental, canal 9, da O.R.B. (Organização Rubens Berardo), pertencente ao deputado do PTB e seus irmãos, Murilo e Carlos Berardo. O ponto de partida da O.R.B., que detinha também as rádios Continental e Metropolitana, foi se fundir com a Companhia Cinematográfica Flama, o que deu fôlego ao projeto da TV. Estava sendo criado ali, bem na famosa Rua das Laranjeiras, 291, o maior estúdio do Brasil, com 420m^2 e direito a uma piscina que logo serviria cenograficamente. O imóvel, hoje uma concessionária de carros, fica diante do tombado Palacete Modesto Leal.

CAPÍTULO DOIS: AO VIVO E SEM CORES (1950)

No dia 13 de maio de 1959, fez sua estreia oficial, com transmissão do jogo Brasil 2 x 0 Inglaterra, direto do Maracanã. Naquele dia aconteceu de tudo: a narração de Waldir Amaral atrasou em relação aos lances que estavam sendo transmitidos, e três das quatro câmeras pifaram logo no início da partida, mas conseguiram chegar ao final – mais tarde e sem apuros, Amaral ficou conhecido por transmitir esportivas simultâneas entre as TV e Rádio Continental.

A emissora chegou a ter o apelido de "Recreio dos Bandeirantes", por ter sido montada com um grande apoio de profissionais vindos de São Paulo, em sua maioria, da TV Paulista (O.V.C.), como o diretor-geral Dermival Costa Lima e o produtor e técnico Antonino Seabra.

A estreia oficial foi em 30 de junho daquele ano, com a bênção dos equipamentos e o discurso do já presidente JK (um ano antes da inauguração de Brasília). Naquele dia, anunciaram que, durante uma semana, haveria uma programação especial. Assim, no dia 1º de julho, o show "Um Amigo em Cada Rua", slogan da campanha de Berardo, abriu a programação. Músicas sobre os bairros foram cantadas, sob a direção de Haroldo Costa e roteiro de Telmo de Avelar. Depois, Eloá Dias trouxe o seu Balé Aquático do Fluminense Football Club, acompanhado pela cantora Marion. No dia 2, Terezinha Amayo e Haroldo Costa encenaram *Orfeu da Conceição*, de Vinícius de Moraes. No dia 3, com muita gala, o show "Da Pelada ao Pelé", com a vedete Nancy Montez e craques do futebol carioca, cheio de humor e descontração. Entre as participações especiais, o cronista esportivo Mário Filho e um bate-papo com Manezinho Araújo e Lamartine Babo, num cenário que reproduzia o Café Rio Branco, point dos esportistas cariocas. Já no dia 4, um novo show: "O.V.C. na O.R.B.", reunindo os astros da TV Paulista, das rádios Nacional (SP) e Excelsior com os das rádios Continental, Metropolitana, e TV Continental. No dia seguinte, 5 de julho, a revistinha "TV Programas" promoveu uma premiação na emissora, com os principais nomes da televisão carioca. E, para terminar, no dia 6, o esportivo "Esta Noite de Vitória", direto do Maracanãzinho, com boxe, judô e luta-livre – a TV Continental investiu em transmissões esportivas durante toda a sua existência, desde os primeiros dias. Seu slogan: "Fique de olho no canal 9!"

Sobre o intercâmbio entre os profissionais da O.V.C. com a O.R.B., tivemos programas, no canal 9, como "Dona Jandira para a Felicidade", seriado protagonizado por Nicette Bruno (a Continental chegou a ter outro seriado,

102 A HISTÓRIA DA TELEVISÃO BRASILEIRA PARA QUEM TEM PRESSA

mas de suspense, "O Escorpião"); Hebe Camargo com "O Mundo é das Mulheres" e "Hebe Comanda o Espetáculo"; e teleteatros, como "Teledrama Continental", "Teatro de Ontem", "Isto É Estória" e "Teleteatro das Quartas", com nomes como Nicette e Paulo Goulart, Leonor Bruno, José Miziara, Francisco Milani, Joana Fomm, Terezinha Amayo, Haroldo Costa, Riva Blanche, Miele, Roberto Maya, Dirceu de Matos, Nestor de Montemar, Telmo de Avelar e Ênio Santos. Jô Soares fez seu primeiro talk-show, mas com personagens fictícios, em "Entrevistas Absurdas" e em "Jô, o Repórter", ainda em 1959, além de vários humorísticos no canal 9. A Continental teve também infantis, como "TV de Brinquedo", com a apresentadora mirim Mariângela, jornalismo com Heron Domingues, Mário Del Rio, e reportagens de Carlos Pallut.

Voltado às donas de casa, "Estamos em Casa", com Heleida Casé (esposa de Geraldo Casé e mãe de Regina Casé) e Edna Savaget – famosa apresentadora de TV, um dos principais nomes entre os programas voltados ao público feminino. Savaget, formada em jornalismo, foi apresentadora de programas, como "Boa Tarde, Madame" (Rádio Nacional), "Aqui entre Nós" (Rádio MEC), tendo feito sua estreia na TV Tupi carioca em 1957, com "Boa Tarde, Cássio Muniz". Na TV Continental, ela fez também "Edifício Semina" e a produção de grandes musicais da emissora, como "Elizeth, Magnífica", com Elizeth Cardoso, e "Agnaldo e as Garotas", com Agnaldo Rayol. Foi para a TV Tupi fazer "Super Bazar", e depois, com a criação da TV Globo, em 1965, coordenou a programação vespertina do canal 4 carioca. Criou "Sempre Mulher", com Célia Biar – Edna apresentava quadros, como "Na Estante, Livros Novos" –, e "Show da Cidade", *embrião* do "Jornal Hoje" (1971). Em 1965, foi uma das apresentadoras do primeiro noticiário da emissora, o "Tele Globo". Em 1970, migrou para a TV Tupi onde criou seu grande sucesso, "Boa Tarde", logo "Programa Edna Savaget". Transferiu-se para a TV Bandeirantes sete anos depois, passando posteriormente pela Record, TVE e voltando à emissora de João Saad, onde encerrou a carreira em 1990. Edna Savaget faleceu em 1998 e é mãe de Luciana Savaget, premiada jornalista que trabalhou em programas, como "Jornal Hoje", "Globo Repórter", na Globo, e "Arquivo N", na GloboNews.

Voltando à TV Continental, outros programas tiveram destaque, como "Festa da Mocidade", de Carlos Peón, e "Violão do Bonfá", com Luiz Bonfá, mas o grande sucesso veio com "Figura de Francisco José", com o cantor

CAPÍTULO DOIS: AO VIVO E SEM CORES (1950) 103

português liderando a audiência na televisão carioca, em 1960. O canal 9 foi precursor no uso do videoteipe, como logo contaremos, mas percebeu, nos anos 60, que os ventos estavam soprando contra ele, primeiro com a saída de Dermival Costa Lima e, para piorar, após o golpe militar de 1964, Rubens Berardo foi considerado opositor da Arena. A TV Continental entrou em declínio: sem anunciantes e investimentos, não tinha como comprar séries, filmes e desenhos para suprir a ausência de produção própria.

Em maio de 1970, foi despejada de seu prédio, cheia de dívidas, operando em seu caminhão de externas. Somente no ano seguinte foi para uma nova sede, no Boulevard 28 de Setembro, 258, em Vila Isabel, mudando o nome para TV Guanabara. Manteve apenas duas horas diárias de programação, realizada pelo Instituto de Educação, de Alfredina de Paiva e Sousa. O triste fim se deu em 1972, quando teve a sua concessão cassada.

CAPÍTULO TRÊS

A Chegada do Videoteipe (1960)

Se fazer televisão ao vivo era um desafio, a chegada do videoteipe representou também um novo capítulo nessa história. Facilitava por um lado, mas por outro obrigou os profissionais a criarem uma nova dinâmica. Ir, voltar, refazer, regravar, gravar mais de um plano, a mesma fala... Ufa! Outra coisa é que inicialmente a edição era feita em audioteipe, sem orientação da imagem, apenas o som, tendo que quase adivinhar se estavam no mesmo ponto para o corte da fita magnética. Quando não saía perfeito, ocorriam saltos nas imagens e até mesmo uma defasagem de segundos no som. Era cada pulo! Foi o início de uma era da chamada edição linear, sem a possibilidade de editar em separado, voltar atrás, tendo que usar uma fita para finalização e a troca constante de fitas com o material bruto, decupado (é quando se seleciona em segundos ou minutos um trecho, num roteiro, apontando o que deve ser aproveitado na edição final). Criou-se também o hábito das reprises, "tampando" horários da programação quando não havia o que exibir.

Geraldo Vietri, diretor de teleteatros e novelas da Tupi, dizia que o videoteipe iria acabar com a televisão e com a cultura regionais, pois, a partir do momento em que pudessem distribuir fitas por todo o país, seria uma coisa só. Sotaques do Rio de Janeiro invadindo a Bahia, São Paulo invadindo o Rio Grande do Sul, costumes, modas... A rede seria inevitável, inicialmente com essa distribuição de teipes colocados no ar simultaneamente. Isso estimulou a consolidação de um conceito de rede, meta principal da TV Excelsior e de acordo com os objetivos do Sistema Nacional de Telecomunicações, em 1961. Nasceu também o conceito de centros geradores de conteúdo para rede, as chamadas emissoras "cabeça-de-rede" (a maioria, ainda hoje, concentrada em São Paulo – no caso da Globo, no Rio de Janeiro, e da CNT, em Curitiba),

CAPÍTULO TRÊS: A CHEGADA DO VIDEOTEIPE (1960)

tendo repasse de verba às demais emissoras próprias e afiliadas (pertencentes a donos diferentes dos das geradoras). Com isso, a busca pelas melhores audiências; entretanto, menos espaço para experimentação.

O desafio era enorme e, muitas vezes por conta da demora na chegada do material físico, atrasava-se um capítulo ou exibição de algum programa, tendo que improvisar em cima da hora outra atração. Chegavam a ter uma defasagem de 15 dias de atraso até entenderem a dinâmica de envio para cada região e suas particularidades, indo de correio aéreo, carro e ônibus, mas também levados por *office boys*, funcionários que trabalhavam no recente Tráfego de Fitas e viviam numa eterna correria.

Só que tais mudanças não mataram o aprendizado da televisão ao vivo, as equipes muitas vezes gravavam o material – mas na hora da produção o faziam continuamente – como se fosse no *ao vivo*, de uma vez só. Apenas paravam se acontecessem erros drásticos, raros porém, diante do profissionalismo dos pioneiros da TV. Outra questão foi a da entrada de novos profissionais, sem a mesma dinâmica e memorização, que eram até satirizados pelos antigos por "não conseguirem falar de cabeça o roteiro todo". Aos poucos isso foi se tornando comum, ficando menos próximo da dinâmica calorosa do teatro, emigrando para algo mais técnico, com acabamento aprimorado, a cada cena de novela e quadro de programa. O videoteipe deu uma nova cara à televisão.

A TV APÓS O VT

A origem do "VT", sigla de videoteipe, vem de 1956, quando, pela primeira vez, foi apresentado o equipamento de gravação de imagens, por fita magnética, pela Companhia Ampex (o videocassete VR-1000), na Convenção da NARTB (hoje NAB – National Association of Broadcasters), em Chicago, no dia 14 de abril daquele ano. Sete meses depois, em 30 de novembro, a CBS exibiu seu primeiro programa gravado: "Douglas Edward and The News" – que, em 1951, foi o primeiro telejornal transmitido por cabo coaxial para as costas Leste e Oeste. Inicialmente, era costume o programa ser gravado sem interrupções, por não ter o recurso de edição de cenas, o que dificultava demais todo o processo. Depois, a WRCA de Nova York realizou a primeira edição em videoteipe de um show de 15 minutos do comediante Jonathan Winters, em que ele dialogava consigo mesmo – sendo distribuído para toda a rede NBC, da qual fazia parte, naquele mesmo 1956. O grande

A HISTÓRIA DA TELEVISÃO BRASILEIRA PARA QUEM TEM PRESSA

motivo do desenvolvimento do videoteipe foi impulsionar as redes nacionais, que sofriam com o fuso horário entre as costas Leste e Oeste.

Ao contrário da película ótica, a fita magnética permitia que um conteúdo fosse apagado e regravado. No Brasil, por conta do alto preço de importação de fitas virgens de Quadruplex (as magnéticas da Ampex), muitas foram reutilizadas, dando fim a gravações pioneiras e extinguindo uma infinidade de memórias dos primeiros tempos da televisão, razão pela qual hoje temos poucos registros dessa fase. Tal multiplicação de VT fez com que vários artistas independentes utilizassem o novo formato para maior divulgação de suas produções, como do videoclipe de "Help" e do musical "Strawberry Fields Forever", dos Beatles.

No Brasil, o primeiro teste em videoteipe foi realizado em 1959, pela TV Continental, no Rio de Janeiro, e demonstrado num show no hotel Copacabana Palace, apresentado por Riva Blanche e dirigido por Haroldo Costa, às 21h, exibindo dentro da atração as imagens gravadas mais cedo. No VT, um close no relógio do repórter Carlos Pallut, marcando 15h. Dermival Costa Lima, no estúdio, gritou: "Isto é coisa do diabo!" Porém, por conta do alto preço do equipamento da Ampex (que o emprestou apenas para a divulgação do VT no Brasil), a TV Continental acabou não ficando com ele, só adquirindo em 1960 um novo equipamento, da Emerson – neste mesmo ano, Tupi (São Paulo e Rio), Excelsior, TV Rio e outras emissoras adquiriram seus equipamentos de gravação.

A estreia oficial do videoteipe se deu na mesma data da primeira grande transmissão em rede para todo o país. Tudo aconteceu num dia histórico para o Brasil: a inauguração de Brasília, em 21 de abril de 1960. Uma verdadeira operação de guerra (logística) foi realizada pelas Emissoras Unidas para que as gravações fossem realizadas na nova capital e depois distribuídas pelas emissoras, que levavam as imagens de avião. Uma estratégia conjunta das TVs Alvorada (de Brasília), Record e Rio. Neste dia, a TV Rio mandou seu caminhão de externas para o Planalto Central, com aparelho de VT. A cerimônia de inauguração foi realizada com o link entre o Palácio do Planalto e o canal 8, sendo ali gravada. Então, as fitas seguiram de Brasília para o Aeroporto Santos Dumont, quando Walter Clark e Pipa do Amaral as transportaram para a sede da TV Rio, que, em link com a TV Record, transmitiu simultaneamente as imagens. Já na TV Tupi, a cerimônia também foi gravada pelas Emissoras Associadas, com apoio da caçula TV Brasília.

O VT só chegaria à noite para ser exibido em todas as Emissoras Associadas, mas antes eles empreenderam uma façanha: a imagem da cerimônia de inauguração, com discurso do Presidente Juscelino Kubitschek, foi gerada por link para dois aviões, que fizeram um verdadeiro malabarismo para que o sinal não fosse perdido, distribuindo-o para a TV Itacolomi, em Belo Horizonte, depois repassando-o para a Tupi do Rio e São Paulo, como às demais Emissoras Associadas. Tal façanha foi coordenada pelo engenheiro Jorge Edo. O resultado, porém, foi um áudio com qualidade superior em relação às imagens difusas e trêmulas, com muita interferência. Quando o repórter Tico-Tico (José Carlos de Moraes) ligou de Brasília para a esposa, perguntando sobre a transmissão, ela disse que viu a cabeça do marido com os olhos para um lado, a boca para o outro, mas o reconheceu! Nessa ocasião, uma breve curiosidade: foram inauguradas, no mesmo dia, a TV Alvorada (Emissoras Unidas), a TV Brasília (Emissoras Associadas) e a TV Nacional (ligada ao Governo Federal, que curiosamente era um sonho antigo, ainda da fase experimental, de ter um canal televisivo da Rádio Nacional – a futura NBR, hoje TV Brasil 2).

Tico-Tico e Carlos Spera entrevistam
JK e Ulisses Guimarães na inauguração de Brasília

A TV Tupi, então, se prepara para lançar uma superprodução para marcar o início das gravações cotidianas em videoteipe, comemorando assim seus dez anos em setembro de 1960. O primeiro teste foi no "TV de Vanguarda": "O Duelo", uma adaptação de Walter George Durst de um dos contos de *Sagarana* (1946), de Guimarães Rosa. A história de Turíbio (Lima Duarte) e do Capitão Cassiano (Henrique Martins), contudo, não foi em VT até o final, por um erro de cálculo. Gravaram, sem interrupções, o teleteatro, mas, no final, a fita magnética terminou. Resultado: quando foi levado ao ar, exibiram a parte gravada e encenaram ao vivo o fim da peça. Entretanto, para a criação do grande espetáculo

Hamlet (TV de Vanguarda) com Laura Cardoso, Luis Gustavo e Henrique Martins

Hamlet, exibido em 18 de setembro de 1960, tudo foi acertado. A Tupi gastou cerca de 600 mil cruzeiros – uma fortuna para a época – com a criação de cenários, figurinos, objetos e um numeroso elenco. A superprodução durou praticamente três horas no ar, e sua gravação foi insana, com os atores entrando no estúdio no sábado à noite e só saindo na segunda de manhã, gravando inúmeras vezes e praticamente vivendo dentro da emissora no Sumaré. Dionísio Azevedo, que dirigiu a produção, chegou a trancar os atores e figurantes no set para que ninguém fugisse, exigindo concentração total. No elenco, Luis Gustavo (Hamlet), Fernando Baleroni (Rei Claudius), Laura Cardoso (Rainha Gertrude), Lima Duarte (Horácio), Maria Helena Dias e grande elenco.

Em dezembro de 1961, "Chico Anysio Show" (TV Rio) foi o primeiro programa editado em videoteipe no Brasil, nos moldes do que foi feito com Jonathan Winters nos Estados Unidos: Chico Anysio contracenou com ele mesmo, caracterizado como personagens diferentes. A ideia partiu do diretor do programa, Carlos Manga, que utilizou João Batista,

CAPÍTULO TRÊS: A CHEGADA DO VIDEOTEIPE (1960)

sósia de Chico, para ser seu dublê e servir de orientação para os contra-planos. O mesmo Chico fez em São Paulo, com Waldecyr Monteiro como dublê do humorista. Sem a existência de um editor eletrônico, os cortes eram feitos manualmente na fita magnética da Ampex. Marcelo Barbosa, um dos primeiros editores, utilizava o audioteipe, cuja referência era toda em áudio, cortando com gilete o rolo de Quadruplex e unindo as partes decupadas com uma fita adesiva própria para o material, chamada *splicer*. Ao final, o que se via muitas vezes, quando a cor da fita magnética tinha cores diferentes, era um rolo multicolorido, cheio de segmentos, unidos numa edição manual e linear.

A primeira novela gravada foi "Gabriela, Cravo e Canela", na TV Tupi do Rio de Janeiro, em 1961, uma adaptação de Antonio Bulhões de Carvalho da obra de Jorge Amado, com direção de Maurício Sherman. Os cariocas puderam ver os 42 capítulos com Gabriela (Janete Vollu), Tonico Bastos (Paulo Autran) e Tuísca (Grande Otelo) em videoteipe.

Apenas em 1963, a Ampex facilitou a vida de todos com a criação do editor de vídeo EDITEC, já com orientação de imagens. Razão pela qual foi próximo de 1964 que o videoteipe passou a integrar definitivamente a rotina das emissoras.

No final da década de 70, a Quadruplex começou a ser substituída por dois novos formatos: as fitas cassete de ½ polegada e as U-Matic, de ¾ de polegada, primeiro passo para um sistema praticamente digital. O telejor-nalismo – por conta das externas e da falta de material suficiente ainda no início dos anos 80 em algumas emissoras – utilizava material fílmico, necessitando de revelação e telecinagem.

Aos poucos, tudo foi sendo substituído, surgindo formatos cada vez mais leves e portáteis, como o Super-VHS, o Betacam, o DV-Cam, o Mini-DV, o HD-Cam, o XD-Cam e o cartão de memória. Hoje, muito da produção já feita é armazenada em nuvem, incluindo materiais em Quadruplex, que, após digitalização, se transformaram em dados. O videoteipe mudou o modo de fazer televisão.

Nos Tempos da TV Excelsior

Se indagarmos qual emissora transformou o jeito de fazer televisão no Brasil, e em tão pouco tempo, a resposta é certa: a Excelsior. Exportador

110 A HISTÓRIA DA TELEVISÃO BRASILEIRA PARA QUEM TEM PRESSA

de café, José Luiz Moura almejava ter um canal em Santos, sua cidade. Fez sociedade com Victor Costa – que já tivera experiência na área com a subestação TV Santos (da TV Paulista) – e com o deputado federal Ortiz Monteiro. Foi assim que os três, por meio da Rádio Excelsior (O.V.C.), conseguiram a outorga para o canal 9 paulistano, com a possibilidade de retransmissão para a Baixada Santista. João de Scantimburgo, proprietário do *Correio Paulistano*, então aproximou de Moura outro nome forte em seu ramo de atuação, com suas COMAL – Companhia Paulista de Café (à época maior exportadora do grão no país) e Wasim Trade Company (empresa de logística, com escritórios em 53 países): Mário Wallace Simonsen, um dos empresários mais bem-sucedidos do Brasil. Decidiram, então, pagar 80 milhões pela compra das ações de Costa, juntando-se também à sociedade Paulo Uchôa de Oliveira, sócio de Scantimburgo em seu jornal. Com filmes e reportagens, o canal 9 paulistano transmitiu experimentalmente em 11 de junho de 1960, mas a inauguração oficial se deu em 9 de julho, em comemoração ao aniversário da Revolução Constitucionalista de 1932. No Teatro Paulo Eiró, na Av. Adolfo Pinheiro, celebraram com uma grande festa. A banda da Força Pública do Estado de São Paulo abriu a cerimônia, que contou com o discurso do Governador Carvalho Pinto e do diretor-presidente da TV Excelsior, João de Scantimburgo. Fizeram uma saudação ao Presidente JK e enalteceram a data com um filme sobre a importância do 9 de julho. Às 19h30, o show "Bossa Nove" deu início à programação da emissora, com musicais de Dorival Caymmi, do pianista Ribamar, Lúcio Alves, João Gilberto, Carminha Mascarenhas, Tito Madi, Elizeth Cardoso e Silvinha Telles. A apresentação ficou a cargo de Agildo Ribeiro, Amácio Mazzaropi, Elizabeth Gasper e Waldir Maia. O show foi produzido pelo mestre dos espetáculos, Abelardo Figueiredo, e dirigido por Vicente Dias Vieira e Álvaro de Moya. No final do mês, dia 31, fizeram uma nova inauguração, abrindo os estúdios da Rua Nestor Pestana, 196, no Teatro Cultura Artística, com o programa "Brasil 60", estrelando Bibi Ferreira com o melhor da música brasileira – a filha de Procópio foi um dos principais nomes do canal 9 e uma de suas grandes audiências, cuja atração, toda vez que mudava o ano, alterava seu nome (por exemplo, "Brasil 61").

CAPÍTULO TRÊS: A CHEGADA DO VIDEOTEIPE (1960)   111

Bibi Ferreira e o pai, Procópio Ferreira, em "Brasil 60"

Mário Wallace Simonsen, que logo colocou seu filho Wallace Cochrane Simonsen Neto ("Wallinho") na direção-geral do canal 9, resolveu apostar todas as fichas na televisão, na busca por construir uma rede moderna e estruturalmente planejada. Porém, a política brasileira já estava conturbada, e isso teve influência direta nos bastidores da emissora, refletindo no conglomerado de Simonsen.

Além da TV Excelsior, da COMAL e da Wasim, Simonsen era dono da principal companhia aérea brasileira, a Panair do Brasil, da Cerâmica São Caetano, da pioneira rede de supermercados Sirva-se, da companhia eletromecânica Celma (ligada à manutenção de aviões), do banco Noroeste, da Rebratel – empresa responsável pelo sistema de micro-ondas que ligava as transmissões no eixo Rio-São Paulo –, além de ter parte societária na editora Melhoramentos e no jornal paulistano *A Nação*.

Na polêmica eleição de 1960 à presidência, ele se desentendeu com José Luiz Moura. Enquanto apoiava o Marechal Lott (PSD), o sócio estava do lado de Jânio Quadros (PTN). Simonsen, então, comprou todas as ações da Excelsior e colocou Paulo Uchôa na presidência.

Um importante passo foi dado em dezembro de 1962, quando contratou três grandes nomes da área: Edson Leite, Alberto Saad e Murilo Leite.

O que se viu foi uma enorme revolução. A Excelsior já possuía os equipamentos da Marconi, tidos como de alta tecnologia na época, com grande qualidade técnica de transmissão, e iniciou a busca pela transmissão em cores. Num esforço de comunicação fenomenal, realizou importantes tomadas de decisão, investindo no marketing em torno dos talentos da emissora, com direito a estampar seus rostos em outdoors, revistas e jornais, na campanha "Eu também estou no 9"; investiu igualmente em melhores salários, quase cinco vezes maiores em relação aos pagos pela concorrência, com contratações invejáveis dos melhores talentos da televisão, do rádio, do teatro, do cinema e da música – apenas da TV Tupi, numa só tacada, arrancou 30 talentos de primeira linha! Artistas, diretores, autores e técnicos. Edson Leite contratou nomes como José Bonifácio de Oliveira Sobrinho, que já vinha se destacando na televisão e na publicidade; formou o primeiro conceito de comunicação visual na TV, criado por Cyro Del Nero (bastava você sintonizar o canal, e, pela programação visual dos intervalos, sabia que estava na emissora, e apoiado também pelo simpático casal de bonecos Ritinha e Paulinho, ideia que Leite trouxe da Argentina); criou o conceito da grade horizontal e vertical, com a sequência diária de programas: infantil-novela- -telejornal-linha de shows. Para acertar a pontualidade da programação, eles chegaram a ajustar o relógio diretamente com o Observatório Real de Greenwich, próximo a Londres. Foi um passo fundamental para a consolidação de uma grade em rede nacional: a Rede Excelsior, consolidada após a criação da TV Excelsior (canal 2 do Rio de Janeiro, em 1963), a TV Gaúcha (pertencente a Maurício Sirotsky Sobrinho, futura RBS, canal 12 de Porto Alegre, fundada em 1962) e a TV Vila Rica (canal 7 de Belo Horizonte, em 1966). Espalhando fitas magnéticas por todo o Brasil, formavam a rede, inserindo-as no mesmo horário.

A programação da TV Excelsior englobava diversos gêneros. Um deles era a teledramaturgia – com teleteatros, como "Teatro Nove" e "Teatro 63", e com novelas que ficaram marcadas na memória do brasileiro, a começar pela primeira diária, "2-5499 Ocupado", em 1963, com Tarcísio Meira e Glória Menezes. Outros sucessos, ao longo dos anos, foram destaque, como "A Moça que Veio de Longe", "As Minas de Prata", "Redenção" e "A Muralha". Havia também as séries americanas, como "Jornada nas Estrelas", "Missão Impossível" e "Dr. Kildare", e a nacional "Vigilante Rodoviário".

CAPÍTULO TRÊS: A CHEGADA DO VIDEOTEIPE (1960) 113

A Excelsior se destacou pela exibição de produções brasileiras, com uma sessão de filmes exclusivamente dedicada ao cinema nacional, e com "Cinema em Casa", que quase sempre exibia filmes europeus. Na música, "Simonetti Show", com o maestro Henrique Simonetti, sempre com um toque de humor. Para as crianças, "Torresmolândia", com o palhaço Chicharrão (José Carlos Queirolo) e seu filho Torresmo; e "Programa Nhô Totico", com o radialista cujo nome real era Vital Fernandes da Silva, precursor das "escolinhas" na Rádio Cultura, com a "Escolinha da Dona Olinda"; e posteriormente "Os Adoráveis Trapalhões" (1966), com Renato Aragão, e "Essa Gente Inocente" (1967), com Wilton Franco. Na linha de shows, destaque para "Excelsior a Go Go" (1966), com Jerry Adriani e Luiz Aguiar, concorrente da "Jovem Guarda" (TV Record) e do "Hora do Bolinha" (1967), com Edson Cury. Em 1965, realizou o I Festival de Música Popular Brasileira, com Elis Regina se consagrando com *Arrastão*, sob a produção de Solano Ribeiro.

Um parêntese sobre a trajetória da Excelsior: é possível mudar uma história em apenas um dia? Sim, claro. E foi exatamente o que aconteceu numa madrugada, em maio de 1963. O Grupo Simonsen adquiriu dos Diários Associados a empresa que detinha a outorga do canal 2 carioca – nele, antes, Chatô pretendia inaugurar a TV Mayrink Veiga, ligada à rádio homônima, que anteriormente pertencera à Organização Victor Costa, que havia adquirido, no final dos anos 50, metade das ações de Antenor Mayrink Veiga (lembrando que o canal 2 chegou a pertencer a César Ladeira e sua RTB, cuja concessão caducou). Felício Maluhy foi coordenar o novo canal, executando, com o apoio de Ricardo Amaral, uma estratégia um tanto ousada. Por altos salários contrataram, na calada da noite, 70 profissionais da TV Rio, líder de audiência. O primeiro contratado foi Chico Anysio. Durante a madrugada, em suítes do Copacabana Palace, a Excelsior montou um esquema de guerra, com toda uma equipe administrativa, para negociar e fechar contratos, com o apoio de José Carlos Ráo, advogado da emissora. Uma lista de possíveis contratações, que se uniriam a Chico Anysio e Carlos Manga, fez brotar uma fila de pretendentes à nova emissora. No outro dia, Walter Clark e meia dúzia de profissionais sobraram na TV Rio. Já na TV Excelsior carioca… um time campeão! Boni, na época trabalhando para a Excelsior – e que só soube depois, por Clark, do ocorrido –, apelidou a ação de "A Noite de São Bartolomeu", em alusão ao dia que o mafioso Al Capone liquidou todos os inimigos

114 A HISTÓRIA DA TELEVISÃO BRASILEIRA PARA QUEM TEM PRESSA

de uma só vez (referindo-se, por sua vez, ao grande massacre de protestantes na França, em 1572).

Com a compra do Cine-Teatro Astória, em Ipanema, e com um grande elenco, a TV Excelsior Rio se destacou na linha de shows, produzindo programas como "O Rio É o Show" e "A Cidade se Diverte" – já na estreia do canal 2, em 1º de setembro de 1963; "Times Square"; "Viva o Vovô Deville", com Dercy Gonçalves; "Um Instante, Maestro", com Flávio Cavalcanti; "Gira o Mundo Gira", com Chico Anysio; "Moacyr Franco Show"; "A Discoteca do Chacrinha"; "Dois na Bossa"; e "O Brasil Canta Rio", com Elis Regina e Gilberto Gil. Em outros gêneros, "Telecatch Vulcan", com Ted Boy Marino, e "Dois no Ring"; no telejornalismo, o histórico "Jornal Excelsior" – a atração teve edições no Rio de Janeiro e em São Paulo (sob o nome de "Show de Notícias"). A versão carioca, a mais famosa, recebeu o nome de "Jornal Cássio Muniz" e depois "Jornal de Vanguarda", que estreou em 2 de setembro de 1963, sob a direção de Fernando Barbosa Lima. Um ano mais tarde recebeu o Prêmio Ondas, da Espanha, como melhor telejornal do mundo. Toda a edição era aberta, na voz cavernosa e grave de Oswaldo Sargentelli: "Está entrando no ar o seu Jornal de Vanguarda. O jornal de quem sabe compreender o mundo de hoje e ver o mundo de amanhã. Um jornal livre para brasileiros livres. Um show de notícias. Nossas câmeras são os seus olhos." Na atração, a notícia dada por um time de profissionais, como os irmãos Célio Moreira (aparecia apenas a silhueta e a voz, dando notícias polêmicas) e Cid Moreira, Gilda Muller, Jacinto de Thormes, João Saldanha, Luís Jatobá, Millôr Fernandes, Borjalo (e suas caricaturas), Newton Carlos, Sérgio Porto, Appe e Villas-Bôas Corrêa.

Com o Ato Institucional nº 5 (AI5), em 1968, a Censura Federal endureceu, e Barbosa Lima decidiu tirar a atração do ar ("Cavalo de raça, quando ferido, mata-se com um tiro na cabeça"); vinte anos depois, em 1988, o jornalista recriou o "Jornal de Vanguarda" na Rede Bandeirantes, com o mesmo formato, tendo na apresentação Doris Giesse, com participação de Paulo Leminski. Filho do jornalista Barbosa Lima Sobrinho, Fernando criou mais de 100 programas para a TV brasileira, como os históricos "Preto no Branco" (Excelsior), com Oswaldo Sargentelli, "Abertura" (Tupi), "Conexão Internacional", com Roberto D'Ávila, o documentário "Japão: Uma Viagem no Tempo", "Xingu" e "Programa de Domingo" (Manchete), "Sem Censura" (TVE), "Canal Livre" e "Cara a Cara" (Band). Ainda sobre a TV Excelsior

CAPÍTULO TRÊS: A CHEGADA DO VIDEOTEIPE (1960)

(canal 2 carioca), Carlos Manga, Maurício Sherman, Daniel Filho, Dorinha Duval, Jorge Lorêdo, J. Silvestre, Haroldo de Andrade, os irmãos Ema e Walter D'Ávila também fizeram parte do sucesso.

A partir de 31 de março de 1964, com a tomada do poder pelos militares e o início da ditadura, todos que fossem considerados opositores ou representassem algum tipo de *ameaça*, principalmente do ponto de vista político e econômico, passaram a ser perseguidos. Foi o que aconteceu com o Grupo Simonsen, que viu ruir seu conglomerado em pouco tempo. Mário Wallace e seu sócio, Celso da Rocha Miranda, apoiavam forças democráticas contrárias ao golpe (principalmente JK e Jango). O resultado foi o fechamento da COMAL e da Wasim, em 1964, da Panair do Brasil um ano depois – e a transferência de suas concessões para viagens aéreas à Varig, de Ruben Berta – e da Celma, em 1966, em decretos-lei expropriatórios. Seus bens foram sequestrados pela Justiça do Estado da Guanabara, com exceção do banco Noroeste, repassado a seu primo Léo Cochrane. Simonsen morreu no meio desse processo, em 23 de março de 1965, de infarto, em Paris, um mês depois da cassação das licenças de voo da Panair do Brasil. Nesse mesmo ano, Wallinho Simonsen vendeu as ações da TV Excelsior para Alberto Saad e Edson Leite, que acabaram por repassá-las ao Grupo Frical (de Otávio Frias de Oliveira e Carlos Caldeira Filho, donos da *Folha de S. Paulo*).

Em 10 de agosto de 1967, foram inaugurados os estúdios da Vila Guilherme, na Rua Dona Santa Veloso, 575 – o primeiro grande complexo criado para a televisão após a planejada TV Bandeirantes, inaugurada meses antes. Wallinho Simonsen, vivendo no exterior, decidiu adquirir novamente a emissora (exceto os novos estúdios, que foram alugados à Excelsior pelo Grupo Frical), para ser gerida por uma equipe interna. A Excelsior ainda utilizava, em São Bernardo do Campo, os antigos estúdios da Companhia Cinematográfica Vera Cruz (reativado pela Band em 2022) e, no terreno detrás, criou a primeira cidade cenográfica da TV brasileira (hoje o parque Cidade da Criança) para a novela "Redenção" – com 596 capítulos, por muito tempo a mais longa da nossa história, no ar de 1966 a 68.

Mesmo com grandes produções em São Paulo e Rio de Janeiro, a emissora cada vez mais se afundava em dívidas e impostos atrasados, já contabilizando, em 1969, cerca de 170 milhões de cruzeiros a serem pagos. Wallinho tentou vendê-la novamente naquele ano, ano em que, por sinal, de tudo aconteceu: demitiu dezenas de funcionários no Rio de Janeiro e perdeu

116 A HISTÓRIA DA TELEVISÃO BRASILEIRA PARA QUEM TEM PRESSA

inúmeras ações trabalhistas; além do episódio da torre do canal 2, no Morro do Sumaré, que desabou após uma tempestade – a TV ficou semanas fora do ar. No ano seguinte, a situação ficou ainda mais crítica. Após três meses sem salários, pediram demissão 70 dos 71 técnicos da Excelsior carioca. Já em São Paulo, para que a TV Excelsior não saísse do ar, os funcionários fizeram uma campanha pedindo apoio, criando um pedágio na Rua Nestor Pestana. As pessoas passavam pela rua e viam técnicos, produtores e artistas, como Leila Diniz, pedindo colaboração à causa. O restaurante Gigetto, que ficava logo à frente, conhecido reduto da classe artística, colaborou com a alimentação de muitos funcionários. Em meio a tal verdadeiro caos, com vários horários sendo locados a produtores independentes, aconteceu, em julho de 1970, um triste episódio: um incêndio destruiu praticamente todos os estúdios e o arquivo de imagens. Em 28 de setembro, o Presidente Médici decretou a falência da Excelsior, e, dois dias depois, o canal 2 carioca foi lacrado às 17h, e depois, às 18h30, foi a vez do canal 9 paulistano, com o jornalista Ferreira Neto interrompendo o programa "Adélia e suas Trapalhadas", de Átila e Adélia Iório, para avisar que os funcionários do DENTEL – Departamento Nacional de Telecomunicações (subordinado ao CONTEL, o Conselho), já estavam na sede da emissora para lacrar seus transmissores. Acabava ali a história de uma das principais redes de televisão do nosso país.

NOVELA DIÁRIA: A NOVA PAIXÃO NACIONAL

A telenovela já se fazia presente desde 1951 no Brasil, mas apenas em 1963 ela se tornou diária. Muito se deveu ao videoteipe a possibilidade de reduzir custos altíssimos, como a construção de inúmeros cenários para grandes teleteatros. O advento do videoteipe viabilizou um produto mais longo, com menos cenários e um elenco praticamente fixo. Inúmeras cópias em fita magnética puderam ser compartilhadas por todo o país.

Bateu então à porta da TV Tupi, no início de 1963, um enviado da Colgate-Palmolive da Colômbia e da programadora Producciones PUNCH. Seu nome era Alberto Peñaranda, e ele pediu uma reunião com Cassiano Gabus Mendes, diretor da emissora. O objetivo dos colombianos, assim como já se fazia com as radionovelas, era usar a telenovela diária – com a importação de textos e bancando parte dos custos – como a forma ideal de divulgar seus produtos na TV. O negócio foi negado na Tupi, e Peñaranda então foi até

Edson Leite, na TV Excelsior, que aceitou a proposta de parceria. Por conta de suas produções e garimpagem de textos mundo afora, Peñaranda ganhou a confiança da Colgate-Palmolive, sua principal parceira internacional, representando-a em diversas viagens de negócios, como a do Brasil. Antes, para o Canal 1 (estatal), Peñaranda produziu, em 1959, "El 0597 Está Ocupado", primeira telenovela colombiana, adaptada da produção radiofônica argentina "El 0597 Da Ocupado" (1950), de Alberto Migré. Na trama, um homem liga por engano para uma prisão feminina. A telefonista (detenta) atende e eles começam a se envolver já naquele telefonema. Ao final, os dois se casam. Foi justamente essa a trama escolhida do catálogo da PUNCH para ser adaptada pela TV Excelsior, que Edson Leite, em viagem à Argentina, chegou a conhecer a versão radiofônica e ratificou o enorme sucesso. Dulce Santucci foi chamada para adaptar a novela, sob o nome "2-5499 Ocupado" (o número era semelhante ao do Teatro Cultura Artística, sede da emissora, 36-5499). No ar desde 22 de julho de 1963, o folhetim inicialmente era exibido apenas às segundas, quartas e sextas, transformando-se posteriormente em novela diária.

O advogado Larry e a telefonista Emily ganharam vida com o casal Tarcísio Meira e Glória Menezes, que viveram um intenso romance durante 42 capítulos, com duração média de 20 minutos. Desde o princípio, a novela era gravada e distribuída posteriormente para toda a Rede Excelsior (no Rio, por exemplo, foi ao ar a partir de 9 de setembro de 1963), com a maioria das cenas rodadas em estúdios e com externas na Casa de Detenção de São Paulo. Para a novela foram contratados profissionais de todas as áreas, como o diretor Tito di Miglio, o cenógrafo Oscar Padilha, maquiadores, cameramen e diretores de TV. Uma curiosidade: décadas depois, a TV Record fez um remake da trama, "Louca Paixão" (1999).

Glória Menezes em "2-5499 Ocupado"

A HISTÓRIA DA TELEVISÃO BRASILEIRA PARA QUEM TEM PRESSA

Das 24 telenovelas produzidas até 1969, 16 tinham patrocínio de empresas de higiene, como Colgate-Palmolive, Gessy-Lever e Kolynos-Van Ess.

Em 1964, a cubana Glória Magadan passou a coordenar a Colgate-Palmolive em São Paulo, também trabalhando como autora de radionovelas e telenovelas, o que em breve faria com dedicação total, ao se tornar umas das principais figuras na teledramaturgia da recente Rede Globo de Televisão, a partir de 1965, com novelas como "Paixão de Outono" – que inaugurou o horário das 21h30 –, "Eu Compro essa Mulher" e "O Sheik de Agadir", de 1966, e "A Rainha Louca", de 1967... verdadeiros dramalhões! Autores, como Ivani Ribeiro, Benedito Ruy Barbosa e Walter George Durst, passaram a escrever como contratados.

Ao perceber a viabilidade e o potencial da telenovela diária e o crescimento da Excelsior no gênero, a Tupi, em 1964, se rendeu ao formato horizontal, com novelas de segunda a sábado. Foi assim com "Alma Cigana", original do venezuelano Manuel Muñoz Rico, adaptado por Ivani Ribeiro, com Ana Rosa, e integrando o time de emissoras que tinham as novelas da Colgate-Palmolive dentro de suas programações. De 1964 a 66, havia clara influência das telenovelas produzidas com textos internacionais latino-americanos: cubanos, mexicanos, argentinos e venezuelanos – muitos fornecidos pela Colgate-Palmolive, sendo os textos (em sua maioria, de grande sucesso no exterior) também voltados a melodramas históricos, que aproveitavam o gênero do romance histórico. Tais temas muitas vezes desviavam não só da realidade, mas sobretudo do Brasil do momento e do passado, o que se diferenciava do produzido pela TV Excelsior, na segunda metade dos anos 60, com autores brasileiros e temas históricos nacionais, como "Dez Vidas" (1969), sobre Tiradentes – novela de Ivani Ribeiro, dirigida por Gianfrancesco Guarnieri.

Foi um período em que o teleteatro perdeu sua importância, até mesmo para os produtores, pois as adaptações de livros, peças e filmes passaram a ser a base para a criação de telenovelas diárias. Novos nomes no campo das telenovelas surgiram: Ivani Ribeiro, Lauro César Muniz, Thalma de Oliveira, Pola Civelli e Benedito Ruy Barbosa – provenientes de diferentes áreas, como rádio, teatro e até mesmo redação publicitária para agências. Enquanto isso, os mais antigos, como Cassiano Gabus Mendes, Walter George Durst e Geraldo Vietri, acabaram se adaptando à nova formatação da telenovela.

CAPÍTULO TRÊS: A CHEGADA DO VIDEOTEIPE (1960) 119

No início de 1964, quando Boni, que já trabalhava na montagem da TV Bandeirantes, decidiu aceitar a proposta do amigo Walter Clark e ir para a TV Rio, surgiu a ideia de adaptar para a televisão o sucesso radiofônico "O Direito de Nascer", sendo a versão da Rádio Nacional a mais conhecida. Fez ele então os trâmites e conseguiu contratar os textos originais do cubano Félix Caignet, radicado no México. Para tal, sabendo do enorme potencial da obra, montou praticamente uma estratégia de guerra, usando até a colega Dercy Gonçalves para auxiliar na entrega do dinheiro da TV Rio pela obra, lá no México. Com a mala cheia de originais em papel, Dercy voltou ao Brasil com "O Direito de Nascer" e mais duas obras, vendidas por Caignet à TV Rio. Ofereceram então à TV Record, também das Emissoras Unidas, mas não houve interesse, pois pretendiam encerrar seu núcleo de teledramaturgia. Mesmo assim, Boni argumentou com Paulinho Machado de Carvalho, sem sucesso. Foi então se aconselhar com Rodolfo Lima Martensen, da Lintas, que apostou no potencial da novela, e chegaram a um consenso de que poderiam explorá-la nacionalmente, porém com a TV Rio exibindo-a aos cariocas. Foram então à Tupi de São Paulo falar com Cassiano Gabus Mendes e Fernando Severino, diretor comercial, que se empolgaram com a ideia. Boni adiantou a questão da TV Rio, cabendo a Fernando Severino falar com seu irmão e diretor comercial da Tupi carioca, Rogério Severino, para avisá-los que, fora dos padrões, não seria a coirmã que iria exibir ao Rio de Janeiro a novela. Proposta, sem outra saída, aceita. Imaginem o clima na Record e na Tupi Rio quando "O Direito de Nascer", da estreia em 7 de dezembro de 1964 aos primeiros meses, alcançou a liderança de audiência. "O Direito de Nascer" foi um fenômeno. Os atores viraram verdadeiros ídolos. O malvado Dom Rafael (Elísio de Albuquerque) obriga a filha Maria Helena (Nathália Timberg) a ir para um convento e se separar do seu filho Albertinho Limonta (Amilton Fernandes), fruto de uma relação proibida. A criança passa a ser cuidada pela empregada Mamãe Dolores (Isaura Bruno), que foge sem destino para salvar a vida do menino. Ao crescer, Albertinho retorna a Cuba, reencontra a família original, que desconhecia, e, ao final, salva a vida do avô. Sua namorada, Isabel Cristina (Guy Loup), também um baita sucesso, fez com que a atriz resolvesse assumir o nome da personagem. Ao final da novela, em agosto de 1965, grandes festas foram realizadas no Maracanãzinho e no Ginásio do Ibirapuera, com 10 mil telespectadores podendo ver de perto e se despedir dos personagens que tanto amavam – teve até desfile do elenco em carro do Corpo de Bombeiros. O dramalhão escrito por Caignet foi adaptado no Brasil por Talma de Oliveira e Teixeira Filho, tendo na direção Lima Duarte, Henrique Martins e José Parisi.

A Excelsior também teve de amargar com o êxito de "O Direito de Nascer", mesmo depois do estrondoso sucesso de "A Moça que Veio de Longe" (1964), que elevou ao posto de grandes astros o casal da trama, Hélio Souto e Rosamaria Murtinho – com direito a noite de autógrafos em 1964, no Estádio do Pacaembu. Em 1965, a Excelsior passou então a competir de igual para igual com a Tupi nas telenovelas diárias, contra-atacando com "A Deusa Vencida", um triunfo com grande destaque à personagem Malu (Regina Duarte), que revelou para todo o Brasil a ex-garota-propaganda de comerciais filmados (como o da pasta de dentes Kolynos).

Um dos principais nomes das novelas da TV Excelsior foi Ivani Ribeiro, que escreveu sucessos como "As Minas de Prata", "Os Fantoches", "Almas de Pedra" e "A Muralha". Destaque também para Vicente Sesso, com "Sangue do Meu Sangue"; Teixeira Filho, com "A Pequena Órfã"; e Raimundo Lopes, com "Redenção".

Na TV Globo, Glória Magadan coordenava o setor de teledramaturgia e escrevia as novelas. "O Sheik de Agadir", com Henrique Martins, transformou a praia carioca em um deserto – o que anos mais tarde seria satirizado na TV Tupi com a novela "O Sheik de Ipanema". Ao final da trama, em 1967 – após concurso realizado pela TV Globo para descobrir quem era o misterioso serial killer (O Rato) –, Magadan teve que decidir pela princesa Éden Bassora (a estreante Marieta Severo), afinal, quase todos os personagens já tinham visto o assassino estrangulador na novela! Cinquenta anos depois, em 2017, Walcyr Carrasco fez uma homenagem a Marieta, dando a seu capanga (César Ferrario), em "O Outro Lado do Paraíso", apelido de Rato. Voltando a Glória Magadan, em 1967, ela se meteu em uma outra *emboscada*: em "Anastácia, a Mulher sem Destino", colocou Emiliano Queiroz para escrever a trama, e ele acabou criando uma infinidade de personagens. Ela então decidiu chamar a autora de radionovelas, Janete Clair, para substituí-lo, que resolveu o impasse com um grande terremoto, matando 35 personagens "extras". Ali foi só o início daquela que viria a ser conhecida como a "Nossa Senhora das Oito". Janete Clair virou auxiliar de Magadan, ainda escrevendo com supervisão da autora de "Sangue e Areia", "Rosa Rebelde" e "Passo dos Ventos". Sua primeira novela solo foi "Véu de Noiva" (adaptada de sua radionovela "Vende-se um Véu de Noiva", transformada em telenovela em 2009, pelo SBT). Texto moderno, com direito a provas de automobilismo, com o personagem Marcelo Montserrat (Cláudio Marzo), um clássico de 1969.

A cidade cenográfica de "Redenção"

Porém, o primeiro texto moderno não foi na Globo, nem na Excelsior. A TV Tupi foi a pioneira com "Beto Rockfeller", de 1968, nosso primeiro anti-herói, o famoso "bicão" e namorador interpretado por Luís Gustavo. O argumento partiu de Cassiano Gabus Mendes, diretor da emissora e dono da discoteca O Dobrão, na Rua Pamplona, em São Paulo. Ele estava com o cunhado, o ator Luís Gustavo, quando observaram, numa das festas que promoviam no espaço, um "Beto" da vida real, cujo futuro protagonista falou a Cassiano que daria um belo personagem. Foi chamado Bráulio Pedroso para escrever o enredo, tendo entre seus diretores Lima Duarte. Outros cenários e tramas cotidianas, ligadas ao panorama de 1968 e 1969, descritos também nos textos de Geraldo Vietri, na TV Tupi, nesse período: "Antônio Maria", com

122   A HISTÓRIA DA TELEVISÃO BRASILEIRA PARA QUEM TEM PRESSA

Sérgio Cardoso interpretando o português, e "Nino, o Italianinho", com Juca de Oliveira e Aracy Balabanian.

Ainda no final dos anos 60, a novela passou a ter o padrão de 45 minutos por conta da primeira produção do gênero feita pela TV Bandeirantes, "Os Miseráveis", do original de Victor Hugo, adaptada por Walther Negrão. A novela, protagonizada pelos atores Leonardo Villar (Jean Valjean) e Maria Isabel de Lizandra (Cosette), estreou em 15 de maio de 1967, às 19h20, dois dias após a inauguração da emissora de João Jorge Saad. Com 15 minutos, divididos entre os blocos, a telenovela passou a ocupar a faixa exata de uma hora na programação, sendo tal formato copiado pelas demais. Até então, os capítulos possuíam de oito a dez minutos de duração (fase não diária) e iam de 15 a 30 minutos (fase diária). Aos poucos e diariamente, a telenovela virou a nova paixão nacional.

TV CULTURA: DE CHATÔ À TELEVISÃO EDUCATIVA

Uma década depois de implantada a televisão, Assis Chateaubriand investiu em dois projetos: expandir a TV pelo Brasil, criando uma série de emissoras a partir de 1960 e, aos poucos, inaugurar um segundo canal em cada uma das cidades – projeto que depois acabou sendo abortado, devido à crise no próprio conglomerado, agravada principalmente após a morte do "Velho Capitão", em 1968. A criação do Condomínio Acionário dos Diários Associados, dividindo a companhia em partes iguais entre os sócios de Chatô e assim gerando inúmeros conflitos internos, pôs ainda mais lenha na fogueira.

As Emissoras Associadas haviam adquirido, dez anos antes, em 1958, a Rádio Cultura – criada por Olavo Fontoura (sobrinho de Cândido Fontoura, criador do icônico Biotônico Fontoura), e na época pertencente à O.V.C. Com a emissora, Chatô concorreu à concessão comercial do canal 2 de São Paulo para a sua futura TV Cultura. Por conta de uma interferência entre os canais 2 e 3, já prevista quando o 2 entrasse no ar (desde os anos 50), a TV Tupi passou para o canal 4. Na época, o canal 2 ainda pertencia à Fundação Cásper Líbero (TV Gazeta, cuja outorga caducou). Já com Chateaubriand, o canal 2 virou uma realidade, estreando em 20 de setembro de 1960, dois dias após os dez anos da Tupi. Seu mascote, assim como o da Tupi, foi criado por Mário Fanucchi e representava uma indiazinha – irmã caçula do tupiniquim do canal 4. Suas primeiras instalações foram no prédio dos Diários Associados,

CAPÍTULO TRÊS: A CHEGADA DO VIDEOTEIPE (1960)

na Rua Sete de Abril, 230, no 15º andar, onde, em 1950, foram realizadas transmissões experimentais da Tupi, num espaço de 30 m². José Duarte Jr. foi o primeiro diretor artístico, e o slogan era "Um verdadeiro presente de cultura para o povo", mais tarde sucedido pelo próprio Fanucchi. Entre as atrações de destaque, "Telejornal", com Fausto Rocha e Lourdes Rocha, "Dois no Dois", com Ênio Gonçalves e Geraldo Rodrigues (infantil gravado nos estúdios da Avenida São João, no antigo auditório da Rádio Cultura), "Revelações Cultura", com Edson "Bolinha" Cury, "Sítio do Pica-Pau Amarelo" – curiosamente, a Emília (Lúcia Lambertini) foi diretora de teledramaturgia do canal, produzindo novelas, como "Escrava do Silêncio", "Amor de Perdição" e "O Moço Loiro" – e "O Homem do Sapato Branco", com Jacinto Figueira Jr.

Também tiveram grande destaque na emissora Xênia Bier, Ney Gonçalves Dias e Carlos Spera, que acabou batizando a rua original da TV Cultura, na Água Branca. Em 28 de maio de 1965, um incêndio destruiu boa parte das instalações e equipamentos, entre eles a "câmera 1", uma das RCA TK-30 que inauguraram a TV Tupi, em 1950. A emissora então passou a operar no Sumaré, em conjunto com a Tupi, indo depois para Água Branca, ao lado da Lagoa Santa Marina – nesse período, criaram o programa "Acqua-Ringue", seguindo o modelo do famoso *telecatch*, mas que, por conta da lagoa, o perdedor era arremessado na água!

Mesmo aproveitando boa parte do elenco da TV Tupi, a TV Cultura buscava se diferenciar. Um dos propósitos, ainda que sendo uma concessão comercial, foi investir na educação por meio da televisão. Em março de 1961, o canal 2 criou o "Curso de Admissão pela TV", com os professores Osvaldo Sangiorgi e Marília Antunes Alves, projeto da Secretaria de Estado da Cultura, denominado "TV Escola". Em 1963, foi criado o SERTE – Serviço de Educação e Formação pelo Rádio e Televisão –, com 10 horas de programação educativa, num convênio do canal 2 com o Governo do Estado de São Paulo. Após, em 1964, surgiu o primeiro teleposto, com acompanhamento educacional atrelado à exibição dos programas educativos da emissora, na Rua Gabriel Monteiro da Silva. Sempre aos sábados eram ministradas aulas de Literatura, Artes, Música, e o Curso de Madureza Ginasial.

Em 26 de setembro de 1967, depois de vários estudos e viagens internacionais, o Governador Roberto de Abreu Sodré criou a Fundação Padre Anchieta (o Centro Paulista de Rádio e TV Educativa), entidade gerida pelo Governo do Estado de São Paulo, com obtenção de recursos junto à iniciativa privada, com um conselho curador ligado a órgãos voltados à educação e cultura, como USP, PUC-SP, UNICAMP, UNESP, e a Academia Brasileira de Letras (ABL). Usando como base o modelo da BBC de Londres, a proposta era criar um canal de TV e rádio voltado exclusivamente à educação. Destarte que, em 1968, concluiu-se a compra da TV Cultura e a transformação da entidade, assim como da Rádio Cultura AM, em concessões educativas, custando todo o projeto 70 centavos a cada paulista, dirimindo um problema dos Diários Associados, que já se encontravam numa forte crise e aceitaram vender o canal 2 à Fundação Padre Anchieta.

Com o documentário "Itália de Ontem e de Hoje", no final da noite de 31 de dezembro de 1967, a TV Cultura exibiu sua última programação comercial, interrompendo suas transmissões à meia-noite, na virada para 1968, só retornando experimentalmente, já como televisão educativa, em 4 de abril de 1969. As instalações foram ampliadas, e a emissora, que quase se tornou TV "Escolar" ou "Educativa", resolveu manter seu nome original. Assim, a TV Cultura, sob a presidência de José Bonifácio Coutinho Nogueira (futuro fundador da rede EPTV, afiliada da Globo em São Paulo e Minas Gerais) na Fundação Padre Anchieta, estreou oficialmente em 15 de junho daquele ano, às 19h30, com discursos do próprio e do governador, além de uma bênção dada, por meio de material filmado, pelo Papa Paulo VI. Foi mostrado um vídeo com um resumo da nova programação, que começou no dia seguinte, no mesmo horário, com o documentário "Planeta Terra". Logo depois, meteorologia com "A Moça do Tempo", estrelado por Albina Mosqueiro; o "Curso de Madureza Ginasial" (com adaptação de "O Feijão e o Sonho", de Orígenes Lessa); após, "Quem Faz o Quê", sobre as profissões; a série "Sonatas de Beethoven", com Fritz Jank ao piano; e encerrando com "O Ator na Arena" (encenando trechos de "Yerma", de García Lorca), com Ziembinski. Logo outros viriam, como o debate "Jovem Urgente", com Paulo Gaudêncio, e o telejornal "Hora da Notícia", tendo Fernando Pacheco Jordão e Vladimir Herzog comandando o departamento. Foi o início de uma história de sucesso, com programação educativa, tendo destaque atrações, como "Vila Sésamo", "É Proibido Colar", com Clarisse Abujamra e Antônio Fagundes; "Teatro 2", "Quem Sabe, Sabe", com Walmor Chagas; "MPB Especial" (futuro "Ensaio"), com Fernando Faro; "Meu Pedacinho de Chão", de Benedito Ruy Barbosa, em parceria com a Rede Globo, a primeira novela educativa do país, em 1971; "Festa Baile", com Agnaldo Rayol e Branca Ribeiro; "Bambalalão"; "Fábrica

CAPÍTULO TRÊS: A CHEGADA DO VIDEOTEIPE (1960)   125

do Som", com Tadeu Jungle; "Roda Viva"; "Matéria Prima", com Serginho Groisman; "Viola, Minha Viola", com Moraes Sarmento e Inezita Barroso; "Vitória"; "Sr. Brasil", com Rolando Boldrin; "Provocações", com Antônio Abujamra; "Rá-tim-bum"; "Mundo da Lua"; "Castelo Rá-tim-bum"; "Confissões de Adolescente"; "Ilha Rá-tim-bum"; "Quintal da Cultura"; "Vitrine"; "Vox Populli"; "Jardim Zoológico", com Renato Consorte; "Sésamo"; "Cocoricó"; "Turma da Cultura"... entre muitos outros desenhos e séries; "Telecurso" e "Telecurso 2º Grau", em parceria com a Fundação Roberto Marinho a partir de 1978.

Em 2007, a TV Cultura foi a primeira a iniciar a multiprogramação na TV digital, com os canais Cultura (Digital), Univesp TV e MultiCultura (futura TV Educação, em 2020, apoiada pelo Centro de Mídias, como auxílio aos estudantes da rede estadual no aprendizado remoto durante o período da COVID-19).

A TV Cultura é uma das mais premiadas emissoras de TV do Brasil, considerada em 2015, em pesquisa do instituto britânico Populus, como o segundo canal de melhor qualidade do mundo, logo atrás do BBC One.

Lembrando que antes da TV Cultura, em 1952, no Estado da Guanabara, houve uma tentativa de fazer televisão educativa, sem sucesso; dez anos depois, na TV Rio e na Record, a Fundação João Batista do Amaral e o recém-criado Ministério das Comunicações apresentaram aulas do Serviço de Rádio e TV Educativa. A Cultura foi a primeira emissora educativa do eixo Rio-São Paulo, sendo a pioneira, em 22 de novembro de 1968, a TV Universitária (TVU), canal 11 de Recife, ligada ao Núcleo de TVs e Rádios Universitárias da Universidade Federal de Pernambuco (UFPE), sob a direção do professor Manoel Caetano – a emissora produziu programas pioneiros, como "Isto é Universidade", "O Grande Júri" e "Sala de Visitas", sendo que, desde o ano 2008, exibe parcialmente as programações das redes da TV Brasil e da TV Cultura.

Entre as principais educativas, culturais e públicas, tivemos também a rede TVE Brasil (futura TV Brasil), de que logo falaremos, a TV Escola, a Sesc-TV (antiga STV, do Sesc-Senac) e o Canal Futura, da Fundação Roberto Marinho, além de inúmeras TVs universitárias que temos espalhadas pelo país, citando como exemplo a TV USP, uma vez que foi na Escola de Comunicações e Artes da Universidade de São Paulo (ECA), a partir de

126   A HISTÓRIA DA TELEVISÃO BRASILEIRA PARA QUEM TEM PRESSA

1969, que passou a ser oferecido um curso voltado à formação de profissionais para as áreas de rádio e televisão.

Os Grandes Comunicadores

A televisão nos anos 60 se tornava cada vez mais popular. A figura do mestre de cerimônias estava sendo paulatinamente substituída pela dos grandes comunicadores, extremamente populares junto ao público. Aos poucos, apresentadores como Hebe Camargo, Blota Jr. e J. Silvestre se transformavam em celebridades populares, fazendo coro a outros nomes que cada vez mais se sobressaíam, como Silvio Santos, Chacrinha, Flávio Cavalcanti, Bolinha, Carlos Aguiar, Moacyr Franco, Carlos Imperial, Raul Gil, César de Alencar, entre outros.

Silvio Santos nasceu Senor Abravanel, no dia 12 de dezembro de 1930, no Rio de Janeiro. Aos doze anos, começou a trabalhar na loja de souvenires do pai, na Praça Mauá. O garoto logo percebeu uma grande oportunidade, nas eleições de 1945: vender carteirinhas para títulos de eleitor. Seu ponto ficava na esquina da Ouvidor com a Rio Branco, no Centro do Rio, onde depois passou a vender de tudo, de canetas a remédios, criando até shows de mágica para atrair a clientela. Decidiu então estudar contabilidade para gerir os negócios. Ao invés de gritar, conversava com as pessoas na rua. Chamou a atenção de Renato Meira Lima, diretor da fiscalização municipal, que o indicou a Jorge de Matos, da Rádio Guanabara. Foi assim que, em 1948, começou a trabalhar e ficou em primeiro lugar num concurso com mais de 300 candidatos! Passou a frequentar vários programas de rádio e, após ganhar boa parte dos concursos, foi considerado *hors-concours*. Era hora de adotar um nome artístico. Seguiu ganhando a vida como vendedor enquanto trabalhava de graça na Rádio Mauá, indo depois para a Rádio Tupi. Fez figuração na TV Tupi carioca e depois foi para a Rádio Continental, em Niterói. Percebeu outra oportunidade quando se locomovia do Rio para a cidade vizinha, na barca Rio-Niterói. Criou uma serviço de alto-falantes, realizando animações, concursos e vendas no local, acabando com a monotonia da travessia. Em 1954, foi para São Paulo e montou o bar Nosso Cantinho, frequentado por artistas do rádio. Por meio de contatos, logo foi para a Rádio Nacional de São Paulo, pertencente a Victor Costa, para ser locutor. Com colegas da rádio criou uma trupe que viajava pelo país fazendo shows, cujo nome adveio

CAPÍTULO TRÊS: A CHEGADA DO VIDEOTEIPE (1960)   127

do apelido "peru que fala", que havia ganhado por ficar vermelho enquanto falava: "A Caravana do Peru que Fala". Virou assistente de Manoel de Nóbrega, até ganhar seu próprio horário na Nacional, em 1956, apresentando o humorístico "Cadeira de Barbeiro". Nóbrega, no final de 1958, pediu a ajuda de Silvio para fechar seu negócio, o Baú da Felicidade, que vendia baús de brinquedos para crianças no Natal. Da quase falência, Silvio salvou o negócio e virou sócio do amigo, depois se tornando proprietário do Baú, uma de suas principais empresas. Foi o primeiro passo para o hoje Grupo Silvio Santos, que conta (ou já contou) com dezenas de empresas, como a Jequiti Cosméticos, Vimave Veículos, Liderança Capitalização, SBT, TeleSena, Lojas Tamakavy…

Chegou à televisão em 1956, na TV Paulista, como locutor comercial das Lojas Clipper e animador de auditório de "A Voz da Firestone". Fazia de tudo diante das câmeras. Fez sucesso como animador de "O Grande Espetáculo Tamoyo" até ter o próprio programa, "Vamos Brincar de Forca?", em 1960, embrião e ponto de partida para a criação do "Programa Silvio Santos". Comprou o horário na emissora, sendo um dos pioneiros na produção independente. Em 1964, passou a produzir simultaneamente também para a TV Tupi o seu "Programa Silvio Santos" e "Sua Majestade, o Ibope". A TV Paulista, comprada pela TV Globo, começou a transmitir para toda a rede, em 1969. Sua produtora decidiu locar, do Grupo Frical, os estúdios da antiga TV Excelsior, na Vila Guilherme, em 1972. Logo conseguiu a outorga para a criação da sua primeira emissora, o canal 11 do Rio de Janeiro, inaugurada como TVS (TV Studios) em 14 de maio de 1976 – sendo que, no início daquele ano, já realizava também o "Silvio Santos Diferente" na TV Record. Sua produtora, a Estúdios Silvio Santos de Televisão e Cinema Ltda., passou a produzir outros programas e até filmes. Ainda em 1976, rompeu o contrato com a Globo para transmitir seus programas pela Rede Tupi e pela TVS, em 1º de agosto daquele ano – ano em que também se tornou sócio de Paulo Machado de Carvalho na TV Record, até venderem a emissora, em 1989, para Edir Macedo. O "Programa Silvio Santos" passou a ser exibido pela TV Record, saindo da Tupi, próximo do seu fechamento. TVS e Record faziam parte da REI – Rede de Emissoras Independentes; e quando os programas de Silvio Santos foram colocados em rede, formavam o "Sistema Brasileiro de Televisão", origem do nome de sua futura rede, o SBT. Parte dos canais da rede foram divididos entre Silvio (a TV Tupi, canal 4 de São Paulo, se transformou em TVS, por exemplo) e Adolpho Bloch, criando o SBT, em 1981, e a Manchete, em 1983. Silvio então entra em embate direto com a Globo, tornando-se com o SBT o vice-líder em audiência. Chega até a ultrapassar a audiência do grande concorrente algumas vezes, como em 2001, com a "Casa dos Artistas", em sua primeira edição.

Silvio Santos, também em 2001, foi homenageado pela escola de samba Tradição. Naquele mesmo ano, em agosto, livrou a filha Patrícia de um sequestro em sua própria casa, negociando com o sequestrador, que o colocou no lugar da filha, sendo tudo transmitido ao vivo por todos os canais de TV, e, ao final, conseguindo a rendição do bandido. Silvio Santos foi tema de inúmeros livros, revistas, programas especiais e até teses, assim como da exposição "Silvio Santos Vem Aí", no Museu da Imagem e do Som (MIS-SP), em 2016. É pai de Cíntia (mãe do ator Thiago Abravanel) e Silvia – com Cidinha –, e de Rebeca, Renata, Daniela e Patrícia – com Íris Abravanel.

Outro grande comunicador foi Abelardo Barbosa, o Chacrinha. Nasceu em Surubim (PE), em 30 de setembro de 1917. Começou sua carreira como locutor, em 1935, na Rádio Club, de Recife. Ainda trabalhou em outras rádios de Pernambuco, indo para o Rio de Janeiro em 1940. Na então capital federal, veio como baterista do conjunto Bando Acadêmico. Já como locutor, começou com um programa da Casa do Estudante do Brasil, passando pelas rádios MEC, Vera Cruz e Tupi. Trabalhando numa loja no Centro, mexendo com os clientes na rua, chamou a atenção do locutor Enver Grego, da Rádio Clube Fluminense, de Niterói, que funcionava numa pequena chácara. Grego o convidou para substituí-lo. Não agradando na locução – tinha um jeito extravagante demais –, acabou ficando na rádio como discotecário. Até que surgiu a oportunidade de apresentar o descontraído "O Rei Momo na Chacrinha", em novembro de 1943, durante a madrugada. Anunciava o patrocinador, a água sanitária Clarinha, com a cantoria: "Clarinhaaa", que após o fim do contrato virou "Terezinhaaa" – na TV ganhou como resposta o coro do público "U... uuu!".

Além de apresentar, pintava o sete no estúdio, com direito a bater tampas de panela, copos e todo tipo de material, uma bagunça danada. Simulava como se estivesse num lugar amplo, apresentando um grande show, contudo, os artistas que se "apresentavam" eram músicos que tinham seus trabalhos tocados em discos pela mesa de controle da rádio. Levava os ouvintes notívagos ao delírio. Era uma das únicas atrações depois da meia-noite. Mais tarde, transformou seu programa em "Cassino do Chacrinha", na Rádio

CAPÍTULO TRÊS: A CHEGADA DO VIDEOTEIPE (1960)   129

Tamoio – depois seu "show" foi para as rádios Tupi de São Paulo e Globo do Rio de Janeiro. Ainda nessa fase inicial, conheceu uma fã de seu programa, Florinda, com quem se casou em 1947, tornando-se pais de Leleco, Nanato e Jorge Abelardo. Já em 1956 foi para a TV Tupi carioca, com "Sucesso Mocambo", "Clube da Camaradagem", "Chacrinha Musical" e "Rancho do Mister Chacrinha", cujo formato original da série havia sido baseado no paulistano "Rancho Alegre", de Mazzaropi, transposto para o Rio, para o universo do faroeste, com o "xerife" Abelardo Barbosa.

Com o passar das décadas, Chacrinha foi e voltou para inúmeras emissoras, mas o que jamais diminuiu foi o seu sucesso. Dizia ele que, quando a cor chegou à televisão, o seu programa já era colorido – não por acaso que, em 1968, virou símbolo do Tropicalismo –, diante de tantos elementos cenográficos e da boa vibração. Lançou muitos cantores, sendo presença constante em seus programas Roberto Carlos, Sidney Magal, Gretchen, Fábio Júnior e muitos outros. Inicialmente, sempre se apresentava com chapéu de jockey e um disco telefônico enorme ao peito, alusão ao termo "DJ" (disk-jockey), sempre revelando talentos e os últimos sucessos na música brasileira. Fez a "Discoteca do Chacrinha" na TV Tupi (Rio e São Paulo) em 1958; "Chacrinha Abraça aos Novos" na Tupi carioca, em 1960, e na TV Paulista; depois levou a "Discoteca" para a TV Rio, em 1961, e um ano depois criou a "Novela Maluca do Chacrinha" (futuro "Rancho do Mister Chacrinha"), sendo que, no canal 13, ainda criou, em 1963, "A Hora da Buzina"; um ano depois foi para a TV Excelsior, voltando para a TV Rio em 1967 – mesmo ano em que estreou na TV Globo Rio e na TV Paulista, com "Discoteca do Chacrinha" e "Buzina do Chacrinha" – o programa que, em 1971, inaugurou os estúdios da Globo no antigo Teatro Fênix, na Av. Lineu de Paula Machado, 1000, no Jardim Botânico.

Passou a fazer shows, como o "Minibuzina" (1972), adotando uma linha mais popular e bem mais apelativa, elevando extremamente a audiência, mas que ainda assim desagradou a Globo. Um dos episódios polêmicos foi o dia em que "roubou" de Flávio Cavalcanti, na Tupi, a entidade Seu Sete da Lira, que incorporava na mãe-de-santo Cacilda de Assis, sempre usando cartola e capa preta, o que causou grande desentendimento interno. Em dezembro de 1972, foi para a TV Tupi, que o dispensou em 1974, antes de terminar o contrato. Continuou fazendo shows (e fora da TV) por cinco meses, quando, em setembro daquele ano, estreou na TV Record e posteriormente em rede com a TV Rio. De 1976 a 1978 ainda retornou à Tupi, e então foi para a Bandeirantes (onde chegou a ser preso por alguns dias, após enfrentar uma censora!), retornando para a Globo apenas em 6 de março de 1982, com o "Cassino do Chacrinha". Em 10 de abril de 1985, fez a primeira transmissão experimental em estéreo no país, numa parceria da Globo com a Philips, no programa "Clip Clip", e, no dia 13, com "Cassino do Chacrinha" (a estreia oficial do estéreo se deu em 15 de abril de 1987, com o filme *Contatos Imediatos de Terceiro Grau*, na Manchete). Chacrinha ficou conhecido por bordões como "Quem quer bacalhau?", "Alô, alô Terezinha!", "Quem não se comunica se trumbica", "Na TV nada se cria, tudo se copia" e "Roda e avisa".

Mesmo com a saúde debilitada, Chacrinha trabalhou até poucos dias antes de falecer, de parada cardíaca, em 30 de junho de 1988. Muitas vezes foi substituído, na fase final de seu programa, pelo jovem João Kleber. Ficou nacionalmente conhecido também por suas dançarinas, as chacretes, desde a TV Excelsior. Chegou a ter, em 1975, até 36 "vitaminas" no palco, sempre acompanhando a música que se apresentava. Entre elas, nomes como Angélica ("Corujinha Loira"), Érica Selvagem, Ester Bem-Me-Quer, Fátima Boa Viagem, Fernanda Terremoto, Gracinha Copacabana, Índia Poti, Leda Zepellin, Lia Hollywood, Lucinha Apache, Marlene Morbeck ("Loura Sinistra"), Rita Cadillac, Soninha Toda Pura, Sueli Pingo de Ouro, Vera Flamengo e Vera Furacão.

Outro comunicador de sucesso foi Flávio Cavalcanti, que nasceu em 15 de janeiro de 1923. No início da carreira, enquanto era repórter do jornal *A Manhã*, no Rio, mantinha-se com o emprego no Banco do Brasil. Como repórter teve grande destaque após ir aos Estados Unidos e conseguir uma entrevista exclusiva com o presidente John Kennedy, na Casa Branca.

Em 1955, fez sucesso na TV Rio, começando como repórter de "Noite de Gala" – criado pelo grande comunicador Ademar Casé e dirigido pelo filho, Geraldo Casé (respectivamente avô e pai da atriz e apresentadora Regina Casé), tendo humor, música e reportagens – e como apresentador de "Um Instante, Maestro!" dois anos depois (que também passou pela TV Tupi), quebrando discos com músicas de que não gostava, causando cada polêmica... Nos anos 60, esteve na TV Excelsior, criando, em "Um Instante, Maestro!", o primeiro júri fixo da TV brasileira, em 1965, com Carlos Renato, Sérgio Bittencourt, José Fernandes e Mister Eco – muitos passaram por esse júri, como o crítico musical Nelson Motta, o "mulatólogo" Oswaldo

CAPÍTULO TRÊS: A CHEGADA DO VIDEOTEIPE (1960)

Flávio Cavalcanti

Sargentelli e a famosa Márcia de Windsor ("Nota 10!"). Em 1967, foi para a Tupi estrelar "A Grande Chance". Na emissora, nos anos 70, aos domingos, o "Programa Flávio Cavalcanti" foi o primeiro exibido, em rede, via Embratel, para todo o Brasil – sempre polêmico, chegou a ficar dois meses fora do ar, em 1973, após a Censura Federal alegar que seu programa havia ferido a moral ao contar a história de um homem inválido que "emprestou" a mulher ao vizinho. Ficou na emissora até seu fechamento, em 1980. Dois anos depois estreou na Rede Bandeirantes com o "Boa Noite, Brasil". Em 1983, seguiu para o SBT, com o "Programa Flávio Cavalcanti". No dia 22 de maio de 1986, após uma entrevista em seu programa, apontou o dedo em riste para o alto e reproduziu seu famoso bordão: "Nossos comerciais, por favor!". Na volta do intervalo, Wagner Montes avisou que Flávio voltaria no próximo programa. Enquanto isso, era levado para o hospital, após sofrer uma isquemia miocárdica aguda, falecendo quatro dias depois. Naquele dia 26, o SBT saiu do ar em luto pela morte do apresentador até as 16h. Foi casado com Belinha, pai de três filhos, entre eles Flávio Calvacanti Jr., apresentador e executivo de televisão, tendo sido também diretor-geral da ABERT.

A HISTÓRIA DA TELEVISÃO BRASILEIRA PARA QUEM TEM PRESSA

Com estes três nomes, três monstros sagrados da nossa TV, uma homenagem a todos aqueles que fizeram a história dos programas de auditório na TV brasileira, com direito a mostrar nosso calor humano que extravasa a tela.

O NASCIMENTO DA TV GLOBO

Roberto Marinho, ao assistir às cenas da TV Tupi carioca, no televisor que Chatô lhe presenteou, em 1950, passou a ficar fascinado pelo novo meio. Sempre em busca de inovações, como acreditar no potencial do rádio para transpor "O Globo" para as ondas sonoras, não ficaria atrás com a televisão. Requereu ao Ministério da Viação e Obras Públicas uma concessão, no Rio de Janeiro, cuja outorga saiu em 30 de dezembro de 1957, em decreto de Juscelino Kubitschek. A montagem da emissora foi realizada com um acordo de assistência técnica com o grupo Time-Life, a partir de 1962 (leia mais em "UMA TV EM TRANSFORMAÇÃO"), e a sede foi montada na Rua Von Martius, no Jardim Botânico, sob o antigo campo do Carioca Futebol Clube. Em 24 de abril de 1965 foi exibida uma simulação da programação, que estrearia dois dias depois, para Roberto Martinho, o Governador Carlos Lacerda e o Cardeal Jaime de Barros Câmara. No dia 25, outro teste, em circuito fechado.

A estreia se deu em 26 de abril, às 20h45, levando ao ar um sinal de teste no canal 4 carioca, ao som de "Moon River", de Henry Mancini. Rubens Amaral saudou o público, ele que naquele primeiro ano se transformou no primeiro diretor-geral da Globo. Logo após, às 23h, as primeiras imagens: Tia Fernanda apresentou o programa infantil "Uni-Duni-Tê", seguido pelos desenhos animados do Gato Félix e Hércules.

Nesse início, o publicitário Mauro Salles já ocupava a direção do telejornalismo da emissora. Na primeira semana, destaque para os jornalísticos "Tele Globo" (em duas edições, com diversos apresentadores, entre eles Hilton Gomes, Nathália Timberg, Aluísio Pimentel, Edna Savaget, Luís Alberto de Carvalho Alves, Antônio Carlos, Haroldo Costa, Íris Lettieri, Luís Miranda, Paulo Gil, José Antônio de Lima Guimarães [Guima], Teixeira Heizer, Fernando Lopes e Catulo de Paula) e "Se a Cidade Contasse". Já em 1966, a Globo produziu 12 minutos diários de "Ultra Notícias". As externas eram feitas com apoio da Divisão de Cinema, comandada por Mário Pajés, enquanto o Esporte era coordenado por Waldir Amaral. Ainda na primeira semana, estrearam também os musicais "Noite de Estrelas", "Dick Farney

CAPÍTULO TRÊS: A CHEGADA DO VIDEOTEIPE (1960)

Show"; o infantil "Capitão Furacão", com Pietro Mário e Eliana; "Câmera Indiscreta" e a série "22-2000 Cidade Aberta", com Jardel Filho; além de "Show da Noite", com Gláucio Gil – sobre esse programa, infelizmente, numa sexta-feira, 13 de agosto, o telespectador da Globo foi surpreendido com a cena do apresentador deitando-se no sofá do estúdio e falecendo minutos depois, vítima de um enfarte fulminante, gerando enorme comoção (o programa ainda se manteve no ar por alguns meses com Paulo Roberto). Em 1966, Armando Nogueira começou a estruturar a Central Globo de Jornalismo. Ano também da embrionária formação da Rede Globo, com a aquisição da O.V.C., interligando Globo Rio com TV Paulista, futura TV Globo São Paulo – Geraldo Casé, Roberto Montoro, Luiz Eduardo Borgerth e Luiz Guimarães foram nomes importantes nessa integração. Aos poucos formou-se a Rede Globo de Televisão, tendo o famoso G5 (emissoras próprias de Marinho): TV Globo Rio (Rio de Janeiro, 1965), TV Globo Paulista (São Paulo, 1966 – oficializando a rede em 1968, com a estreia da nova torre, no Pico do Jaraguá), TV Globo Minas (Belo Horizonte, 1967, adquirida de Pipa do Amaral, da TV Rio), TV Globo Brasília (Distrito Federal, 1971, sendo que, da fundação até esta data, a Rede Globo foi transmitida pelo canal do Governo, TV Nacional) e a TV Globo Nordeste (Recife, 1972). Hoje, centenas de emissoras, próprias e afiliadas, estão espalhadas por todo o Brasil, com um grande número de redes regionais, como a RBS (RS), RPC TV (PR), Rede Amazônica (toda região Norte, exceto Pará), Rede Gazeta (ES), EPTV (SP e MG), Rede Clube (PI), Rede Bahia (BA), Rede Liberal (PA), Rede Anhanguera (GO e TO) e muitas outras.

Não se pode esquecer que uma dupla foi estratégica para o crescimento da Globo, criando o chamado "padrão Globo de qualidade": José Bonifácio de Oliveira Sobrinho (Boni) e Walter Clark; padrão tal que até hoje é uma *marca registrada* da empresa, devido ao alto grau qualitativo técnico, artístico e estratégico, unindo audiência, faturamento e prestígio. A amizade nasceu em 1955, quando Boni, na Lintas, foi apresentado por Cerqueira Leite, diretor comercial da TV Rio, a seu assistente Walter Clark. Em 1963, trabalharam juntos no canal 13 carioca e se reencontraram na Globo somente quatro anos depois. Walter Clark chegou no final de 1965 para assumir a direção-geral no lugar de Rubens Amaral. Já Boni, que dirigia o Telecentro Tupi, em São Paulo, foi chamado pelo amigo dois anos depois. Junto a eles, além

134 A HISTÓRIA DA TELEVISÃO BRASILEIRA PARA QUEM TEM PRESSA

dos já citados, nomes como José Ulisses Arce, o americano Joe Wallach, Homero Icaza Sánchez (*"El Brujo"* das pesquisas), Cyro Del Nero, Hans Donner (primeiro grande mestre da computação gráfica na TV, idealizador da marca da Globo, que, desde 1976 até hoje, vem sofrendo ajustes finos), Borjalo, Otto Lara Resende, Clemente Neto, Walter Sampaio, Renato Pacote, José Dias e Herbert Fiúza. Após um forte desentendimento interno, Walter Clark saiu da Globo em 1977.

Boni traçou uma trajetória de grande sucesso no canal, tornando-se, naquele ano, Superintendente de Produção e Programação e, em 1982, vice-presidente de Operações da TV Globo, saindo da função em 1997 – na direção do canal passaram ainda nomes como Marluce Dias da Silva, Octávio Florisbal e Carlos Henrique Schroeder. Atualmente, há uma nova arquitetura empresarial. Hoje, Boni preside suas próprias emissoras, a paulista Rede Vanguarda, no Vale do Paraíba, sendo afiliada da Globo. Um de seus filhos, José Bonifácio Brasil de Oliveira, o Boninho, continua na casa como diretor de núcleo, tendo no currículo programas como "Vídeo Show", "Mais Você", "No Limite" e "Big Brother Brasil", todos grandes sucessos da emissora.

Inicialmente, a Globo contou com uma programação mais popular, com atrações como "Programa Silvio Santos", que já existia na TV Paulista, "Dercy de Verdade", com Dercy Gonçalves, e "Casamento na TV", com Raul Longras. Na década de 70, uma infinidade de sucessos consolidaram-na como a líder de audiência. O "Jornal Nacional" virou referência absoluta e trouxe consigo outros jornalísticos, como "Amaral Netto, o Repórter", "Globo Shell Especial" (futuro "Globo Repórter") e "Jornal Hoje". A revista eletrônica "Fantástico" é um dos principais exemplos. E os sucessos não paravam de surgir. No campo do humor, "Mister Show", com Agildo Ribeiro e Topo Gigio, "A Grande Família" e "Chico City"; no infantil, "Vila Sésamo", "Globo Cor Especial", "Sítio do Pica-Pau Amarelo" e "Globinho"; os programas de auditório, como "Festival Internacional da Canção", "Roberto Carlos Especial" e "Buzina do Chacrinha" também encantavam o público. E na teledramaturgia? De "Ilusões Perdidas", a trama pioneira do canal, passando por sucessos como "Véu de Noiva", "O Bem-Amado", "Gabriela", "Selva de Pedra", "Anjo Mau", "Estúpido Cupido", "Espelho Mágico", "Dancin' Days", "Saramandaia" e "Escrava Isaura". São tantos que precisaríamos de muitas páginas só para listar os principais, com novelas que mexeram com o país, como "Roque Santeiro", "Vale Tudo", "A Próxima Vítima" e "Avenida Brasil".

CAPÍTULO TRÊS: A CHEGADA DO VIDEOTEIPE (1960) 135

Hoje, produzindo milhares de horas de conteúdo, é considerada a quarta principal rede comercial de TV do mundo, só perdendo para NBC, CBS e ABC. Em 1995, centralizou boa parte de sua produção no complexo PROJAC – Projeto Jacarepaguá, hoje Estúdios Globo. Em 1999, passou a ter o primeiro canal internacional produzido no Brasil e gerado para o mundo todo, a TV Globo Internacional, presente nos cinco continentes. Nessa mesma década foi lançada a Globosat e seus canais, como GloboNews, Futura, GNT, VIVA, SporTV e Multishow. Em 2015, o Grupo Globo, nome atual do conglomerado, lançou sua plataforma de streaming, o Globoplay. Disponibilizando também boa parte de seu acervo antigo, a Globo, em décadas, consolidou-se como a maior produtora de conteúdo em língua portuguesa no mundo.

O Brasil em Rede

A televisão brasileira, desde os anos 50, foi construindo gradativamente toda uma estrutura que pudesse se expandir e trocar produções entre as emissoras, em forma de rede. Inicialmente, transmissões intermunicipais, depois interestaduais, para seguir com a criação das primeiras redes feitas por meio de distribuição de videoteipes. Depois disso, o próximo passo foi a busca pela transmissão simultânea, ao vivo, para todo o Brasil... e, quem sabe, transmitir internacionalmente. Para falarmos melhor sobre o assunto, primeiro é importante que conheçam como a televisão se expandiu pelos Estados, quais foram os canais pioneiros e seus proprietários:

- SÃO PAULO – TV Tupi (canal 3/São Paulo/Emissoras Associadas) – 18/9/1950
- RIO DE JANEIRO – TV Tupi (canal 6/Rio de Janeiro/Emissoras Associadas) – 20/1/1951
- MINAS GERAIS – TV Itacolomi (canal 4/Belo Horizonte/Emissoras Associadas) – 8/11/1955
- RIO GRANDE DO SUL – TV Piratini (canal 5/Porto Alegre/ Emissoras Associadas) – 20/12/1959
- BRASÍLIA – TV Brasília (canal 7/Brasília/Emissoras Associadas), TV Alvorada (canal 8/Brasília/Emissoras Unidas) e TV Nacional (canal 3/Brasília/Governo Federal) – 21/4/1960

- PERNAMBUCO – TV Rádio Clube (canal 6/Recife/Emissoras Associadas) – 4/6/1960
- GOIÁS – TV Rádio Clube, futura TV Goyá (canal 4/Goiânia/ Emissoras Associadas) – 7/9/1960 (quando o Tocantins foi criado, já havia TV na região)
- PARANÁ – TV Paranaense (canal 12/Curitiba/Organização Nagib Chede) – 29/10/1960
- BAHIA – TV Itapoan (canal 5/Salvador/Emissoras Associadas) – 19/11/1960
- CEARÁ – TV Ceará (canal 2/Fortaleza/Emissoras Associadas) – 26/11/1960
- PARÁ – TV Marajoara (canal 2/Belém/Emissoras Associadas) – 30/9/1961
- ESPÍRITO SANTO – TV Vitória (canal 6/Vitória/Emissoras Associadas) – 16/12/1961
- MARANHÃO – TV Difusora (canal 4/São Luís/Grupo Raimundo Bacelar) – 9/11/1963
- MATO GROSSO – TV Morena (canal 6/Campo Grande/Grupo Zahran) – 25/12/1965 (quando o Estado de Mato Grosso do Sul surgiu já havia TV na região)
- PARAÍBA – TV Borborema (canal 4/Campina Grande/Emissoras Associadas) – 14/3/1966
- AMAZONAS – TV Ajuricaba (canal 8/Manaus/Sociedade de Televisão Ajuricaba Ltda.) – 5/9/1969
- SANTA CATARINA – TV Coligadas (canal 3/Blumenau/Grupo Rádio Coligadas) – 2/9/1969
- SERGIPE – TV Sergipe (canal 4/Aracaju/Sergipe S.A.) – 15/11/1971
- PIAUÍ – TV Rádio Clube (canal 4/Teresina/Valter Alencar) – 3/12/1972
- RONDÔNIA – TV Rondônia (canal 4/Porto Velho/Rádio TV do Amazonas Ltda.) – 13/9/1974
- ACRE – TV Acre (canal 4/Rio Branco/Rádio TV do Amazonas Ltda.) – outubro de 1974
- AMAPÁ – TV Amapá (canal 6/Macapá/Rádio TV do Amazonas Ltda.) – 25/1/1975
- RORAIMA – TV Roraima (canal 4/Boa Vista/Rádio TV do Amazonas Ltda.) – 29/1/1975

CAPÍTULO TRÊS: A CHEGADA DO VIDEOTEIPE (1960)

- ALAGOAS – TV Gazeta (canal 7/Maceió/Organização Arnon de Mello) – 27/9/1975
- RIO GRANDE DO NORTE – TV Ponta Negra (canal 13/Natal/ Carlos Alberto de Sousa) – 12/3/1987 (foi a primeira emissora própria da região, que já recebia sinais das TVs dos outros Estados desde os anos 60)

Nos anos 60, cada rede foi gradativamente se estruturando. As Emissoras Associadas iniciaram um intercâmbio, tanto de conteúdo artístico como de elenco, levando suas produções para todos os seus canais próprios, o que, no início dos anos 70, se transformou na Rede Tupi de Televisão. Já as Emissoras Unidas, principalmente Record e TV Rio, se reuniram para ir além do que já possuíam, criando a REI, em 1969, integrando num sistema operacional 17 estações locais – a REI foi oficializada em 1973, durante apenas três anos, por conta da crise na Record. O nome REI voltou a ser utilizado por eles em 1979, após Silvio Santos adquirir ações da emissora e integrar os canais da Record e TVS. A primeira a usar frequentemente a denominação "Rede" foi a Excelsior – dentro de seu sistema, além das emissoras próprias, tinha entre suas afiliadas a TV Gaúcha de Porto Alegre, que viria a se tornar uma das referências de rede regional ao se transformar em RBS TV (Rede Brasil-Sul), chegando a ter as principais emissoras do Rio Grande do Sul e Santa Catarina, futuras afiliadas da Rede Globo. Falando nela, o surgimento dessa rede se deu em 1966, após a compra da O.V.C., integrando, principalmente, a TV Globo Rio com a TV Paulista. Nos anos 70, Bandeirantes e Gazeta também investiram no conceito de rede. Já a TV Cultura e a TVE promoveram intercâmbios de conteúdo, além de parcerias com outras redes, como a Globo.

Em 16 de setembro de 1965, dois dias antes da TV brasileira comemorar 15 anos, nascia, no Rio de Janeiro, a Embratel (Empresa Brasileira de Telecomunicações), responsável por todos os tipos de transmissão a longa distância, nacionais e internacionais, da telefonia à radiodifusão. Inicialmente operando pelas redes de micro-ondas, foi ela a grande responsável para que a transmissão via satélite se tornasse uma realidade, principalmente dos anos 70 em diante. Em 28 de fevereiro de 1969, foi lançada a nossa primeira estação terrena para comunicações via satélite, Tanguá I, localizada nesta cidade fluminense – graças a ela pudemos ver, cinco meses depois, a chegada do homem à lua, mas naquele 28 de fevereiro assistimos à nossa primeira

138 A HISTÓRIA DA TELEVISÃO BRASILEIRA PARA QUEM TEM PRESSA

transmissão via satélite, de Roma para o Brasil, com imagens do Vaticano. E no espaço? O Intelsat 1, o primeiro satélite geoestacionário comercial, lançado em 1965, havia sido reativado para orientar a espaçonave Apolo XI a pousar em solo lunar, no dia 20 de julho de 1969. Na ocasião, a Terra já tinha em seu entorno os satélites Intelsat 2 e Intelsat 3 (responsável por aquela histórica transmissão, do espaço para o mundo todo), lançados respectivamente em 1966 e 1968 – atualmente possuímos satélites nacionais, como Brasilsat A1, A2, B1, B2, B3 e B4, Brasilsat Digital, Star One C1, C2 (analógicos), C3, C4, D1 (com bandas C e KU, como Sky, DirecTV e Claro TV), e os microssatélites Saci (Satélite de Aplicações Científicas) 1 e 2, SCD 1 e 2, além de vários outros satélites internacionais, que canais brasileiros utilizam (alguns, inclusive, são gerados somente via DTH – *direct-to-home* –, como o Amazon Sat, ligado ao grupo Rede Amazônica).

Lembrando que o primeiro programa transmitido regular e simultaneamente em cadeia, via Embratel, entre São Paulo e Rio de Janeiro, foi "Domingo Alegre da Bondade", com J. Silvestre, em 15 de junho de 1969.

Voltando à chegada do homem à lua, cerca de 700 milhões de pessoas, em 47 países, puderam ver o pouso dos astronautas. As Emissoras Associadas, lideradas pela Tupi e pela Rede Globo, se uniram para transmitir conjuntamente, sendo que, em São Paulo, Bandeirantes e Cultura também entraram em rede para transmitir as imagens. Curiosamente, a Globo, naquele dia, foi a última a entrar em pool com as demais emissoras, pois o diretor de Programação da TV Globo São Paulo, Luiz Guimarães, não quis interromper o programa de Silvio Santos, uma das principais audiências do canal. "Cidade contra Cidade" dava, naquele momento, 40,1%, enquanto a transmissão da chegada do homem à lua deu um ponto percentual a mais, assim que entrou. O início da transmissão mostrou o voo no espaço, em sentido ao satélite natural, na noite do dia 20 até a aterrissagem da nave Apolo XI em solo lunar e o lento caminhar, mas histórico, de Neil Armstrong. No Brasil, Gontijo Teodoro, Heron Domingues e Rubens Amaral comentavam pela Tupi, enquanto na Globo, Hilton Gomes traduzia as conversas entre Armstrong, Aldrin e Collins com o Centro Espacial de Houston e os profissionais da NASA. Apenas 5,5 milhões de brasileiros viram a transmissão, nas regiões Sul e Sudeste. Os demais, apenas 3,27%, assistiram a outras atrações, como o videoteipe do jogo Fluminense X Vasco, na TV Rio, um filme de bang-bang na Excelsior e a entrevista com a cantora Marion na TV Record.

CAPÍTULO TRÊS: A CHEGADA DO VIDEOTEIPE (1960)   139

Outro fato histórico para a TV brasileira foi a estreia do "Jornal Nacional", em 1º de setembro de 1969, o primeiro telejornal transmitido em rede e ao vivo, via sistema micro-ondas da Embratel, para Brasília e oito Estados das regiões Sudeste, Sul e Centro-Oeste (exceto Goiás). A atração começou às 19h56, com Hilton Gomes informando: "O Jornal Nacional, da Rede Globo, um serviço de notícias integrando o Brasil novo, inaugura-se neste momento: imagem e som de todo o Brasil". Foi seguido de seu companheiro de banca, Cid Moreira (que deu seu popular "boa noite" por quase 27 anos no "JN"). Desde aquele primeiro dia, a fanfarra "The Fuzz", de Frank DeVol, já iniciava o telejornal da Globo. Naquele dia, no roteiro da primeira edição do "JN", o diretor de jornalismo da emissora, Armando Nogueira, anotou à mão: "... E o Boeing decolou!", em alusão à importância que já davam ao noticiário. Com a saída de Hilton Gomes, em 1972, Sérgio Chapelin virou o parceiro de bancada de Cid Moreira, ficando até 1983, quando foi para o SBT, retornando ao "Jornal Nacional" em 1989, e saindo da atração em 1996 – foi também apresentador de outros jornalísticos, como o "Jornal Hoje" e o "Globo Repórter", onde se aposentou em 2019. Muitos outros passaram pelo "JN", como William Bonner, Fátima Bernardes, Lilian Witte Fibe, Patrícia Poeta, Renata Vasconcellos, Heraldo Pereira, Celso Freitas, André Trigueiro, Glória Maria, Márcio Bonfim, Giuliana Morrone, Carla Vilhena, Maria Júlia Coutinho etc. A tradição do "Jornal Nacional" alavancou o telejornalismo global, virando referência também para outras atrações, como "Jornal Internacional", "Jornal da Globo", "Jornal Hoje", "Bom Dia Brasil", "Globo Repórter", "Globo Rural", "Hora Um da Notícia", "Fantástico", "Globo Esporte", "Esporte Espetacular", entre tantas outras atrações. Lembrando que, nos bastidores, um dos nomes-chave do "Jornal Nacional" foi Alice-Maria, uma das responsáveis, em 1996, pelo lançamento do canal de TV paga GloboNews.

Em 1970, a atração "Blota de Sete Léguas", nas Emissoras Associadas, com Blota Jr. na apresentação, foi o primeiro programa semanal transmitido simultaneamente para praticamente todo o país, como no Rio, São Paulo, Minas, Paraná e Brasília. O nome Emissoras Associadas foi abandonado apenas em 1974, ao se tornar rede nacional, com o slogan: "Rede Tupi de Televisão: do Tamanho do Brasil" (dois anos antes, o Governo Federal publicou um decreto regulamentando a criação das redes nacionais). A TV Tupi de São Paulo era a cabeça-de-rede, a geradora, mas muitas vezes viveu, internamente, grandes crises devido à disputa pelo comando com a Tupi carioca,

A HISTÓRIA DA TELEVISÃO BRASILEIRA PARA QUEM TEM PRESSA

uma das razões para os conflitos que, em breve, vitimariam pouco mais de 20 emissoras pioneiras.

Aos poucos, o mundo passou a introduzir cada vez mais o satélite na televisão e no conceito de rede, substituindo gradativamente o sistema via micro-ondas e sucumbindo totalmente a qualquer tipo de conceito de rede via distribuição de videoteipes. Em 1982, dez anos após o Canadá lançar o primeiro satélite doméstico (Anik 1), a Embratel possuía sete canais no satélite internacional Intelsat IV, cedendo para as TVs realizarem transmissões simultâneas e em rede. A Bandeirantes, então, conseguiu obter a concessão de um canal exclusivo de satélite, por 5 milhões de dólares, transmitindo sua programação nacional, sendo "Boa Noite, Brasil", com Flávio Cavalcanti, o primeiro programa na frequência, a partir de 29 de setembro de 1982. Dois anos depois, as antenas parabólicas particulares foram autorizadas a funcionar em todo o país. Já em 16 de janeiro de 1991, um novo passo foi dado para a televisão brasileira – e também mundial. Emissoras de todo o mundo, inclusive as nossas, transmitiram ao vivo, via satélite, a Guerra do Golfo, diretamente do Iraque, com geração internacional da CNN (que, apenas em 2020, passou a ter o seu canal local em nosso país, a CNN Brasil).

Outro passo importante foi dado em 24 de agosto de 1999, quando estreou o canal Globo Internacional – lembrando que os Marinho chegaram a ter sociedade na Telemontecarlo, no Principado de Mônaco, e parcerias com TVs estrangeiras, como a portuguesa SIC. A TV Globo Internacional apoia também iniciativas brasileiras no exterior, como o Brazilian Day New York, criado por João de Mattos, em 1984, na Rua 46 (chamada de "a rua dos brasileiros"). No exterior, surgiram também a Record TV Internacional, em 2002, e a Band Internacional, em 2007. As principais redes de TV, como um todo, passam a fazer parcerias internacionais com operadoras e canais locais, e com a RBTI (Rede Brasileira de Televisão Internacional), que, desde 2006, retransmite programas do SBT, Rede TV!, Cultura e Gazeta para os Estados Unidos e o Canadá. Em 2010, por meio da EBC (Empresa Brasil de Comunicação), o Governo Federal lançou a TV Brasil Internacional, distribuída para países lusófonos, tendo começado pelos africanos. Há outros casos, como a TV Canção Nova, com estúdios em Fátima (Portugal) e distribuição via satélite mundialmente. Outras parcerias com emissoras brasileiras também aconteceram, como entre o SBT e a CBS Telenotícias, com o "casal 20", Eliakim Araújo e Leila Cordeiro, coordenando uma programação jornalística em

CAPÍTULO TRÊS: A CHEGADA DO VIDEOTEIPE (1960)

português nos Estados Unidos, em 1997. Seis anos antes, a Band, junto de Luciano do Valle, criou, no canal hispânico Univision, o programa "Brasil TV", visando, da mesma forma, o público norte-americano. Hoje, mais de 130 países, nos cinco continentes, sabem que a televisão brasileira é uma referência mundial.

A Era dos Festivais

A música sempre esteve presente na TV brasileira, mas os anos 60 em especial fizeram com que a força dos auditórios fosse vital para a popularização da mídia televisiva. Centenas de pessoas lotavam os teatros pertencentes às TVs e rádios para acompanharem ao vivo os grandes musicais e seus festivais – a Record, por exemplo, chegou a ter vários "Teatro Record", como na Rua Augusta, na Rua da Consolação e na Av. Brigadeiro Luiz Antônio (o conhecido Paramount, ex-Teatro Abril, hoje Teatro Renault). No Teatro Record da Consolação, shows memoráveis foram apresentados, até mesmo internacionais, como os de Roy Hamilton, Sammy Davis Jr., Charles Aznavour e Louis Armstrong. O "Grande Show União" recebeu notáveis expoentes da área musical. Era imprescindível ter uma ampla programação dedicada ao gênero para impulsionar a bossa nova, o tropicalismo e a música de protesto no Brasil. O mesmo se deu em 1965, com "Fino da Bossa", apresentado por Jair Rodrigues e Elis Regina, e "Jovem Guarda", com Roberto Carlos e toda a turma do iê-iê-iê, em especial o "tremendão" Erasmo Carlos e a "ternurinha" Wanderléa, e "Bossaudade", com Elizeth Cardoso; e, em 1966, com "Pequeno Mundo de Ronnie Von", com o "pequeno príncipe", apelido dado ao intérprete de "Meu Bem" por Hebe Camargo, em seu programa na Record. Muitas dessas atrações de sucesso do canal 7 se devem ao talento da "Equipe A", formada por Nilton Travesso, Tuta do Amaral, Raul Duarte e Manoel Carlos. O "Show do Dia 7" e premiações televisivas, como o "Troféu Roquette-Pinto", na Record, o "Troféu Tupiniquim", na Tupi, e o "Troféu Imprensa", com Plácido Manaia Nunes (seu criador) e Silvio Santos, em várias emissoras antes do SBT, lotavam auditórios. Devemos também a dois nomes da crítica musical, que impulsionaram a criação dos grandes festivais: Solano Ribeiro, primeiro na Excelsior, em 1965, e depois na Record; e Augusto Marzagão, que, com apoio do governador da Guanabara, Negrão de Lima, criou o Festival Internacional da Canção, em 1966, na TV Rio e nos anos seguintes na

142   A HISTÓRIA DA TELEVISÃO BRASILEIRA PARA QUEM TEM PRESSA

Globo, sempre no Maracanãzinho. O Festival de MPB e o FIC vinham no encalço dos inúmeros festivais estudantis e concursos televisivos, que impulsionaram toda uma nova geração da música popular brasileira. Conheça abaixo, entre os anos 60 e 80, os grandes festivais, seus vencedores – compositores e intérpretes – durante toda essa fase:

- 1960 – Concurso "A Mais Bela Canção de Amor" (TV Rio); I Festa da MPB (Record); Festival Cinzano da Canção Brasileira (Tupi SP)
- 1963 – Cancioníssima-63 (Excelsior); "Um Milhão por uma Canção" (TV Rio, "Noite de Gala")
- 1964 – "Um Cantor por Um Milhão" (TV Rio, "Noite de Gala")
- 1965 – I Festival de MPB (Excelsior) – "Arrastão" (Edu Lobo/ Vinicius de Moraes) – Elis Regina
- 1966 – II Festival Nacional da Música Popular (Excelsior) – "Porta-Estandarte" (Fernando Lona/Geraldo Vandré) – Airton Moreira e Tuca; II Festival de MPB (Record) – "A Banda" (Chico Buarque) – Chico Buarque; e "Disparada" (Geraldo Vandré/Theo de Barros) – Jair Rodrigues; I FIC (TV Rio) – "Saveiros" (Nelson Motta/Dorival Caymmi) – Nana Caymmi / Internacional – "Frag Den Wind" (Helmut Zacharias/Karl Schauber) – Inge Bruck, Alemanha
- 1967 – III Festival de MPB (Record) – "Ponteio" (Edu Lobo/Capinam) – Edu Lobo, Marília Medalha e Momento 4 – foi considerado o mais histórico dos festivais, com Caetano Veloso e Beat Boys com "Alegria, Alegria", Gilberto Gil e os Mutantes com "Domingo no Parque", e até Sérgio Ricardo quebrando o violão e jogando na plateia após "Beto Bom de Bola", seguido de vaias; II FIC (Globo) – "Margarida" (Guarabyra) – Guarabyra e Grupo Manifesto / Internacional – "Per Una Donna" (Perreta/Marcello Di Martino) – Jimmy Fontana, Itália
- 1968 – IV Festival de MPB (Record) – "São Paulo, Meu Amor" (Tom Zé) – Tom Zé e Grupo Canto 4; III FIC (Globo) – "Sabiá" (Tom Jobim/Chico Buarque) – Cynara e Cibele (também vencendo a etapa internacional); I Bienal do Samba (Record) – "Lapinha" (Paulo César Pinheiro/Baden Powell) – Elis Regina e Conjunto Originais do Samba; Festival Universitário da MPB (Tupi

CAPÍTULO TRÊS: A CHEGADA DO VIDEOTEIPE (1960)   143

Rio) – "Helena, Helena, Helena" (Alberto Land) – Taiguara; Festival Universitário da MPB (Tupi SP) – "Não se Queima um Sonho" (Chê) – Walter Franco; "O Brasil Canta" (Excelsior SP) – "Capoeira" (Evaldo Gouveia/Jair Amorim) – Roberto Luna; "O Brasil Canta" (Excelsior Rio) – "Modinha" (Sérgio Bittencourt) – Taiguara
*   1969 – V Festival de MPB (Record) – "Sinal Fechado" (Paulinho da Viola) – Paulinho da Viola; IV FIC (Globo) – "Cantiga por Luciana" (Edmundo Souto/Paulinho Tapajós) – Evinha (vencedor também da etapa internacional); Festival Universitário da MPB (Tupi Rio) – "O Trem" – Gonzaguinha; Festival Universitário da MPB (Tupi SP) – "Pena Verde" – Abílio Manoel
*   1970 – V FIC (Globo) – "BR-3" (Tibério Gaspar/Antônio Adolfo) – Tony Tornado / Internacional – "Pedro Nadie" (Piero e José), Argentina; Festival Universitário da MPB (Tupi Rio) – "Dia Cinco" – Rui Maurity e José Jorge Miquinoty; Festival Universitário da MPB (Tupi SP) – "Pra que Lagoa se Não Tenho Canoa" (Hilton Acioly) – Trio Marayá
*   1971 – VI FIC (Globo) – "Kyriê" (Marcello Silva/Paulinho Soares) – Trio Ternura / Internacional – "Y Después del Amor" (Hermanos Castro), México; II Bienal do Samba (Record) – "Pisa neste Chão com Força" (Giovana); Festival Universitário da MPB (Tupi Rio) – "Na Hora do Almoço" (Belchior) – Jorge Neri e Jorginho Teles; Festival Universitário da MPB (Tupi SP) – "E lá se Vão Meus Anéis" (Paulo César Pinheiro e Eduardo Gudin) – Os Originais do Samba
*   1972 – VII FIC (Globo) – "Diálogo" (Baden Powell/Paulo César Pinheiro) – Cláudia Regina e Tobias; e "Fio Maravilha" (Jorge Ben) – Maria Alcina / Internacional – "Nobody Calls Me Prophet" (David Clayton-Thomas), Estados Unidos
*   1975 – Abertura (Globo) – "Como um Ladrão" (Carlinhos Vergueiro)
*   1979 – Festival da Tupi (Tupi SP) – "Quem me Levará Sou Eu" (Dominguinhos/Manduka) – Fagner
*   1980 – MPB-Minister (Globo) – "Agonia" (Mongol) – Oswaldo Montenegro
*   1982 – MPB-Shell 82 (Globo) – "Pelo Amor de Deus" (Paulo Rezende/Paulo Debétio) – Emílio Santiago

144 A HISTÓRIA DA TELEVISÃO BRASILEIRA PARA QUEM TEM PRESSA

- 1985 – Festival dos Festivais (Globo) – "Escrito nas Estrelas" (Arnaldo Black/Carlos Rennó) – Tetê Spíndola

A música popular brasileira e a televisão entraram para a história política, social e cultural do Brasil. Muitos dos nossos músicos, em plena ditadura militar, foram presos e exilados, retornando após a Lei da Anistia, em 1979. A canção "O Bêbado e o Equilibrista", de Aldir Blanc e João Bosco, na voz de Elis Regina, fica marcada como um verdadeiro hino.

BANDEIRANTES: A TELEVISÃO DO MORUMBI

No final dos anos 60, ganhou vida a primeira emissora com instalações planejadas exclusivamente para o meio televisivo, a TV Bandeirantes. Sua história vem de muito antes, 6 de maio de 1937, quando surge o embrião do Grupo Bandeirantes de Comunicação: a PRH-9 Sociedade Rádio Bandeirante (sem o "s") de Radiodifusão, fundada por José Pires de Oliveira Dias, dono da Drogasil, rede de farmácias fundada dois anos antes. O braço direito de Dias foi José Nicolini, que indicou Octávio Gabus Mendes para assumir a direção artística da futura Rádio Bandeirantes, uma vez que a emissora não conseguiu patrocinadores pela falta de uma boa programação. O radialista promoveu uma verdadeira revolução, garantindo sucesso à emissora; só que, quanto mais investimento, mais despesa. Com o retorno de Gabus Mendes à Record, em 1938, Nicolini assumiu a direção-geral. Travou-se, então, uma briga entre Bandeirantes e Record, até que Paulo Machado de Carvalho adquiriu a estação, tornando-as irmãs junto da Cultura, nas Emissoras Unidas.

Em 1947, o político Adhemar de Barros comprou a Bandeirantes, e, na direção artística, estiveram nomes como Rebello Jr., "o homem do gol inconfundível", e depois Dárcio Ferreira, assim como na superintendência Murilo Leite – nomes que continuaram na emissora, após a passagem de comando ao genro de Adhemar de Barros, João Jorge Saad, em 1948, a quem ele confiou o futuro da emissora. A sede já não era mais na Rua São Bento, 395, passando para a Rua Paula Souza, 181, na hoje zona cerealista de São Paulo. Saad mostrou que tinha expertise para os negócios e, aos poucos, rentabilizou a emissora. Até ali, nomes como Enéas Machado de Assis, Nicolau Tuma, Murillo Antunes Alves, Ivani Ribeiro, Ary Silva, Cid Moreira, Edson Leite, Vicente Leporace, Fiori Gigliotti e muitos outros já tinham feito da

CAPÍTULO TRÊS: A CHEGADA DO VIDEOTEIPE (1960)   145

Bandeirantes a "mais popular emissora paulista", seu slogan. Além do jornalismo, o esporte virou marca registrada da Bandeirantes, que, a partir de 1957, passou a usar como tema de suas transmissões esportivas a canção "The Eyes of Texas Are Upon You", de John Sinclair.

Assim como todos os empresários de radiodifusão, Saad também se interessou pela televisão e conseguiu, ainda na gestão de Getúlio Vargas, em 1952, a concessão do canal 13 paulistano. Em 1954, já anunciava a chegada da nova emissora em jornais, o que só foi acontecer 13 anos depois. Um ano mais tarde, a Rádio Bandeirantes lançou a "RB 55", uma programação altamente competitiva, e o "Clube RB", que aproximou os ouvintes da emissora. Aos poucos, a Bandeirantes cresceu e projetou tudo para a criação do "Palácio Encantado", o Edifício Radiantes, que começou a ser erguido em 1961, na Rua Radiantes, 13, no bairro do Morumbi. As mais modernas instalações de TV da América Latina saíram do papel gradativamente, tendo o apoio de José Bonifácio de Oliveira Sobrinho (Boni) na montagem do negócio. Ele chegou, inclusive, a tentar uma parceria entre Marinho e Saad para transformar a Band na emissora paulista da Rede Globo; anos depois, o executivo foi para o canal carioca e acabou não vendo de perto a Bandeirantes sair do papel.

Em 1967 (curiosamente, 6+7=13) foram ao ar, em fevereiro, as primeiras imagens experimentais, tendo sua torre no Pico do Jaraguá. Três meses depois, em 13 de maio, um grande evento inaugurou o canal, repleto de autoridades visitando a sede. João Saad abriu as transmissões com um discurso. Falaram também ao microfone do canal 13 o Presidente Costa e Silva, o Governador Abreu Sodré e o Prefeito Faria Lima, além de nomes importantes na história da Bandeirantes, como Salomão Ésper, Vicente Leporace, Kalil Filho e Nicolau Tuma. Várias atrações foram televisionadas naquele dia, como o show de Cláudia e Agostinho dos Santos, a novela "Os Miseráveis", com Leonardo Villar e Sadi Cabral, o humorístico "Cidade de Araque", o infantil "Clube dos Heróis", "Patrulha Bandeirantes", que dramatizava os crimes publicados pelos jornais no dia anterior, o telejornal "Titulares da Notícia" e "Ari Toledo Show". Naqueles dias 13 e 14, a Bandeirantes convidou o telespectador a ir até a sede da emissora, e para isso montou um parque infantil em frente à sede e até um circo! Gincanas, sorteios e colaboração na obra assistencial da primeira-dama do Estado, Sra. Maria Abreu Sodré (dando, em contrapartida, cinco casas a famílias carentes), fizeram parte das comemorações. Um simpático coelho, vestido de bandeirante, ilustrava os intervalos da emissora. "Cláudia Querida",

"Muito Além do Além", com Zé do Caixão, "Leporace Show", com Vicente Leporace, "I Love Lúcio", com Lúcio Mauro e Arlete Salles, e muitas outras atrações foram ao ar nos primeiros anos da Bandeirantes. Nos bastidores, nomes como Murilo Leite, Arapuã (Sérgio de Andrade), Álvaro de Moya, Amarílio Nicéa, depois Antonino Seabra, Gilberto Martins e Roberto Montoro (que adquiriu, em 1968, o Cine Arlequim, futuro Teatro Bandeirantes, na Av. Brigadeiro Luiz Antônio, que um ano depois passou a ser a principal moradia da Bandeirantes, após o terrível incêndio no Edifício Radiantes, em 1969).

Em 1972, chegam as cores, mas o prejuízo da Bandeirantes foi tanto que a programação não conseguiu ser desenvolvida a contento. Porém, em 1973, sob a direção-geral de Cláudio Petraglia, foi a primeira emissora a ter sua programação totalmente em cores. Em 1974, foi a vez da inauguração do novo Teatro Bandeirantes, com direito a um show majestoso, com Chico Buarque, Rita Lee, Elis Regina, Tim Maia e Maria Bethânia.

A rede – que inicialmente possuía 12 emissoras – foi composta rapidamente. A TV Vila Rica foi adquirida e transformada em TV Bandeirantes de Belo Horizonte (1975). Já no curioso 7 de julho (mês 7) de 1977, às 7h da noite, no canal 7 (superstição aqui associada ao diretor Claudio Petraglia), entrou experimentalmente no ar a TV Guanabara, futura Bandeirantes Rio (a partir de 1978), inaugurada em 9 de setembro (mês 9) com discursos de autoridades, seguidos pelo especial "Meus Caros Amigos", com Chico Buarque, e o filme *Lawrence da Arábia*. Como carro-chefe, esporte, jornalismo e musicais. Assim era a Bandeirantes dos anos 70, que teve Guga de Oliveira (diretor e irmão de Boni) como diretor-geral em 1979 e logo mais a presença do ex-global Walter Clark.

Em 1982, a Rede Bandeirantes foi a pioneira a usar um canal exclusivo de satélite para suas transmissões via Embratel. Nessa década, nomes como Chacrinha, Hebe Camargo, Flávio Cavalcanti e Clodovil fizeram parte do time, assim como Bolinha, na casa desde 1973. Já em 1983, Luciano do Valle estreou o "Show do Esporte" – programa que deu o pontapé inicial e fez com que a emissora ficasse nacionalmente conhecida pelo bordão "Bandeirantes, o canal do esporte". Augusto César Vannucci e Rubens Furtado são nomes também em destaque na história do canal, assim como o superintendente Roberto de Oliveira, que colocou no vídeo, a partir de 1995, a marca "Band", já usada pela antiga Bandeirantes FM na rádio.

CAPÍTULO TRÊS: A CHEGADA DO VIDEOTEIPE (1960)

Luciano do Valle

Para todos os gêneros, a Bandeirantes fez história. De novelas clássicas, como "Os Imigrantes" e "Floribella"; programas de variedades, como "Xênia e Você", "Melhor da Tarde", "Dia Dia", "Programa Silvia Poppovic", "Hora da Verdade"; gastronomia, como "A Cozinha Maravilhosa de Ofélia" e o reality-show "MasterChef"; esportivos, como "Show do Esporte" e "Donos da Bola"; dos grandes debates políticos (sendo pioneira, no dos presidenciáveis, nos anos 80) a programas, como "Canal Livre", com Fernando Mitre e Rodolfo Schneider, e "Cara a Cara", com Marília Gabriela; telejornais locais, como "Jornal Meio Dia", com Roberto Côrte-Real, e "Band Cidade", com José Paulo de Andrade, a nacionais, como "Jornal Bandeirantes", com Ferreira Martins, futuro "Jornal da Band", com destaque para Paulo Henrique Amorim, Juelmir Beting e Ricardo Boechat; programas de auditório, de "Clube do Bolinha" ao "H", com Luciano Huck, e "O+", com Otaviano Costa; infantis, como "TV Fofão", "TV Criança", "TV Tutti-Frutti" e "ZYB Bom"; policiais, como "Polícia 24 Horas" e "Brasil Urgente", com José Luiz Datena; além de muitas risadas com o "CQC – Custe o Que Custar", com Marcelo Tas, e "Pânico na Band", com Emílio Surita.

A TV Bandeirantes foi o ponto de partida para tantos outros canais de televisão do Grupo Bandeirantes, como Canal 21, Band News TV, Bandsports,

148 A HISTÓRIA DA TELEVISÃO BRASILEIRA PARA QUEM TEM PRESSA

Terra Viva, Agro Mais, Arte 1, Sabor & Arte, além de mídias OOH (out-of--home), como TV Minuto e TV Orla, tendo hoje também a operadora de TV a cabo TV Cidade, e também o serviço de streaming BandPlay.

UMA TV EM TRANSFORMAÇÃO

Os anos finais da década de 60 foram transformadores para a televisão brasileira. Ventos que sopravam para outros lados, mudanças tecnológicas, hora de dizer adeus a algumas histórias, e a memória consumida pelo fogo.

Os militares chegaram ao poder em 1964, criando restrições à programação de TV, com novas normas da Censura Federal a partir de 1966 – detalhe: o Serviço de Censura existia desde 1946. Já em 13 de dezembro de 1968 foi criado o Ato Institucional nº 5, que engrossou a situação, dando mais força à Censura Federal. Virou comum a exibição da cartela de autorização da atração, que ia ao ar antes do início de cada transmissão. Além de receber a visita constante de censores, as TVs passaram também a dedicar profissionais para cuidar da liberação dos programas, de dar explicações ao setor e do despacho de fitas e roteiros. Abaixo uma amostra de algumas censuras impostas à nossa televisão:

- 1964 – "O Direito de Nascer" passou a ser exibida uma hora e meia mais tarde, às 22h40, devido a Maria Helena (Nathália Timberg) ser mãe solteira (TV Tupi/TV Rio)
- 1968 – A censora dona Marina Mello Ferreira e equipe proibiram, nas TVs cariocas, os temas "homossexualismo, adultério e Jogo do Bicho", assim como moças de biquíni, baby-doll e espartilho.
- 1970 – A cantora Marlene não podia rebolar, no 4º Concurso de Músicas de Carnaval (Tupi)
- 1972 – Um filme publicitário com Marília Pêra foi acusado de propaganda subliminar para destruir valores da família brasileira, com comunistas infiltrados no comercial; a marca Sadia foi questionada pelo duplo sentido da palavra "peru"; o vigarista de "O Bofe" (Globo), interpretado por Paulo Gonçalves, deveria se converter em uma boa pessoa, e seu disfarce de padre levá-lo, ao final da novela, a se dedicar ao sacerdócio; proibição do casamento de Cristiano (Francisco Cuoco) e Fernanda (Dina Sfat), em "Selva de Pedra",

CAPÍTULO TRÊS: A CHEGADA DO VIDEOTEIPE (1960)   149

pois, mesmo ele acreditando que a esposa Simone (Regina Duarte) havia morrido, ele era um "falso viúvo", indo contra a moral (Globo)

- 1973 – Flávio Cavalcanti e o diretor Wilton Franco foram suspensos por dois meses, após o quadro "Flávio Confidencial" falar sobre triângulo amoroso; as chacretes não poderiam ser focalizadas de corpo inteiro (Tupi); Valfrido Canavieira, personagem de "Chico City", foi proibido, afinal não existiam políticos corruptos no Brasil (Globo); palavras como "Coronel" e "Capitão" foram proibidas na novela "O Bem-Amado" (Globo)
- 1975 – Ofendendo a moral, a ordem pública e os bons costumes, "Roque Santeiro", de Dias Gomes, foi proibida. Somente dez anos depois estava liberado para ir ao ar o texto, mantendo alguns dos atores, como Lima Duarte (Sinhozinho Malta) (Globo)
- 1976 – Na novela "O Casarão", Paulo Gracindo não podia falar "ceroula", por ser peça íntima (Globo); apresentação da cantora Maria Alcina foi considerada obscena no Miss Brasil (Tupi)
- 1978 – A novela "Zulmira" foi censurada por conter cenas em um banheiro. Era indecência (Gazeta)
- 1980 – Prisão de Chacrinha, como criminoso comum, por desacato à censora: colocou no palco chacretes com trajes "obscenos" (Band); o quadro "Comportamento Sexual", com Marta Suplicy, foi banido no "TV Mulher" (Globo)
- 1984 – Foi decretado regime de dois dias de censura às TVs, por conta da votação da emenda Dante de Oliveira no Congresso Nacional. Mesmo assim, as emissoras, com criatividade, conseguiram driblar a Censura Federal e falar sobre as Diretas Já!, movimento pelas eleições diretas

Com a nova Constituição Federal, em outubro de 1988, foi extinto o Serviço de Censura.

Ainda nos anos 60, em 1962 foi criado o Código Brasileiro de Radiodifusão, contudo, 51 vetos realizados pelo Presidente João Goulart ao documento prejudicavam a área de radiodifusão. Então, 213 empresas de comunicações, com nomes como Roberto Marinho (Organizações Globo) e João Calmon (Diários Associados) se reuniram numa associação para derrubar tais vetos. Foi assim que, em defesa da liberdade de expressão e da

150   A HISTÓRIA DA TELEVISÃO BRASILEIRA PARA QUEM TEM PRESSA

subsistência do setor, foi criada, em 27 de novembro de 1962, a ABERT, tendo João Calmon como seu primeiro presidente. Nessa mesma década, o clima esquentou, principalmente entre a Tupi e a Globo. Em 1965, dois meses após a inauguração da TV Globo, Carlos Lacerda, governador da Guanabara, protocolou uma denúncia afirmando que a emissora feria o artigo 160 da Constituição Brasileira, que proibia a participação de capital estrangeiro na gestão e propriedade de empresas de comunicação, ganhando total apoio do Deputado João Calmon, um dos condôminos e proprietários dos Diários Associados, ao expor ao público a informação sobre o contrato da Globo com o grupo norte-americano Time-Life. Na ocasião, Calmon colocou a ABERT contra Roberto Marinho. Levou então, em junho, a associação abrir um processo para investigar o caso, com o apoio do Deputado Eurico de Oliveira, que instaurou uma Comissão Parlamentar de Inquérito. Em 1966, Roberto Marinho depôs à CPI e se defendeu, justificando que o contrato com a Time-Life era de assistência técnica e com apenas uma cota de participação. Assim como a Time-Life, a NBC também procurou a então Organizações Globo. A presença de Joe Wallach na TV Globo, assessor enviado pela Time-Life, foi um dos pontos polêmicos, sendo justificado como uma consultoria, sem responsabilidade financeira. A CPI foi até setembro de 1966 e o parecer, desfavorável à Globo. Com a nova legislação, em fevereiro de 1967, foram criados dispositivos que, entre outros, impossibilitavam a contratação de assistência técnica no exterior, mas sem efeito retroativo, ou seja, a TV Globo estava legalmente autorizada (os contratos com a Time-Life eram de 1962 a 1965). Em outubro de 1967, o consultor--geral da República, Adroaldo Mesquita da Costa, reviu o caso e demonstrou estar a Globo em situação regular – mesmo assim, Roberto Marinho decidiu encerrar a parceria com a empresa estrangeira e a ressarciu de todo o dinheiro investido. A título de curiosidade: Calmon, ao expor a Globo, pôs fim à parceria que outro condômino, Edmundo Monteiro, negociava, em termos próximos ao da Time-Life, com o grupo internacional ABC (American Broadcasting Corporation), o que tiraria a Tupi da crise que já se alastrava. Tal situação fez com que, em 1965, João Saad não aceitasse a possibilidade de transformar a TV Bandeirantes no braço paulista da Rede Globo, mas, um ano depois, Roberto Marinho adquiriu a TV Paulista para criar sua rede e transformá-la na TV Globo São Paulo.

CAPÍTULO TRÊS: A CHEGADA DO VIDEOTEIPE (1960)   151

Para o setor de radiodifusão, ocorreu um grande passo: pela primeira vez, o Brasil teria uma pasta própria para cuidar de tais serviços – o Ministério das Comunicações, criado em 15 de fevereiro de 1967, tendo Carlos Furtado de Simas como o primeiro a coordená-lo. Até então, a radiodifusão respondia ao Conselho Nacional de Telecomunicações (CONTEL), ligado ao Ministério da Viação e Obras Públicas. Entre 1990 e 1992, foi incorporado primeiro ao Ministério da Infraestrutura e depois ao Ministério de Transportes e Comunicações, voltando a existir até 2016, quando passou a integrar o Ministério de Ciência, Tecnologia, Inovações e Comunicações (MCTIC), sendo recriado o "MiniCom", em 10 de junho de 2020. São ligados a ele a Agência Nacional de Telecomunicações (ANATEL), os Correios, a Telebras e a EBC (Empresa Brasil de Comunicação), sendo responsável pela regulação e outorga de concessões de rádio, TV e serviços de telefonia e internet, como o sinal 5G.

Ainda sobre a década de 60, ela terminou com um capítulo triste na história da TV no Brasil, enterrando boa parte da memória que existia nos primeiros anos, com a perda de filmes, equipamentos e dos primeiros videoteipes. A causa foi praticamente a mesma: os incêndios. Quase sempre causados por problemas estruturais e elétricos, como curto-circuito. Afinal, eletricidade é o que move essa área. Porém, fatos até hoje obscuros levantam suspeita sobre atentados em julho de 1969. Na mesma semana, TV Record, TV Globo Paulista e TV Bandeirantes queimaram. Na época, a bola foi jogada de um lado para o outro: a direita acusou radicais de esquerda de sabotagem, afirmando serem pró-militares; a esquerda acusou a OBAN (Operação Bandeirantes), ligada à direita, dizendo que os atentados eram criminosos (na verdade, operações de falsa bandeira para jogar a opinião pública contra os esquerdistas). A TV Globo foi a única que não foi tão prejudicada com os incêndios; afinal, possuía seguro de todo o patrimônio. Já a mais afetada foi a TV Record, cujo Jornal da Tarde até ironizou, com a manchete: "Está no ar mais um incêndio na TV Record", em 1969. Uma curiosidade: Paulo Machado de Carvalho, dono da emissora, era devoto de Nossa Senhora Aparecida e adquiriu, para o canal 7, uma imagem enorme da santa, que colocou na entrada da emissora, na Av. Miruna, 713, para abençoar e proteger os funcionários de qualquer mal ou calamidade. O "Marechal da Vitória", como Paulo era conhecido, faleceu em 1992, no mesmo ano em que a Record queimou pela última vez no endereço. Já a imagem da santa foi a mesma que, durante o programa "O Despertar da Fé", foi insultada e chutada pelo ex-bispo da Universal,

152 A HISTÓRIA DA TELEVISÃO BRASILEIRA PARA QUEM TEM PRESSA

Sérgio von Helder, causando grande comoção até mesmo entre os não católicos.

Ainda sobre a ligação do "Marechal da Vitória" com a padroeira do Brasil, em 1946, ele e a esposa Maria Luiza Chaves do Amaral fizeram uma promessa e, após conseguirem a graça, em sua fazenda, no bairro Paulicéia, em São Bernardo do Campo (SP), ergueu uma capela à Nossa Senhora Aparecida. O terreno, que ficou para a Rádio Record, passou a realizar missas dominicais e, posteriormente, sendo televisionadas. Hoje, a chamada "Capelinha da Record" é um ponto turístico do Grande ABC, sendo o segundo maior santuário dedicado à padroeira no país, depois de Aparecida (SP).

A televisão brasileira, na virada para os anos 70, estava em constante transformação. Do que foi destruído por grandes incêndios, e não foram poucos, a reconstrução. Do preto e branco, as imagens vivas da cor. Uma nova fase estava prestes a começar.

CAPÍTULO QUATRO

Finalmente... As Cores! (1972)

As cores, para a humanidade, sempre refletiram novas sensações, sentimentos, desde as primeiras gravuras, passando pelos quadros, pela fotografia, cinema e... televisão. Por isso, mesmo com todo romantismo que envolve as imagens em branco e preto, a busca pelas cores sempre foi uma constante na história da TV. Tanto é que, quando Chatô foi adquirir os equipamentos de televisão, viu experimentos da tecnologia colorida e já queria fazer uso dela no país, mas os americanos recusaram a oferta, uma vez que o novo formato ainda estava em testes. Neste capítulo, saiba mais sobre o passo a passo desse novo formato no Brasil, com a implantação do padrão PAL-M (1972) depois de praticamente uma década de testes para a escolha de qual tecnologia nosso país iria adotar.

TV Gazeta: A Caçula de São Paulo

O canal 11, última emissora VHF de São Paulo, estreou em 25 de janeiro de 1970, no 416º aniversário da cidade. A TV Gazeta, desde o princípio, se encontra no mesmo endereço, Avenida Paulista, 900, no seu ponto mais alto e central. Depois de duas décadas em busca de sua implantação, e após altos e baixos, a Fundação Cásper Líbero finalmente emplacou seu canal.

Nos anos 50, o canal 2 paulistano chegou a ser concedido para a emissora, que o perdeu. Posteriormente, na década seguinte, conseguiu o canal 11, cuja outorga foi revogada por Juscelino Kubitschek, em seu último ato na presidência, e recuperada por Jânio Quadros, no seu primeiro ato na função. Às vésperas de perder o canal, em 1969, a TV Gazeta entrou experimentalmente no ar, com a música "Sá Marina", de Simonal, e com o programa jovem "Mingau Quente". E então, às 19h do dia 25 de janeiro de 1970, Honoré Rodrigues narrou a chegada da nova emissora, sob as imagens da Apolo XI no espaço, fazendo um paralelo entre as duas conquistas que levam o 11 no nome: o pouso em solo lunar e o nascimento da TV Gazeta: "Imagem viva de São Paulo". O diretor-geral, Marco Aurélio Rodrigues da Costa, anunciou à imprensa que a Gazeta tinha como objetivo revelar novas caras na TV, na busca por novos talentos. Naquela primeira semana, por exemplo, pela primeira vez foi ao vídeo Joelmir Beting, no programa de economia "A Multiplicação do Dinheiro", e Heródoto Barbeiro, em "Show de Ensino", em parceria com o curso Objetivo. Vários outros talentos foram revelados ao longo das décadas, como Fausto Silva, Mariana Godoy, Cléber Machado, Maria Júlia Coutinho, Galvão Bueno, Thiago Oliveira, Fernando Meirelles, Rafael Moreno, Marcelo Tas, Tiago Leifert, Flávio Prado, Astrid Fontenelle... No início do canal 11, muitos funcionários vieram da TV Excelsior, extinta ainda naquele 1970. O ex-acionista do canal 9, Octávio Frias de Oliveira, presidente do Grupo Folha, era também o dirigente da Fundação Cásper Líbero e detentor dos estúdios da Vila Guilherme. Muitos equipamentos da Excelsior foram utilizados na implantação da Gazeta, que ganhou na mídia o apelido de Canal 20 (9+11).

Entre os que vieram da Excelsior, nomes como o jovem Silvio Alimari (o Tico, sobrinho do comediante Mário Alimari, e que a partir dos anos 90 passou a superintendente geral da TV Gazeta, presente no corpo diretivo por décadas, como Sérgio Felipe dos Santos e Marinês Rodrigues), Luiz Francfort (diretor-adjunto de Marco Aurélio), Guilherme Araújo, além das apresentadoras Vida Alves (estreou "Vida em Movimento") e Clarice Amaral (que esteve por dez anos à frente do "Clarice Amaral em Desfile", base do futuro "Mulheres em Desfile", inicialmente com Ione Borges e Ângela Rodrigues Alves, em 1980, sendo esta substituída por Claudete Troiano – também pioneira do 11, com atrações como "Gazetinha"; o hoje "Mulheres" chegou a ter apresentadores, como Christina Rocha, Leão Lobo, Márcia Goldschmidt, Clodovil, Cátia Fonseca, Mamma Bruschetta e Regina Volpato). "Mesa Redonda", mais um clássico da emissora, nascido em 1970 como "Onze na Copa", com Roberto Petri, Zé Italiano, Milton Peruzzi, Peirão de Castro e muitos outros, passando também a "Onze nos Esportes", "Futebol é com Onze" e depois "Mesa Redonda: Futebol Debate"; no comando, nomes como Roberto Avallone e Flávio Prado, estrelando figuras importantes na crônica esportiva, como Regiani Ritter, Chico Lang, Milton Neves, Osmar de

CAPÍTULO QUATRO: FINALMENTE... AS CORES! (1972)

Oliveira, Celso Cardoso e Michelle Gianella – a tradição no esporte se deve ao periódico criado pelo próprio Cásper Líbero: "A Gazeta Esportiva", cujo patrono também foi o idealizador da hoje Corrida Internacional de São Silvestre. Curiosamente, a Fundação produziu, nos anos 50, o seu primeiro programa, "A Gazeta Esportiva na TV", na TV Paulista.

A TV Gazeta, cujo objetivo nunca foi o de disputar a liderança em audiência, em 1971 atingiu o 1º lugar no Ibope, ao exibir com exclusividade o Campeonato Mundial de Basquete Feminino, ficando à frente da Globo! A emissora também fez sucesso com os programas de auditório "Show da Viola" e "Programa Carlos Aguiar", ambos apresentados pelo comunicador, e "Programa Dárcio Campos", sucesso na fase da era Disco. Para os jovens, nos anos 80, revelou Fausto Silva em "Perdidos na Noite" (1984), e o "TV Mix" (1987), com nomes como Serginho Groisman, Astrid, Condessa Giovanna (Luis Henrique, a Mamma), Alê Primo, entre outros, sob a direção de Fernando Meirelles e posteriormente Tadeu Jungle. Da mesma fase, "Paulista 900", com Paula Dip. Outro nome importante na emissora, com mais de uma passagem pelo canal 11, foi o inesquecível Goulart de Andrade, que apresentou programas, como "Comando da Madrugada", "23ª Hora" e "Vem Comigo". No colunismo social, Tavares de Miranda e o jovem Amaury Jr. (com "Flash", seu formato de sucesso também na Band, que se tornou "Programa Amaury Jr.", na RedeTV!).

Goulart de Andrade no "Comando da Madrugada"

A Gazeta, além de ser a mais bem-equipada emissora durante a implantação das cores, foi importante com parcerias inéditas, como a da Abril Vídeo (com Paulo Markun e Silvia Poppovic), em 1982, entrando em rede com a paranaense Rede OM/CNT, sob o nome de CNT Gazeta (com destaque para programas, como "Hugo Game", "Circulando" – onde estreou Luciano Huck –, "190 Urgente", com Alborghetti, e mais tarde revelando Ratinho, e "Mãe de Gravata", com Ronnie Von, que continua depois na Gazeta com o "Todo Seu"). De 1992 a 2000, destaca-se mais uma parceria, agora com o jornal *Gazeta Mercantil* nos anos 2000 (com Maria Lydia e Carlos Alberto Sardenberg – retornando com o "Jornal da Gazeta", apresentado por Laerte Vieira e Luciana Magalhães), e a concepção do Núcleo de Criação, com programas jovens feitos com apoio dos alunos da Faculdade Cásper Líbero, nos anos 2010.

O grande evento, cuja linha de chegada se encontra em frente ao Edifício Gazeta, é a Corrida de São Silvestre – realizada em parceria com a Globo desde os anos 80, mesma época em que ambas inauguraram a primeira torre iluminada da Avenida Paulista. Sempre com a cara de São Paulo, a Gazeta segue fazendo história.

TVE: Educando pela Televisão

Para falar sobre televisão educativa é imprescindível citar Gilson Amado. Sempre preocupado com a boa formação da sociedade, o educador teve programas voltados ao ensino pela Rádio Continental e, a partir de 1962, organizando mesas-redondas na TV Continental com a mesma finalidade. Nos anos 60, estruturou a montagem de uma rádio e de TVs educativas, desde a concessão até a realização. Junto do Governo Federal e do CON-TEL, as concessões educativas ganharam força, saindo do papel naquela década. Foi então criada, em 3 de janeiro de 1967, a Fundação Centro Brasileiro de TV Educativa (FCBTVE ou apenas "TVE"), proveniente do órgão (que antes não era Fundação), com Gilson Amado presente em todas as tratativas. Tal entidade conseguiu se estabelecer enquanto rádio e TV por meio da portaria interministerial nº 408 (1970) e do decreto federal nº 72.637 (1973). A história da futura TVE começou com transmissão em circuito fechado, num pequeno apartamento na Avenida Nossa Senhora de Copacabana.

Em 1972, a TVE conseguiu a doação dos primeiros equipamentos de estúdio da Fundação Konrad Adenauer e logo se mudou para o antigo Teatro República, na Avenida Gomes Freire, 474. Além do circuito fechado,

CAPÍTULO QUATRO: FINALMENTE... AS CORES! (1972)

a TVE obteve permissão de veicular sua programação experimental (em sua maioria teleaulas) no horário diurno de 30 emissoras comerciais desde 1971. Oficialmente, seu primeiro programa foi "João da Silva", na TV Rio, em 26 de novembro de 1973, uma telenovela misturada com curso supletivo, com Nelson Xavier (a proposta da trama foi criada por Gilson Amado, Jamil El-Jaick e Jairo Bezerra, com texto de Lourival Marques e direção de Jacy Campos, eterno criador do "Câmera Um"), lembrando que, dois anos antes, a TV Cultura produziu a primeira telenovela educativa do país, "Meu Pedacinho de Chão", em parceria com a Globo. Logo conseguiram uma concessão própria, o canal 2 do Rio de Janeiro, onde antes operava a TV Excelsior carioca.

Em 5 de novembro de 1975, ocorreu a primeira transmissão na sua estação, apenas operando em definitivo em 4 de fevereiro de 1977, com seis horas diárias no ar. Dulce Monteiro foi a primeira voz e apresentadora conhecida pelo público da TVE. Em 1979, entrou no ar a rede, com 20 emissoras. Já em 8 de outubro de 1981, a FCBTVE reuniu quatro centros de comunicação, criando a "Funtevê" e, em novembro, se tornou "Centro Brasileiro de Televisão Educativa Gilson Amado", homenageando o educador falecido em 1979. Foi decidida posteriormente a mudança para a Fundação Roquette-Pinto, órgão ligado à Secretaria de Comunicação Social da República, que, em 1998, se transformou em Associação, sob a sigla de ACERP, passando a captar recursos e financiar seus próprios programas. A emissora passou também a ser chamada de "TVE Brasil". Com a TV Cultura, formou a RPTV - Rede Pública de Televisão. Nomes importantes, como Walter Clark, Beth Carmona e Fernando Barbosa Lima, passaram pela direção do canal. Com a criação da EBC, agregando o antigo patrimônio da ACERP (exceto a TV Escola, que continua a gerir) e do Sistema Radiobrás, a TVE Brasil deixou de existir e foi reinaugurada como TV Brasil – em 2 de dezembro de 2007, junto com a estreia da TV digital no Brasil, nasce a principal TV pública do país, juntamente com as rádios MEC AM e FM, Nacional AM, com a TV Nacional (NBR, hoje TV Brasil 2) e com a Agência Nacional. A cabeça-de-rede, sua geradora, mudou do Rio de Janeiro para Brasília, tendo maior proximidade com o Governo Federal.

Entre seus programas de destaque, "Pequena Antologia da MPB" e "É Preciso Cantar", com Grande Otelo; os infantis "Pluft, o Fantasminha",

158 A HISTÓRIA DA TELEVISÃO BRASILEIRA PARA QUEM TEM PRESSA

com Dirce Migliaccio, e "Sítio do Pica-Pau Amarelo", realizados em parceria com a Globo; "Sem Censura" (um dos programas de debate mais importantes do Brasil, criado por Fernando Barbosa Lima; como apresentadoras, Lúcia Leme, Cláudia Cruz, Elizabeth Camarão, Márcia Peltier, Liliana Rodrigues, Leda Nagle e Vera Barroso, ainda na fase da TVE); o educativo "Patati-Patatá", premiado no Japão como a atração de melhor conteúdo pedagógico de 1981 (exibido também na TV Gazeta, sem relação com os palhaços homônimos); "Canta Conto", com Bia Bedran; "Plim-Plim, o Mágico do Papel"; "Intervalo", com direção de Carlos Alberto Vizeu, sobre o universo da propaganda; "Um Salto para o Futuro" (exibido em diversas TVs, de educação a distância, voltado a professores do ensino básico; "Advogado do Diabo", de entrevistas, com Oswaldo Sargentelli; "Arte com Sérgio Britto"; "Conexão Roberto D'Ávila"; "Conversa Afinada"; a novela "Zumbi: O Rei dos Palmares", com direção de Walter Avancini; "Edição Nacional" e "Primeiro Time", com Ronaldo Rosas; "Espaço Público"; "EsporTVisão", com Sérgio Maurício, Alberto Léo, Sérgio du Bocage e Márcio Guedes; "Expedições", com Paula Saldanha; "Gema Brasil", com Rodolfo Bottino; "Ver TV", com Laurindo Lalo Leal Filho (junto com a TV Câmara); "Jornal Visual" (hoje "Repórter Visual"), voltado a deficientes auditivos e com libras (a linguagem brasileira de sinais); "Mar sem Fim"; "Observatório da Imprensa", com Alberto Dines; "O Quarto Poder"; "O Super Tio Maneco", com Flávio Migliaccio; "Repórter Nacional"; "Revista do Cinema Brasileiro", com Julia Lemmertz; "Stadium"; "Tempo de Esporte"; os infantis "Turma do Pererê" e "Um Menino Muito Maluquinho", séries adaptadas das obras de Ziraldo; "Turma do Lambe-Lambe", com Daniel Azulay; e "TVE Notícias".

Hoje, como TV Brasil, uma nova história é contada, mantendo um vasto patrimônio de televisão educativa criado desde os tempos de Gilson Amado, muitas vezes lembrado no "Recordar é TV" – um dos programas de destaque do canal, que, junto da TV Cultura, é o único que, em seu sinal digital, também possui multiprogramação, com as TVs públicas, culturais e educativas sob seu guarda-chuva. Destaque também para "Repórter Brasil", "Repórter Nacional", "Mídia em Foco", "Caminhos da Reportagem", "TV Brasil Animada" (com o grande sucesso "Show da Luna") e "Samba na Gamboa", com Diogo Nogueira, e clássicos, como "Sem Censura", com Marina Machado. Educar pela TV continua a ser a sua nobre meta.

CAPÍTULO QUATRO: FINALMENTE... AS CORES! (1972)   159

HUMOR PRA TUDO QUANTO É GOSTO

Nos anos 70, em plena ditadura militar, uma das mais difíceis missões da comunicação era fazer críticas ao autoritarismo e à Censura Federal. Muitas vezes isso se deu apenas com artifícios, como piadas de duplo sentido e metáforas. Assim, o humor brasileiro na TV representou, nos chamados "anos de chumbo", um belo drible à falta de liberdade de expressão. A crítica social esteve sempre presente nos humorísticos, como "Planeta dos Homens" (quem não se lembra dos macacos Sócrates e Charles, interpretados por Orival Pessini, que ficou na memória de muitos também por outros personagens, como Fofão, Patropi e Ranulpho), "Satiricom", "Balança, Mas Não Cai", "Faça Humor, Não Faça Guerra".

Max Nunes, Haroldo Barbosa, Carlos Alberto de Nóbrega, Adriano Stuart, Jô Soares (que, além de roteirista e ator, fez programas, como "Viva o Gordo", na Globo, e "Veja o Gordo", no SBT), Maurício Sherman (com grandes produções na TV Tupi, passando pela Manchete, Band e Globo, sendo a alma do "Zorra Total"), Agildo Ribeiro (com atrações, como "Agildo no País das Maravilhas", na Band, e "Cabaré do Barata", na Manchete), a turma do "Casseta & Planeta" (com os seis *cassetas* e o saudoso Bussunda), Regina Casé (com "Muvuca" e "Brasil Legal"), Fernanda Torres e Luís Fernando Guimarães (em "Os Normais"), Leandro Hassum e Marcius Melhem (em "Os Caras de Pau"), Marisa Orth, Luis Gustavo, Tom Cavalcante, Miguel Falabella, Márcia Cabrita, Aracy Balabanian, Cláudia Jimenez (em "Sai de Baixo"), Marcelo Adnet, Dani Calabresa, Bento Ribeiro, Fábio Rabin, Gui Santana, Tatá Werneck (no "Comédia MTV"), Cláudia Raia, Ney Latorraca, Pedro Paulo Rangel, Guilherme Karan, Diogo Vilela, Cristina Pereira e um grande time de craques no "TV Pirata", o pessoal do "Tá no Ar: A TV na TV", entre tantos outros que marcaram para sempre o humor televisivo.

Há um programa que atravessou gerações mudando de nome inúmeras vezes e de formatação, mas sempre com o mesmo espírito: "Os Trapalhões". Inicialmente, em 1966, "Os Adoráveis Trapalhões" (TV Excelsior), com Wanderley Cardoso, Ivon Curi, Ted Boy Marino e Renato Aragão; depois o quarteto mais engraçado do Brasil, Didi, Dedé Santana, Mussum e Zacarias, em "Os Insociáveis" (TV Record), "Os Trapalhões", na TV Tupi Rio, em 1973 e na Rede Globo, em 1974. Ressaltamos a importância de Renato Aragão – o "Didi Mocó Sonrisal Colesterol Novalgina Mufumo –, que estreou em 1960 na TV Ceará, pertencente aos Associados (depois à Rede Tupi), com "Comédia da Cidade" (futuro "Vídeo Alegre"), passando pela Excelsior. Em 1977, criou a "Renato Aragão Produções", produtora de seus filmes, que por décadas mobilizou plateias para lotarem os cinemas, em época de poucas produções nacionais. Em 1991, ganhou o título de Embaixador da UNICEF, já sendo padrinho da campanha "Criança Esperança", e, em 1998, não mais com Dedé – único vivo da trupe (2022). Seus estúdios, nos anos 2010, foram vendidos para a Record e, posteriormente, a Casablanca para o RecNov, complexo de produção em Jacarepaguá. Concluindo: independentemente da época, rir é sempre um ótimo remédio!

A Chegada das Cores

A televisão colorida deu seus primeiros passos em 1929, quando Eugene Ives transmitiu, em Nova York, imagens coloridas em 50 linhas de definição. Após, em 1940, Peter Goldmark demonstrou um televisor com 343 linhas, em cores. Somente em 25 de junho de 1951, nos Estados Unidos, quase um ano após o surgimento da TV Tupi no Brasil, foi ao ar a primeira transmissão em cores. Por aqui... duas décadas ainda para ser oficializada. Já a estreia oficial, mundialmente reconhecida, foi em 17 de dezembro de 1953, quando a NBC colocou seu pavão colorido no ar, às 17h31, seguido do especial com Jimmy Durante, Pat Weaver e o discurso de David Sarnoff, presidente da RCA e da NBC. Na mesma data, a CBS exibiu uma luta de boxe com Rocky Marciano. Por lá ainda teve uma evolução do NTSC, em 1954, que padronizava o sistema e permitia que se utilizasse o preto e branco atrelando cores a ele – sintonizado pelo primeiro televisor para o novo formato, o modelo 840CK15 Mahogany, de 15 polegadas. Já o padrão alemão "PAL", base para o nosso sistema em cores "PAL-M", só foi criado em 1967, sendo que, antes disso, outras inovações surgiram no exterior, como a primeira gravação em videoteipe, na WNBT, emissora norte-americana, em 1955; e a primeira transmissão via satélite, também nos Estados Unidos, em 1962 – o que no Brasil aconteceu somente no final dos anos 60. Além do PAL e do NTSC, outro importante sistema era popular no mundo, o SECAM francês, de 1966.

Antes do Brasil, as imagens da TV nos Estados Unidos, Cuba, França, Canadá, Alemanha, Inglaterra e Hungria ganharam cores. Enquanto aqui não chegava, virou moda, em 1961, o uso de uma tela bicolor ou tricolor,

CAPÍTULO QUATRO: FINALMENTE... AS CORES! (1972)   161

em frente ao tubo, que simulava o efeito das cores sobre a tela do televisor.

Abaixo os principais fatos da implantação da TV colorida no Brasil, em suas fases experimental e oficial:

- 1/5/1963 – Em NTSC, Edmundo Monteiro, diretor-presidente dos Diários Associados, anunciou a chegada da TV em cores, na TV Tupi-SP. Exibição do documentário "A Volta ao Mundo" e do espetáculo, em preto e branco, "A Maior Noite do Ano", com Emilinha Borba, Nelson Gonçalves, Ivon Curi, Inezita Barroso e Agnaldo Rayol.
- 3/5/1963 – Exibição da série "Bonanza", em cores, na Tupi-SP.
- 9/5/1963 – Discurso, em cores, do Presidente João Goulart e filme com imagens sobre o dia a dia de sua família, na Granja do Torto, em Brasília.
- 28/6/1963 – A TV Excelsior-SP realizou um show, no Parque do Ibirapuera, produzido por Manoel Carlos, com o Maestro Silvio Mazzuca, Lolita Rodrigues e José Vasconcelos, no estande da Fábrica Maxwell.
- 31/7/1963 – Exibição do mesmo show, como pré-lançamento da TV Excelsior-RJ, no antigo Cine Astória.
- 9/7/1964 – Para comemorar os 4 anos da TV Excelsior-SP, exibição colorida, em caráter experimental, de "Moacyr Franco Show". Pena que a Excelsior faliu antes da estreia oficial das cores.
- 1964 – Sessões coloridas foram promovidas pela TV Tupi, tendo a exibição do primeiro comercial colorido um desenho animado com esquimós, dos fogões e geladeiras Brastemp, realizado pela Panam Propaganda.
- Março/1967 – O CONTEL definiu que o padrão brasileiro de TV em cores seria uma adaptação do PAL (sistema alemão), com ajustes para o M (preto e branco), já existente no Brasil, que popularmente citam o M (de PAL-M) como se fosse de "modificado". Tal adaptação foi necessária, uma vez que o PAL tinha 625 linhas e o M, 525. Nelson Zuanella, Edson Paladini, Hélio Vieira e Ovídio Barradas (especialista da USP), formaram a comissão para a escolha do novo sistema.

162 A HISTÓRIA DA TELEVISÃO BRASILEIRA PARA QUEM TEM PRESSA

- 4/8/1968 – A TV Globo já exibia experimentalmente imagens em cores em aparelhos nas lojas Ultralar, no Rio de Janeiro, com apoio da Telefunken e no sistema PAL. Naquele dia, transmitiu o Grande Prêmio de Turfe e, diariamente, até 12 de agosto, fez novas exibições, das 10h às 12h. Tal horário foi denominado "Show em Cores", com apresentação de Hilton Gomes e Ilka Soares, e participação de nomes, como Jerry Adriani, The Pops, as Escolas de Samba do Rio e as *color girls*, dançarinas da Globo. Ainda naquele ano, a emissora transmitiu o filme colorido "Juventude e Ternura", de Jarbas Barbosa, que, mesmo alertado pela direção do canal que a produção poderia ser vista em preto e branco pelos telespectadores, insistiu na exibição. Ótima audiência na TV, mas péssima bilheteria no cinema: ficou apenas um dia em cartaz!

- 3/6/1970 – A Embratel realizou quatro eventos simultâneos para promover os jogos da Copa do Mundo, em cores e ao vivo, via satélite, pela primeira vez no Brasil. Para uma plateia vip (imprensa, celebridades e autoridades), transmitiu-se o jogo Brasil 1 x 0 Tchecoslováquia para o Edifício Itália (em São Paulo), para Brasília, para o auditório na sede da Embratel (na Avenida Presidente Vargas) e para o Palácio das Laranjeiras – para o Presidente Médici e seus convidados –, no Rio. Na sede da Globo havia um único televisor colorido, na sala de Walter Clark, que lotava em dias de jogo. A Embratel ainda realizou outras transmissões de jogos, em locais públicos, nas três cidades, para o povo assistir. A façanha se deu também devido ao afinco da ABERT, que, junto à Embratel e ao Governo Federal, conseguiu as devidas licenças para a transmissão via satélite do México para o Brasil. O sinal vinha em NTSC e era convertido para PAL-M – apenas na Copa de 1974, toda a transmissão foi totalmente colorida, para todo o país. Naquele junho de 1970, para transmitir ao vivo, via satélite e em cores, Globo, Associadas e REI se uniram. Pela Rede Globo, Geraldo José de Almeida (locutor) e João Saldanha (comentarista); pelas Emissoras Associadas (Tupi), Walter Abrahão e Oduvaldo Cozzi (locutores), Rui Porto e Geraldo Bretas (comentaristas). Já a REI contou com Fernando Solera (Bandeirantes, locutor) e Leônidas da Silva (Record, comentarista).

CAPÍTULO QUATRO: FINALMENTE... AS CORES! (1972)   163

- 7/6/1970 – O jogo Brasil 1 x 0 Inglaterra deu à Globo mais audiência que a chegada do homem à Lua, em 1969. Milhares de televisores foram vendidos, com as pessoas querendo adquirir o equipamento já em cores para assistir às imagens que vinham via satélite.

- Outubro/1970 – Rede Globo e Embratel transmitiram o V Festival Internacional da Canção (FIC), do Brasil para Uruguai, Venezuela e Peru. Foi a primeira transmissão em cores do Brasil para o mundo, via satélite.

- 20/1/1972 – Exibição de filme sobre folclore japonês na TV Difusora de Porto Alegre, cedido pelo Consulado do Japão. Desde 2 de janeiro o canal já transmitia slides com imagens estáticas coloridas, pela manhã.

- 19/2/1972 – Foi realizada a cobertura da XII Festa da Uva de Caxias do Sul (RS), a pré-estreia da televisão em cores, em pool nacional liderado pela Difusora e TV Rio, com colaboração das TVs Gaúcha, Piratini e Caxias. O evento contou com a presença do Presidente Médici e do Ministro das Comunicações, Hygino Corsetti. Reportagens de Blota Jr. e Éldio Macedo (TV Record), Heron Domingues e Luiz Mendes (TV Rio), além de toda a equipe jornalística da TV Difusora. Participação dos atores Francisco Cuoco, Rosamaria Murtinho, Jô Soares e Tônia Carrero (TV Globo), e Mauro Mendonça e Geraldo Del Rey (TV Record).

- 20/2/1972 – TV Rio e TV Difusora transmitiram em cores o jogo Associação Caxias 0 x 0 Grêmio, com narração de Luiz Mendes, no Estádio da Baixada Rubra, em Caxias do Sul (RS).

- 6/3/1972 – Chegada dos primeiros equipamentos e unidades móveis em cores, já configurados para o sistema PAL-M, pertencentes à TV Gazeta.

- 14/3/1972 – "Vida em Movimento", apresentado por Vida Alves, na TV Gazeta, foi o primeiro programa transmitido regularmente em cores (até 1976). Com autorização especial do Ministro Hygino Corsetti, o programa serviu para ajustar o sinal em TV aberta do padrão colorido, proporcionando testes técnicos entre 14 e 28 de março. A atração teve direção de Valentino Guzzo e Roberto Rodrigues Alves. Na atração, Vida entrevistou o engenheiro Eric Zwelyn, da Marconi, os publicitários Jorge Adib e Luiz Celso Piratininga

(AD/AG Publicidade), seguido de Zaé Jr., que mostrou o novo logotipo da TV Gazeta, um "G" estilizado, que formava um tucano colorido. Após, a apresentação do balé "A Bela Adormecida", de Tchaikovsky, com Joshey Leão e Aracy de Almeida, com coreografia de Marius Petipa, seguido de números musicais de Cláudio Roberto, Elias de Lima, Sérgio Reis e Noite Ilustrada. Ao final, a TV Gazeta anunciou que, a partir de 31 de março, teria 6 horas diárias de programação em cores, à tarde e à noite.

- 19/3/1972 – A Globo realizou testes em cores no "Buzina do Chacrinha".
- 27/3/1972 – Após falha no equipamento do Governo Federal, a TV Gazeta foi escolhida para gerenciar as transmissões em Brasília.
- 30/3/1972 – A TV Gazeta realizou, em cores, toda a produção do I Grande Prêmio Brasil de Fórmula 1, no Autódromo de Interlagos, em São Paulo. A transmissão foi coordenada por Luiz Francfort, diretor do canal 11, sendo retransmitida para todo o Brasil pela Rede Globo. Emerson Fittipaldi liderou quase toda a corrida, mas, no final, acabou abandonando a prova, cedendo a vitória a Carlos Reutemann. Antes da corrida, foi transmitida uma apresentação da Banda dos Fuzileiros Navais do Rio de Janeiro. A engenheira Gyongyver Claydon, da RCA, supervisionou José Gomes Henriques, diretor técnico da Gazeta, na transmissão.
- 31/3/1972 – Estreia oficial da TV em cores, com exibição do documentário "Brasil em Cores", de Jean Manzon, sob o patrocínio da Volkswagen, seguido do espetáculo ao vivo "Paixão de Cristo" – direto do Centro de Convenções do Anhembi, em São Paulo –, dramatização dos últimos dias de Jesus, por ser uma Sexta-feira Santa. Houve discurso do Ministro Hygino Corsetti e do Presidente Médici – a escolha da data pelo presidente foi por conta do 8º aniversário da Revolução Democrática, como à época chamavam o Golpe de 1964. Com equipamentos e produção da equipe da TV Gazeta-SP, supervisionada pelo diretor-geral Marco Aurélio Rodrigues da Costa (diretamente de Brasília e com apoio da VASP e da Embraer na logística), com distribuição em rede nacional, em pool capitaneado pela Rede Globo. A apresentação foi de Geraldo Vieira, jornalista da TV Gazeta. A seguir, cada emissora

CAPÍTULO QUATRO: FINALMENTE... AS CORES! (1972)

exibiu uma programação especial em cores: TUPI – "Mais Cor em sua Vida", show patrocinado pela Philco, com direção de Régis Cardoso e Fernando Faro, com apresentação de Walter Forster e Cidinha Campos, números musicais de Elizeth Cardoso, Vinicius e Toquinho, Agnaldo Rayol e Jorge Ben, tendo como pano de fundo o desfile de moda com vestidos de Clodovil Hernandez; GLO-BO – "Caso Especial", episódio "Meu Primeiro Baile" (adaptação de Janete Clair do conto "Carnê de Baile", de Jacques Prévert, direção de Daniel Filho), com Marcos Paulo, Tarcísio Meira, Glória Menezes, Sérgio Cardoso, Paulo José e Francisco Cuoco (com reprise na mesma data); RECORD – exibiu diversos filmes coloridos; BANDEIRANTES – transmitiu em cores o filme "O Cardeal", de Otto Preminger; GAZETA – "Rumo ao Infinito", longa em cores, cedido pela USIS e pela NASA, terminando com o musical "Pólo do Universo", de Pierre Lagudis; TV RIO – transmitiu documentários sobre o Vaticano, o Projeto Apolo, telejornal e o filme "O Cálice Sagrado". Naquele 1972, ainda foram pioneiros programas coloridos, como "Amaral Netto, o Repórter", na Globo, "Flávio Especial", com Flávio Cavalcanti, "Clube dos Artistas", com Airton e Lolita Rodrigues, "Pinga Fogo", e a sessão de desenhos "Tupicolor", com "A Pantera Cor-de-Rosa" e "Tom & Jerry", e "Clarice Amaral em Desfile", na Gazeta.

- 2/1/1973 – Estreou "O Bem-Amado", às 22h, novela de Dias Gomes, dirigida por Régis Cardoso, na Rede Globo.
- 8/1/1973 – A Rede Tupi anunciou a novela "A Revolta dos Anjos", com Eva Wilma (o que não aconteceu), além de cenas esporádicas exibidas experimentalmente em cores.
- 1973 – A TV Bandeirantes estreou toda a sua programação em cores e o slogan "A imagem colorida de São Paulo", com atrações multicoloridas, como "Xênia e Você", "A Cozinha Maravilhosa de Ofélia" e "Titulares da Notícia". Na Globo, "Globo Cor Especial", sessão de desenhos animados em cores, com a canção "Cinto de Inutilidades" na abertura. Já a Cultura, somente no Natal daquele ano aderiu às cores, antes não tendo equipamentos apropriados.
- Janeiro/1974 – Após quase dois anos exibindo apenas filmes em cores, a Record produziu programas coloridos.

166 A HISTÓRIA DA TELEVISÃO BRASILEIRA PARA QUEM TEM PRESSA

- 28/4/1974 – No "Fantástico", dois vídeos musicais em cores: Sônia Santos cantou um maxixe e Raul Gil estava no primeiro clipe colorido.

- 12/4/1975 – A TV Gazeta-SP (a equipe mais experiente em televisão em cores no Brasil) ficou responsável por realizar a primeira transmissão de TV colorida na Argentina, representando também o Governo Federal dos dois países durante a transmissão do I Festival da OTI de Folclore Ibero-Americano, promovido pela OTI – Organización de la Televisión Iberoamericana. A transmissão, sob responsabilidade do diretor-adjunto da TV Gazeta, Luiz Francfort, foi coproduzida e transmitida pela TV Belgrano (canal 7 de Buenos Aires, posteriormente ATC – Argentina Televisora Color). O festival aconteceu no Teatro Colón, na Avenida Nove de Julho, sendo transmitido para 52 países. O moderno caminhão de externas da Gazeta viajou de São Paulo até lá, especialmente para a transmissão pioneira. Na equipe, Luiz Francfort, Mário Pamponet Júnior, Mário "Pescoço" Iório, Diogo Garcia, Jair Lopo, Luiz Annunciato Neto, José Gomes Henriques, entre outros. Em homenagem à transmissão, a EnTel – Empresa Nacional de Telecomunicaciones, a "Embratel argentina", adotou, a partir de 1976, um logo que reproduzia o tucano, marca da TV Gazeta, com pequenas adaptações.

- 18/2/1975 – Desembarque do navio Dalila, em Santos (SP), que trouxe os mais modernos equipamentos em cores para o Brasil, adquiridos pela TV Gazeta. A carreta, novo caminhão de externas do canal (com 6 câmeras internas e um switcher com 352 efeitos especiais, foi içada por cabos de aço. Na ocasião, o canal 11 intitulava-se "o maior parque técnico em cores da televisão brasileira", tendo, além da carreta, outras três unidades móveis coloridas, um caminhão (unidade gerador), um programador com memória eletrônica, uma cartucheira (carrossel de seleção automática de programação por computador), equipamentos de slow-motion (câmera lenta) e de Chroma Key – pioneira no Brasil, em 7 de junho de 1977, para a transmissão do Festival de Viña del Mar, no Chile – sobrepondo, ao fundo das imagens de Peirão de Castro, flashes do evento no país vizinho.

CAPÍTULO QUATRO: FINALMENTE... AS CORES! (1972)

Progressivamente, a TV foi ganhando cores. A cada mês, novas atrações abandonando o romantismo do P&B, saltando aos olhos na vivacidade do colorido. A cada novo programa, uma descoberta. Um Garibaldo azul, o fundo em cores de uma Zebrinha preta e branca no Fantástico, a seleção virando canarinho de verdade, o brilho dos olhos claros de Maysa ainda mais envolventes, as novelas e um Chacrinha ainda mais alegre de tanta cor.

NOVELAS INESQUECÍVEIS

Muitas novelas pararam o Brasil só para responder a perguntas do público. Quem matou Salomão Hayalla em "O Astro"? E Odete Roitman em "Vale Tudo"? Quem será o alvo de "A Próxima Vítima"? Quando João Gibão voará em "Saramandaia"? Carminha matou Max em "Avenida Brasil"? Zé Leôncio conseguirá ver seu pai, o Velho do Rio, em "Pantanal"? A alma de Alexandre será salva em "A Viagem"? O que acontecerá com Nice em "Anjo Mau"? E com Raquel em "Mulheres de Areia"? Quem será a Pícara? Dona Lola acabará sozinha em "Éramos Seis"? Quando o mar vai abrir em "Os Dez Mandamentos"? Betty vai ficar bonita? Maria Joaquina vai se apaixonar por Cirilo? Haverá paz entre os Mezenga e os Berdinazzi, em "O Rei do Gado"? "Os Imigrantes" terá uma nova geração? Qual será o fim de Lurdes... "Amor de Mãe" vai voltar no meio da pandemia? Quantas perguntas, quantas histórias! O Brasil parou muitas vezes. Deixou as ruas desertas para assistir ao último capítulo, torcendo por seus heróis e vilões, mais do que em final de Copa do Mundo. Chegamos a ter novelas que atingiram praticamente 100% de audiência, por exemplo, quando Rosana Reis (Regina Duarte) revelou sua identidade a Cristiano (Francisco Cuoco), em "Selva de Pedra".

A telenovela diária é uma criação de atores, diretores, produtores, figurinistas, câmeras, maquiadores, produtores de arte, continuístas, cenógrafos, roteiristas, editores e um número sem fim de profissionais. Representando essa imensidão de talentos, um time de autores geniais que escreveram histórias inesquecíveis, guardadas na memória deste que ainda é o maior produto audiovisual de exportação brasileira. Profissionais, como Benedito Ruy Barbosa, Lauro César Muniz, Glória Magadan, Ivani Ribeiro, Janete Clair, Cassiano Gabus Mendes, Gilberto Braga, Walcyr Carrasco, George Moura, Maria Adelaide Amaral, Dias Gomes, Geraldo Vietri, Dulce Santucci, Rubens Ewald Filho, Teixeira Filho, Jorge Andrade, Sérgio Jockyman, Silvio de Abreu, Vicente Sesso, Alcides Nogueira, Solange Castro Neves, Vitor de Oliveira, Aguinaldo Silva, Aziz Bajur, Leonor Basseres, Wálter Negrão, Mário Prata, Chico de Assis, Walter George Durst, Glória Perez, Doc Comparato, Daniel Más, Christianne Fridman, Wilson Aguiar Filho, Gustavo Reiz, Ana Maria Moretzsohn, Ângela Carneiro, Margareth Boury, Luís Carlos Fusco, Letícia Dornelles, Manoel Carlos, Maria Elisa Berredo, Carlos Lombardi, Glória Barreto, Sérgio Marques, Luis Alberto de Abreu, Patrícia Moretzsohn, Antônio Calmon, Tiago Santiago, Renata Dias Gomes, Márcia Prates, Maria Carmem Barbosa, Megg Santos, Vincent Villari, Isabel Muniz, Crayton Sarzi, Izabel de Oliveira, Marcílio Moraes, Andréa Maltarolli, Paula Richard, Daniel Ortiz, Ricardo Linhares, João Emanuel Carneiro, Daisy Chaves, Manuela Dias, Euclydes Marinho, Nelson Nadotti, Bráulio Pedroso, Paulo Lins, Sylvan Paezzo, Bosco Brasil, Ferreira Gullar, Miguel Falabella, Daniel Berlinsky, Edmara Barbosa, Vivian de Oliveira, Mário Teixeira, Edilene Barbosa, Jorge Furtado, Yves Dumont, Thereza Falcão, Íris Abravanel, Maurício Gyboski, Paula Amaral, Geraldo Carneiro, Rodrigo Ribeiro, Mariana Mesquita, Thelma Guedes, Jackie Vellego, André Ryoki, Tarcísio Lara Puiati, Sérgio Goldenberg, Palma Bevilacqua, Zé Dassilva, Dárcio Della Monica, Emanuel Jacobina, Brunno Pires, Raimundo Lopes, Duca Rachid, João Brandão, Henrique Lobo, Roberto Vitorino, Chico Martins, Alessandro Marson, Filipe Miguez, Ismael Fernandes, Walter Daguerre, Marcos Rey, Maurício Arruda, Fausto Galvão, Aimar Labaki, Fábio Torres, Elizabeth Jhin, Gisele Joras, Vinícius Vianna, Lícia Manzo, Bruno Barbosa Luperi e muitos outros que continuarão a escrever os próximos capítulos dessa história. Abaixo um apanhado de parte das centenas de novelas que marcaram a trajetória da TV brasileira, dos anos 70 à atualidade:

- ANOS 70: CULTURA – "Meu Pedacinho de Chão"; TUPI – "Mulheres de Areia", "A Viagem", "Os Inocentes", "O Profeta", "Vitória Bonelli", "Aritana", "A Barba Azul", "O Machão", "Ídolo de Pano", "Éramos Seis", "Xeque-Mate", "O Direito de Nascer", "Meu Rico Português", "Gaivotas", "Dinheiro Vivo", "Como Salvar Meu Casamento"; GLOBO – "Véu de Noiva", "Irmãos Coragem", "Pai Herói", "O Cafona", "Senhora", "O Astro", "Pecado Capital", "Anjo Mau", "O Bem-Amado", "O Rebu", "Gabriela", "A Moreninha",

CAPÍTULO QUATRO: FINALMENTE... AS CORES! (1972)

"Verão Vermelho", "Estúpido Cupido", "Dona Xepa", "Bandeira Dois", "Locomotivas", "Saramandaia", "Assim na Terra Como no Céu", "O Espigão", "Bicho do Mato", "Dancin' Days", "Cabocla", "Ossos do Barão", "Escrava Isaura"; "RECORD – "As Pupilas do Senhor Reitor", "Os Deuses Estão Mortos", "Sol Amarelo", "O Espantalho"; EXCELSIOR – "Mais Forte que o Ódio", "A Mansão dos Vampiros"; BAND – "As Asas São para Voar", "Cara a Cara", "O Todo-Poderoso".

* ANOS 80: TUPI – "Drácula"; SBT – "Destino", "Meus Filhos, Minha Vida", "Jerônimo", "Cortina de Vidro"; GLOBO – "Vale Tudo", "Final Feliz", "Baila Comigo", "Elas por Elas", "Água Viva", "Ti-Ti-Ti", "Guerra dos Sexos", Brega & Chique", "Vereda Tropical", "Cambalacho", "Sinhá Moça", "Bebê a Bordo", "A Gata Comeu", "Roda de Fogo", "Direito de Amar", "Que Rei Sou Eu?", "O Salvador da Pátria', "Sassaricando", "Fera Radical", "Tieta", "Roque Santeiro", "Top Model"; MANCHETE – "Antônio Maria", "Dona Beija", "Helena", "Carmem", "Corpo Santo", "Kananga do Japão"; BAND – "Um Homem Muito Especial", "Dulcinéa Vai à Guerra", "A Deusa Vencida", "O Meu Pé de Laranja Lima", "Os Imigrantes", "Os Adolescentes", "Cavalo Amarelo", "Ninho da Serpente".

* ANOS 90: SBT – "Éramos Seis", "As Pupilas do Senhor Reitor", "Sangue do Meu Sangue", "Os Ossos do Barão", "Fascinação", "Chiquititas", "Pérola Negra"; GLOBO – "O Dono do Mundo", "Vamp", "Rainha da Sucata", "Pedra sobre Pedra", "Explode Coração", "Por Amor", "Despedida de Solteiro", "A Viagem", "Fera Ferida", "Barriga de Aluguel", "Renascer", "Mulheres de Areia", "Quatro por Quatro", "A Indomada", "Torre de Babel", "A Próxima Vítima", "Anjo Mau", "O Rei do Gado", "Terra Nostra"; RECORD – "Louca Paixão", "Estrela de Fogo", "Canoa do Bagre", "Tiro e Queda"; MANCHETE – "Pantanal", "A História de Ana Raio e Zé Trovão", "Amazônia", "O Marajá", "Guerra Sem Fim", "74.5: uma Onda no Ar", "Tocaia Grande", "Xica da Silva", "Mandacaru", "Brida"; CNT GAZETA – "Antônio dos Milagres"; BAND – "Perdidos de Amor", "Meu Pé de Laranja Lima", "A Idade da Loba", "Serras Azuis".

170 A HISTÓRIA DA TELEVISÃO BRASILEIRA PARA QUEM TEM PRESSA

- ANOS 2000: SBT – "Pícara Sonhadora", "Amor e Ódio", "A Pequena Travessa", "Canavial de Paixões", "Cristal", "Esmeralda", "Seus Olhos", "Os Ricos Também Choram", "Vende-se um Véu de Noiva"; GLOBO – "O Clone", "Chocolate com Pimenta", "Mulheres Apaixonadas", "Caras e Bocas", "Laços de Família", "Cobras e Lagartos", "Senhora do Destino", "O Cravo e a Rosa", "Alma Gêmea", "Da Cor do Pecado", "Celebridade", "A Favorita", "Páginas da Vida"; RECORD – "Marcas da Paixão", "Vidas Cruzadas", "Roda da Vida", "Metamorphoses", "Essas Mulheres", "A Escrava Isaura", "Prova de Amor", "Bicho do Mato", "Chamas da Vida", "Luz do Sol", "Bela, a Feia", "Os Mutantes: Caminhos do Coração", "Cidadão Brasileiro", "Poder Paralelo", "Vidas Opostas"; BAND – "Floribella", "Paixões Proibidas", "Dance Dance Dance".

- ANOS 2010-20: SBT – "Amor e Revolução", "Carrossel", "Cúmplices de um Resgate", "Carinha de Anjo", "Chiquititas", "As Aventuras de Poliana"; GLOBO – "Cheias de Charme", "Ti-Ti-Ti", "Cordel Encantado", "Avenida Brasil", "Joia Rara", "Novo Mundo", "A Força do Querer", "O Outro Lado do Paraíso", "Verdades Secretas", "Eta Mundo Bom!", "Liberdade, Liberdade", "Éramos Seis", "Amor de Mãe", "Pantanal"; RECORD – "Ribeirão do Tempo", "Pecado Mortal", "Máscaras", "Rei David", "Dona Xepa", "Os Dez Mandamentos", "Balacobaco", "A Terra Prometida", "Apocalipse", "Belaventura", "Topíssima", "Amor sem Igual".

Hoje, nossas tramas são reconhecidas internacionalmente e nossos atores, dublados ou legendados para as mais diferentes línguas. "Da Cor do Pecado" em inglês, "Escrava Isaura" em russo, "Avenida Brasil" em francês... Somos referência mundial.

O VIDEOGRAFISMO NA TV

Os anos 70 foram de grande avanço quando o assunto é videografismo na televisão, aperfeiçoando tudo que foi feito até então. A criatividade passou a ser cada vez mais alinhada à tecnologia. Porém, fica uma pergunta: o que é videografismo? É justamente a forma como a arte gráfica adentra no vídeo, por meio de suas vinhetas (aberturas, de passagem, encerramento) e chamadas. É possível perceber o videografismo, desde uma pequena barra ou pop-up na parte inferior da tela até uma vinheta com a marca da emissora.

Slide de Mario Fanucchi para a TV Tupi

Muitos são os nomes dessa área atualmente, mas devemos enumerar três mestres que foram vitais para distintas fases da nossa televisão. O primeiro é Mario Fanucchi, que criou, em 1951, não apenas o famoso indiozinho da Tupi – inicialmente utilizado apenas na Emissora Associada em São Paulo, nos chamados "interprogramas" (espaços entre programas, os intervalos, período de "reclames" comerciais). A ideia de Fanucchi era marcar o telespectador com uma simpática figura do curumim, inclusive em vinheta especial que induzia o público infantil a dormir – sem que ficasse essa obrigação aos pais exclusivamente, uma vez que os filhos ficavam fascinados com a tela. Foi aí que, com música do Maestro Erlon Chaves, foi criado o jingle "Já É Hora de Dormir" ("já é hora de dormir, não espere a mamãe mandar, um bom sono pra você e um alegre despertar"), que muitos anos depois foi reutilizado pelos Cobertores Parahyba – em campanha criada por Boni, na época

172 A HISTÓRIA DA TELEVISÃO BRASILEIRA PARA QUEM TEM PRESSA

trabalhando para a agência Lintas, em 1960. O curumim, que Fanucchi apelidou de "Bem-te-vê" (numa analogia à TV e ao nome do passarinho), foi também responsável por anunciar todos os programas posteriores nas chamadas denominadas "Nossa Próxima Atração". Assim, cada novo programa era apresentado, por meio de slide, pelo indiozinho caracterizado de acordo com a atração posterior. Aos poucos, os demais canais dos Diários Associados fizeram uso também do tupiniquim.

O segundo nome é o de Cyro Del Nero. Cenógrafo clássico, que acabou, em 1960, por inovar com sua equipe na criação do primeiro modelo de comunicação visual integral da televisão brasileira, que garantiu não só uma unidade geral, mas uma maior personificação, não apenas na Excelsior de São Paulo, como em toda a Rede Excelsior. Seguindo alguns preceitos já elaborados pelos primeiros "desenhistas" do vídeo, como Fanucchi e Armando de Sá, Cyro criou com sua equipe, a partir de inspiração de dois bonecos argentinos (trazidos por Edson Leite), as chamadas e vinhetas com os mascotes Ritinha e Paulinho. Muitas emissoras na época faziam uso de mascotes para atrair o público – a Record com o tigre, a Bandeirantes com um coelho vestido de bandeirante e a TV Cultura com uma indiazinha (criada por Fanucchi, por ser, na época, a emissora e irmã-caçula da TV Tupi de São Paulo).

Voltando ao caso de Ritinha e Paulinho, independentemente do tipo de atração, lá estavam os dois apresentando, o que permitia que o telespectador logo identificasse que estava assistindo à Excelsior. Surgiram no ar, até quando a transmissão apresentava um problema técnico! Nesse período já não se fazia mais o uso corrente de slides/GTs (Graytellop). As chamadas e vinhetas eram feitas em desenho animado, reproduzidos em película e posteriormente por meio de videoteipe. Cyro Del Nero foi também criador de inúmeras marcas, como a última da Tupi, o olho da Bandeirantes como hoje o conhecemos (modernizado apenas com ajustes finos) e um grande número de aberturas, por exemplo, de marcas, programas e novelas da Globo – do final dos anos 60 até o início dos 70, como "Gabriela", a novela "Os Ossos do Barão" e a primeira abertura do "Fantástico". Curiosamente, Ritinha e Paulinho foram recuperados por Cyro e Edson Leite nos anos 80, nas vinhetas da Bandeirantes, quando da passagem dos dois profissionais pela emissora.

O terceiro nome – que justamente pontua a grande evolução do videografismo nos anos 1970 – é o do austríaco Hans Donner, criador do logotipo da Rede Globo, em 1976. Segundo ele, a ideia surgiu em sua viagem de

CAPÍTULO QUATRO: FINALMENTE... AS CORES! (1972)

173

mudança para o Brasil, quando no avião a marca do copo que usava sobre um guardanapo *desenhou* a imagem do logotipo, que o designer logo começou a rabiscar com uma caneta no próprio avião. Donner trouxe sua experiência do exterior, o que muito agregou ao videografismo brasileiro, criando uma maior plasticidade, principalmente ao chamado "padrão Globo de qualidade", introduzindo também a computação gráfica atrelada à cenografia. Foi o primeiro a trazer para o Brasil o conceito de videodesign. Muitos de seus trabalhos são premiados internacionalmente e fazem parte do imaginário do telespectador brasileiro. Entre eles, as vinhetas de Carnaval "Globeleza", o relógio do "Brasil 500" (comemoração dos 500 anos da nação, em 2000) e as aberturas futurísticas do "Fantástico". Donner, denominado por muitos como um "artista da tela", teve, como os grandes pintores e escultores, suas musas retratadas em seus trabalhos. Algumas delas, como Isadora Ribeiro e Valéria Valenssa, chegaram a ser casadas com o designer. Muitos outros vieram, e hoje o videografismo é tão presente, que aposentou a cenografia convencional, criando cenários virtuais e até holográficos.

A DERROCADA DA TUPI

Uma novela que não teve um final feliz. Foi assim que, em 1980, chegou ao fim a Rede Tupi. Desde que Chatô teve a trombose e criou o condomínio acionário, separando em 22 condôminos os Diários Associados, começou uma grande batalha interna. A TV Tupi de São Paulo competia por poder com a do Rio, e sabotavam-se mutuamente; havia também falta de repasse de emissoras próprias e afiliadas às geradoras. Com o crescimento da Globo, a concorrência ficou mais acirrada e o bolo publicitário ainda mais dividido. Após a morte de Chateaubriand, em 1968, a crise foi deflagrada, e se não fosse a equipe aguerrida que movimentava as emissoras e todo o conglomerado Associado, o fim teria chegado bem antes. Porém, o fatídico dia chegou. Acompanhe a seguir o que se sucedeu com as emissoras próprias da Rede Tupi:

- TV TUPI (SP) – Em 2/5, Saulo Gomes encerrou as atividades da emissora, às 16h21, com o programa "Isto É São Paulo", assumindo, a Tupi carioca, o comando da rede. Em 16/7, já em greve, a estação foi lacrada às 11h30.

174   A HISTÓRIA DA TELEVISÃO BRASILEIRA PARA QUEM TEM PRESSA

- TV TUPI (RJ) – Em 18/7, às 12h36, após intensa vigília de quase vinte horas comandada por Jorge Perlingeiro (incluindo madrugada), a Tupi saiu do ar de forma dramática, com apelo ao Presidente Figueiredo para que permitisse que os funcionários assumissem o canal. Na tela, a mensagem: "Até breve, telespectadores amigos", sob a imagem de funcionários aos prantos e um VT da visita do Papa João Paulo II ao Brasil.
- TV ITACOLOMI (MG) – Foi lacrada em 18/7, não tendo funcionado no dia.
- TV MARAJOARA (PA) – Com o filme "Tempos Difíceis", encerrou sua programação.
- TV RÁDIO CLUBE (SP) – Também em 18/7, às 10h50, encerrou suas atividades com reportagem sobre sua extinção.
- TV CEARÁ (CE) – O cantor Fagner se apresentou e fez apelos para que a TV continuasse no ar, mas ela acabou sendo lacrada às 11h19 daquele mesmo dia.
- TV PIRATINI (RS) – Às 11h55, interrompeu um episódio de "Bonanza" para sair para sempre do ar.
- TV ITAPOAN (BA) e TV BRASÍLIA (DF) – Permaneceram no ar, ainda sob o comando dos Diários Associados. Hoje, a TV Itapoan pertence à RecordTV.

A possível criação de uma rede, sustentada por um grupo de peso que poderia fazer oposição ao regime, não interessava ao Governo Militar, que, para evitar esse problema, utilizou a Lei de Salomão: o lote de concessões das emissoras da Tupi seria dividido em duas partes iguais, que viriam a ser chamadas pela imprensa de Rede A e Rede B. O Ministério das Comunicações colocou também na concorrência os canais 9 de São Paulo (ex-TV Excelsior) e do Rio (ex-TV Continental), que estavam desocupados havia mais de uma década. João Saad, do Grupo Bandeirantes de Comunicação, entrou com a oferta de utilizar o Canal 9 para a TV Bandeirantes e colocar na concorrência, dentro da Rede A, o Canal 13 de São Paulo – dizia-se que muitos telespectadores não iam até o 13, o último canal do seletor. Concorreram diversos grupos: Jornal do Brasil, Abril, Bloch Editores, Visão (Grupo Maksoud), Capital (da Rádio Capital de São Paulo), Silvio Santos e Bandeirantes (interessados apenas na mudança de canal). Assim ficou a divisão dos canais da Tupi:

CAPÍTULO QUATRO: FINALMENTE... AS CORES! (1972)   175

- REDE A – Canal 6 (ex-TV Tupi, Rio de Janeiro, RJ), canal 6 (ex-TV Rádio Clube, Recife, PE), canal 2 (ex-TV Ceará, Fortaleza, CE) e canal 4 (ex-TV Itacolomi, Belo Horizonte, MG)
- REDE B – Canal 4 (ex-TV Tupi, São Paulo, SP), canal 5 (ex-TV Marajoara, Belém, PA) e canal 5 (ex-TV Piratini, Porto Alegre, RS).

Dessas duas redes, a B ficou para a TVS, de Silvio Santos, cujo canal 11 carioca agora entrava em rede com os demais canais conquistados, formando o SBT – no ar em 1981 –, o canal 9 carioca (ex-TV Continental depois foi repassado à TV Record, também do empresário). Já a Rede A ficou para a Rede Manchete, de Adolpho Bloch, que a inaugurou apenas dois anos depois (contou também com a ex-TV Excelsior, canal 9 de São Paulo). Vale lembrar que, na disputa pelas concessões da extinta Rede Tupi, João Saad também se interessou por uma possível troca do canal 13 da Bandeirantes pelo 9 paulistano, mas que não aconteceu. Um novo capítulo, na história da nossa TV, estava começando.

CAPÍTULO CINCO

Do Satélite à Internet

A história da TV brasileira é feita de marcos, e todos eles se ligam a iniciativas em prol da ampliação tecnológica do sinal. Uma TV que vai do local para o intermunicipal, interestadual, nacional, chegando ao internacional.

Por isso, neste capítulo você conhecerá mais sobre essa vontade de toda uma área de levar cultura, informação e entretenimento, com apoio de novas tecnologias de transmissão, como o satélite, ou fazendo streaming (transferência de dados via internet).

Um grande passo, não só importante para a televisão, mas para toda a sociedade mundial, permitindo, por exemplo, que o brasileiro pudesse ver imagens do Japão ou vice-versa.

SBT: Alegria no Ar

O desejo de Silvio Santos de ser dono de uma emissora vem de longe. Concorreu inúmeras vezes a canais, desde 1973. Primeiro, tentou os ex-canais da Excelsior, depois o canal 7 carioca, que ficou para a Band. Em 1975, finalmente conseguiu a concessão do canal 11 da mesma cidade, estreando apenas em 15 de maio de 1976 a sua TVS – TV Studios –, junto da Record, onde possuía ações. Porém, o sonho da rede só se deu em 1981, após conseguir as concessões da Rede Tupi. O canal 9 do Rio passou para a Record, já que tinha a TVS lá, mas aos poucos foi dando cara ao seu SBT – Sistema Brasileiro de Televisão –, que inaugurou com um fato inédito: a assinatura da própria outorga, em Brasília, no dia 19 de agosto de 1981. Silvio já utilizava os estúdios da Vila Guilherme e passou também a fazer uso daqueles que eram da Tupi, no Sumaré, assim como sua torre. Os primeiros programas do SBT foram

CAPÍTULO CINCO: DO SATÉLITE À INTERNET 177

"O Povo na TV", "Bozo", o musical "Vamos Nessa", com Dudu França, a "Sessão das 10 Premiada" e o "Programa Ferreira Netto". Logo outras atrações vieram, como o carro-chefe "Programa Silvio Santos", "Almoço com as Estrelas", com Airton e Lolita Rodrigues, o cômico "Reapertura", "Show sem Limites", com J. Silvestre, e "Viva a Noite", com Gugu Liberato (no ano seguinte). Ainda na primeira década, destaque para as novelas (latinas e as 100% brasileiras, produzidas pelo SBT). Fizeram sucesso em programas, como "Perfil", com Otávio Mesquita, e, no final da década, "Veja o Gordo", "Jô Soares Onze e Meia", "Hebe" e "A Praça É Nossa", com Carlos Alberto de Nóbrega. No telejornalismo, "Noticentro" e "Telejornal Brasil", com Bóris Casoy. Outros nomes, como Raul Gil, Jacinto Figueira Jr., Sérgio Mallandro (com "Oradukapeta"), Mara (com "Show Maravilha") e Simony (com "Dó Ré Mi Fá Sol Lá Simony"). E quem não se lembra do "Show de Calouros" e seus hilários jurados? Inesquecível, né? Muitos outros programas marcaram o início daquela que ficaria conhecida como a "vice-líder em audiência" na TV aberta, numa emblemática campanha criada pela W/Brasil. E quando passou a superar a Globo em certos horários, lançaram o slogan "Na nossa frente, só você".

A alegria foi reflexo do entusiasmo do patrão, Silvio Santos. "Programa Livre", "Casa da Angélica", "Éramos Seis", "As Pupilas do Senhor Reitor", o boneco Amarelinho nas transmissões esportivas, "Carrossel", "Chiquititas", "Bom Dia & Cia.", com Eliana, "Show do Milhão", "Disney CRUJ" e tantos outros campeões de audiência marcaram o canal.

REDE MANCHETE: A TV DE PRIMEIRA CLASSE

Dois anos… O Ministério das Comunicações estava de olho no relógio. Faltava pouco para esgotar o prazo para a instalação da segunda rede de televisão advinda dos extintos canais da Rede Tupi. Felizmente, Adolpho Bloch conseguiu tirar do papel e inaugurar a sua Rede Manchete de Televisão, considerada na época a mais tecnologicamente moderna do país. Bloch instalou suas 5 emissoras próprias no Rio de Janeiro, São Paulo, Belo Horizonte, Brasília e Recife (que ainda não estava totalmente concluída), além de contar com uma afiliada: a TV Pampa de Porto Alegre (RS). Sua emissora principal era a extinta TV Tupi (RJ), canal 6 da capital fluminense. Tinha como sede empresarial o prédio da Bloch na Rua do Russel, no bairro da Glória, e o Complexo de Água Grande, o primeiro "Projac" da TV brasileira, abrigava os grandes estúdios.

A Rede Manchete foi ao ar em 5 de junho de 1983, exibindo primeiro um comercial, do óleo Lubrax 4 (Petrobras), após o discurso de Adolpho, seguido pelo show "O Mundo Mágico de Manchete", dirigido pelo cineasta Nelson Pereira dos Santos, seguido do filme "Contatos Imediatos do Terceiro Grau" – já no primeiro dia liderou a audiência. Todos esperavam por aquele dia, e a misteriosa Rede Manchete, que possuía slogans como "TV de primeira classe" e "A TV do ano 2000", logo mostrou ao que veio.

A Manchete tinha na direção geral Rubens Furtado, experiente diretor de televisão, e na direção de jornalismo, Zevi Ghivelder – pessoa de confiança do dono, Adolpho Bloch. Sua programação inicial era voltada a um público qualificado, com programas, como "Um Toque de Classe", com o Maestro Isaac Karabtchevsky, o "Jornal da Manchete", "Bar Academia", com Walmor Chagas, e até infantis, como "Clube da Criança", com Xuxa Meneghel, que estreou um dia após a inauguração da emissora.

A Manchete logo veio para rivalizar com a concorrência, tendo como diferenciais seu telejornalismo, uma nova forma de transmitir Carnaval, com o "Carnaval da Manchete", suas séries, filmes e até sua teledramaturgia. Foi uma pedra no sábado, não apenas para o SBT e a Bandeirantes, como em alguns momentos chegou a brigar pela liderança com a Rede Globo, que até então se mantinha absolutíssima no topo do Ibope.

Muitos programas fizeram sucesso na emissora, que, em 1999, cheia de dívidas, foi vendida, e a Rede TV! entrou no seu lugar. Entre os êxitos do canal, tivemos "Conexão Internacional", com Roberto D'Ávila, "Jornal da Manchete", os documentários "Xingu – A Terra Mágica dos Índios', "Japão – Uma Viagem no Tempo" e "China – O Império do Centro", "Documento Especial", de Nelson Hoineff, "Programa de Domingo", "Clube da Criança" e "Milk Shake" (mais um com Angélica), "Cinemania", com Wilson Cunha, minisséries, como "Marquesa de Santos" e "O Canto das Sereias", novelas, como "Dona Beija", "Carmem", "Corpo Santo", "Kananga do Japão", a líder absoluta de audiência "Pantanal" (com remake pela Globo em 2022), "A História de Ana Raio e Zé Trovão", "Tocaia Grande", "Xica da Silva", "Mandacaru", "Brida" – sua última produção –, as séries japonesas "Jaspion", "Changeman", "Flashman", "Jiraya", e o desenho "Os Cavaleiros do Zodíaco". A emissora esteve também sob as mãos de Hamilton Lucas de Oliveira, da IBF – Indústria Brasileira de Formulários –, que, após envolvimento com o esquema PC Farias, fez com que a Manchete retornasse em 1993 a Adolpho

CAPÍTULO CINCO: DO SATÉLITE À INTERNET 179

Bloch. Chegou também a estar sob o comando da Igreja Renascer, em 1997, mas retornando a Pedro Jack Kapeller ("Jaquito", o sobrinho de Bloch e seu sucessor, uma vez que o fundador faleceu em 1995). A chamada "TV do ano 2000" partiu um ano antes, mas, indiscutivelmente, marcou a história da televisão brasileira.

A DEMOCRACIA PELA TV

No início dos anos 80, a TV ainda estava sob o olhar da Censura Federal. A reabertura política aconteceria aos poucos, após a Lei da Anistia, em 1979, e o retorno dos exilados políticos. A própria programação de TV começou a debater mais temas políticos (vide a presença de programas como "Abertura", dirigido por Fernando Barbosa Lima, na Rede Tupi). Entre 1982 e 1985, grandes transformações ocorreram no país: a luta pela aprovação da Emenda Constitucional Dante de Oliveira, exigindo o retorno das eleições diretas, as manifestações populares – entre 1983 e 1984 –, chamadas de "Diretas Já", e a conclusão com a chegada de Tancredo Neves ao poder, o que infelizmente não ocorreu por conta de seu falecimento, sendo substituído pelo vice José Sarney, marcaram época. O Brasil parou para ir às ruas ou assistir pela TV, cujas telas estampavam uma tarja preta no canto, o cortejo e o velório de Tancredo. A grande cobertura das manifestações, os primeiros debates políticos (para presidente, governador e prefeito nessa nova fase), a tão esperada liberação da novela "Roque Santeiro" (Globo, 1985), dez anos após ser censurada, e a exibição, na dramaturgia, nos programas de humor e em toda uma linha de shows, de temas antes proibidos, foram sinais de mudança. Sobre os debates eleitorais, algumas datas importantes:

- 1960 – Em 15 de setembro, no "Pinga Fogo" (Tupi), Adhemar de Barros, Marechal Lott e Jânio Quadros fariam o debate. Com a recusa de um, acabou sendo cancelado.
- 1974 – Em 9 de setembro, Nestor Jost (Arena) e Paulo Brossard (MDB), candidatos ao Senado, debateram na TV Gaúcha (RBS, Porto Alegre).
- 1976 – A Lei Falcão restringiu a propaganda eleitoral na TV, apenas com menção à legenda e rápido currículo do candidato. Vigorou até 1984.

180 A HISTÓRIA DA TELEVISÃO BRASILEIRA PARA QUEM TEM PRESSA

- 1982 – TVS (22/3) e Band (13/9) realizaram os primeiros debates, com Reynaldo de Barros e Franco Montoro em ambos (Jânio, Lula e Rogê Ferreira apenas no segundo). Ferreira Netto e Joelmir Beting mediaram, respectivamente.
- 1988 – Em 5/10 foi promulgada a nova Constituição, sendo televisionado o feito.
- 1989 – Foram realizados seis debates, já após o fim da Ditadura, sendo na Band o primeiro deles, em 17/7, com a presença de todos os candidatos, em pool de emissoras. Os demais aconteceram no SBT, na Manchete e na Globo (este último, na Globo, entre Lula e Collor). Começou assim a tradição do primeiro debate sendo na Band e o último na Globo. Desde então, a cada dois anos temos debates.
- 1992 – Os brasileiros voltam às ruas pedindo o impeachment do Presidente Collor, com o movimento dos "caras-pintadas". O presidente renunciou, assumindo Itamar Franco.
- 1993 – Em 26/7, a novela "biográfica" (uma sátira) que contava o caso do Esquema PC Farias e de Collor, "O Marajá" (Manchete), foi proibida de ir ao ar pelo ex-presidente, assegurado pelo direito do cidadão de não ter sua imagem utilizada sem autorização.
- 2016 – Após quase um ano do processo de impeachment aberto, em 31/8, o mandato de Dilma Rousseff foi cassado, assumindo Michel Temer. Tudo televisionado desde os primeiros protestos em 2013 até a cassação (boa parte do país parou para assistir).

De lá pra cá, muitos outros acontecimentos se sucederam, com o telejornalismo sempre presente e atuante.

Novos Rumos

Se analisarmos os anos 80 e 90, iremos perceber a quantidade de transformações que esse período trouxe para a TV brasileira. Mudanças altamente significativas. A própria televisão aberta foi colocada em cheque. A seguir, alguns exemplos:

CAPÍTULO CINCO: DO SATÉLITE À INTERNET

181

- UHF – Apesar de, desde 1957, surgirem canais em Ultra High Frequency (14 a 69), foi somente no final dos anos 80 que uma forte distribuição de concessões aconteceu pelo governo Sarney. Com isso, houve uma grande expansão de afiliadas pelo interior do país, o que gerou críticas de que o presidente queria, dessa forma, agradar políticos locais. Em São Paulo, o canal 16 UHF foi concedido à Jovem Pan/Objetivo, para a criação da Jovem Pan TV – Di Gênio e os Machado de Carvalho se desentenderam, e a emissora virou CBI, passando poucos programas próprios e locando o restante para o Shop Tour, de televendas – que já foi Mix TV e hoje é Mega TV. Também em 1990, surgiu a MTV Brasil, da editora Abril. Não esqueçamos do Canal+, em 1989, embrião da TVA, no 29 UHF.

- SOM ESTÉREO – Após vários testes, o canal de áudio duplo foi inaugurado com o filme "Contatos Imediatos do Terceiro Grau", na Rede Manchete, em 15 de abril de 1987, dando início a essa fase sonora na televisão.

- TV SEGMENTADA – A Bandeirantes descobriu um grande nicho, investindo em esporte em toda a programação, antes dos canais pagos voltados ao gênero. Da sinuca ao basquete, programas como "Show do Esporte", com Luciano do Valle, e a transmissão dos jogos da NBA ganharam a atenção do público. Já no canal 32 UHF (SP), a partir de 20/11/1990, surgiu a MTV Brasil. Ela nasceu da parceria entre a Abril e a Viacom, que existiu até 30/9/2013. Revelou VJs e apresentadores que ficaram na memória dos jovens. Entre tantos, destaque para Astrid, Cazé Peçanha, Cuca Lazarotto, Edgar Picolli, Gastão, Thunderbird, Marcos Mion, Tatá Werneck, Didi Wagner, Sarah, Marina Person, Zeca Camargo, Chris Couto, Sabrina Parlatore, Márcio Garcia, Marcelo Adnet, Dani Calabresa, Fábio Rabin, Soninha, Babi Xavier, Max Fivelinha, Maria Paula, Daniela Cicarelli, Fernanda Lima, Jairo Bouer e Penélope Nova. Programas como "Disk MTV", "Teleguiado", "Comédia MTV", "Video Music Brasil", "Beija Sapo", "Fica Comigo?", "Acústico MTV", "Erótica MTV", "Rock Gol", "Piores Clipes do Mundo"... arrebentaram. A emissora funcionava no Sumaré, no antigo prédio da TV Tupi.

- TV PAGA – A TV aberta passou a disputar espaço com a TV a cabo e a DTH (direct-to-home), que logo abordaremos.

- NOVAS CARAS – Em todos os gêneros, essas duas décadas foram cruciais para uma mudança no cenário. Aos poucos, muitos profissionais das primeiras décadas da TV no Brasil saíram de cena e surgiu um grande número de novos talentos. Uma geração acostumada com Chacrinha, J. Silvestre, Flávio Cavalcanti, Blota Jr. e Bolinha viu surgir Fausto Silva (no "Perdidos na Noite", que passou pela Gazeta, Record e Band, indo para a Globo depois com seu "Domingão do Faustão", e em 2022, com "Faustão na Band"), Serginho Groisman (com "TV Mix", "Matéria Prima", "Programa Livre"), Tadeu Jungle (com "Fábrica do Som"), Gugu Liberato (com "Sessão Premiada", "Viva a Noite", "Sabadão"), Ratinho (com "Programa do Ratinho"), Ana Maria Braga (com "Note e Anote"), entre tantos novos atores, autores e diretores.
- CRIANÇA NA TV E NA PUBLICIDADE – Tivemos a fase das apresentadoras infantis, as loiras Xuxa, Angélica, Mariane, Eliana, Jackeline Petkovic, Paty Beijo, Debby Lagranha; e as morenas Simony (sem esquecer a fase do Balão Mágico e Fofão), Mara Maravilha e Mylla Christie. Período em que a crítica foi feroz (com razão) em relação à erotização e ao conteúdo não adequado às crianças. O CONAR, que regulamenta a publicidade na TV, foi em cima também das marcas, pelo desnecessário apelo ao consumo para crianças, mudando todas as regras. Isso acabou afetando a sobrevivência de boa parte da programação infantojuvenil na TV aberta.
- PRODUÇÕES INDEPENDENTES E AS TELEVENDAS – Locando horários, as emissoras abriram espaço para produtores independentes. Pioneiros, como "Mosaico na TV", seguem no ar (desde 1961), agora também competindo com novos nomes, como "Estilo Ramy". Produtoras, como Olhar Eletrônico (hoje O2), de Fernando Meirelles e Marcelo Tas, passaram a produzir também para a TV. Para sobrevivência, muitas emissoras precisaram recorrer às televendas e ao serviço de ligações pagas e sorteios 0900. E o 1406, do Grupo Imagem, fez a festa. Em tempo: "Folias Philips" (Tupi), em 1957, foi um dos pioneiros.
- TV 24 HORAS – Não tinha mais horário de entrar e sair. Aos poucos, a televisão começou a virar madrugadas. Assim, Goulart de Andrade, Otávio Mesquita, Ney Gonçalves Dias e depois Serginho

CAPÍTULO CINCO: DO SATÉLITE À INTERNET 183

Groisman ganharam maior atenção do público, além dos filmes e séries exibidos madrugada adentro, muito além de Corujão e programas da IURD.

• MEMÓRIA TELEVISIVA – Em 1995, surgiu a APITE – Associação dos Pioneiros da TV, futura Pró-TV, embrião do hoje Museu da TV, Rádio & Cinema. A associação foi criada pelos pioneiros Vida Alves, Blota Jr., Luiz Gallon, Walter Forster, entre outros. A ideia foi preservar a história da radiodifusão, partindo dos depoimentos, e a construção de acervo. Conseguiram, em 2001, colocar no calendário do país o 18 de setembro como "Dia Nacional da TV" (data em que, em 1950, nasceu a Tupi). Muitos outros projetos, como Memória Globo e o Centro de Memória Audiovisual da TV Cultura, vieram no encalço da Pró-TV. Livros e documentários foram lançados de lá pra cá, aumentando a preocupação com a memória.

• UMA NOVA MULHER – Os ditos "programas femininos" cada vez mais passaram a ser considerados de "variedades". Isso se deve também ao novo perfil da brasileira, menos "dona de casa", mais empoderada e opinativa. A mulher de "Revista Feminina", com Maria Thereza Gregori, "Clube do Lar" e "Clarice Amaral em Desfile" já debatia temas polêmicos em "Silvia Poppovic", "Xênia e Você", "Dia Dia", "Mulheres em Desfile", "TV Mulher". Mais debate e menos cozinha, moda e costura. Marília Gabriela, Xênia, Cátia, Astrid, Ione, Claudete, Márcia, Ana Maria, Regina Volpato deram cara nova e muito mais opinião! Em 1994, elas ganharam um canal, a "Rede Mulher" (hoje Record News).

• UMA NOVA RECORD – Em 1971, os Machado de Carvalho venderam parte das ações da Record para Silvio Santos. Dez anos depois, com o surgimento do SBT, o empresário, aos poucos, voltou sua atenção à nova rede. Assim, em 1989, os acionistas se reuniram para decidir o futuro. O resultado foi a venda total das ações da Record, em abril de 1990, ao líder da Igreja Universal, o bispo evangélico Edir Macedo, por 45 milhões de dólares! Ratinho, Eliana, Ana Maria Braga, "Fala Brasil", "Jornal da Record", Raul Gil... marcaram essa primeira fase pós-venda. Novelas e séries bíblicas também foram produzidas.

184 A HISTÓRIA DA TELEVISÃO BRASILEIRA PARA QUEM TEM PRESSA

- A IGREJA E A TV – Assim como aconteceu na Record, outros líderes religiosos (neopentecostais, principalmente) também se interessaram pela televisão. Se não por meio da compra de horário na TV aberta, sobretudo na faixa da madrugada, pela criação de redes próprias. Como exemplo, Rede Gospel, Rede Vida, TV Canção Nova, TV Mundo Maior, RIT (do pastor R.R. Soares – que começou na IURD com o cunhado Edir Macedo, com o "Despertar da Fé", na TV Tupi, em 1978) e Rede Mundial (do apóstolo Valdemiro Santiago). David Miranda, Pagliarini, entre outros, conquistaram também seus espaços. Dessa relação da TV com a religião, em 1995, uma polêmica surgiu, quando o bispo Sérgio Von Helder (IURD) chutou a imagem de Nossa Senhora Aparecida na Record.

- A INTERATIVIDADE – A interatividade é algo que, nos anos 90, foi aperfeiçoado tecnologicamente. Isso porque "Tribunal do Coração" (TV Tupi, 1954), de Vida Alves, já tinha feito isso, com o apoio do público participando, pelo telefone ou cartas, sobre o final dos casos jurídicos. O mesmo quando, em 1959, na Tupi carioca, o público votou pela escolha da próxima trama de "Teatro de Novela Coty", sendo escolhida "A Cidadela". Já "TV Powww!" (SBT, 1984) tinha um sistema que, ao falar a expressão *pow* pelo telefone, o espectador brincava no videogame do programa. O telefone também foi vital para auditar resultados de campanhas beneficentes, como "Criança Esperança" (Globo), "Teleton" (SBT e outras emissoras) e "Band Vida" (Band). Em 1992, pelo gratuito 0800, o telespectador podia escolher um dos finais do "Você Decide" (Globo) – o que, tempos depois, também foi adotado para a escolha do filme em "Intercine". Já em 1995, o desenho animado dinamarquês "Hugo" foi um jogo de sucesso na CNT Gazeta, com apoio de Herbert Richers. Para o jovem, "Disk MTV" e "Interligado" (Rede TV!). Inúmeros concursos e programas entraram na onda. Nos anos 2010, a interatividade foi ainda maior com os aplicativos integrados com os programas, como o "Superstar" (Globo), com votação em tempo real. E os reality shows? Esses... nem se fala!

- FORA DO EIXO – Em 1992, a Rede OM (Organização Martinez) fez acordo com a TV Gazeta e inovou criando a primeira rede fora do eixo Rio-São Paulo. Com sede em Curitiba, a futura

CAPÍTULO CINCO: DO SATÉLITE À INTERNET

CNT – Central Nacional de Televisão (que surgia da TV Tropical de Londrina e TV Paraná curitibana) – chamou a atenção do público e elevou também o índice de audiência da TV Gazeta, enquanto estiveram juntas, num sadio intercâmbio de programação.

- OS COMPLEXOS TELEVISIVOS – As superproduções só puderam virar realidade com o apoio na infraestrutura das TVs, que tiraram do papel projetos de grandes complexos horizontais de produção, com direito a cidades cenográficas internas atreladas a estúdios. Foi assim que surgiram complexos, como o Água Grande, da Manchete, e os faraônicos PROJAC, sede da Central Globo de Produção (hoje Estúdios Globo), em 1995, e o CDT – Complexo Anhanguera, do SBT, em 1996. RecNov (Record Novelas), no mesmo bairro do PROJAC, e o complexo da Rede TV!, na Rodovia Castelo Branco, não podem deixar de ser citados.

- BRIGA PELA AUDIÊNCIA – Uma marca dos anos 90 foi a disputa pela audiência a todo custo. A novela "Pantanal", na Manchete, alcançou seu lugar ao sol a partir de 14 de abril de 1990, ficando quase um mês no ar. Apesar do erotismo e das cenas de nudez da novela, das paisagens exuberantes da região pantaneira, a envolvente trama de Benedito Ruy Barbosa, com Jayme Monjardim na direção, fez o canal dos Bloch chegar à liderança. Juma, Maria Marruá, Velho do Rio, Zé Leôncio se tornaram personagens inesquecíveis. Média de 40 pontos – 41 da Manchete contra 21 da Globo no capítulo final, em 11 de dezembro. Já o SBT, com sucessivos episódios desafiando a hegemonia global, em mcados da década, começou a disputar ferrenhamente os domingos com a Globo. "Domingo Legal", com Gugu Liberato (SBT), rivalizava com o "Domingão do Faustão". Sushi Erótico, Los Peludos, Banheira do Gugu, PCC, o garoto com 87 cm, o concurso da Garota do Tchan, o Táxi do Gugu... Que disputa! De fininho, a Record foi crescendo, e, nos anos 2000 – com uma programa superpopular, com nomes como Ratinho, com seu teste de DNA, e Ana Maria Braga –, resolveu entrar firme na briga, para se aproximar da Globo e tirar a vice-liderança do SBT, o que por um tempo conquistou... quem não se lembra de "Os Dez Mandamentos"? Durante a semana, se viu a disputa de programas policiais, como "Aqui Agora" (SBT) e "Cidade Alerta" (Record). A juventude vibrava com a sensualidade das assistentes de palco do "H" (Band): Tiazinha, Feiticeira e Aigó. "Loucura, loucura, loucura!", dizia Luciano Huck. Ainda sobre os anos 90, a briga pela audiência muitas vezes foi colocada em cheque pela Justiça, chegando a ter penalização às emissoras. Abriu-se uma guerra contra a chamada "baixaria" e o mundo cão.

- A REDE TV! – Em maio de 1999, prestes a caducar sua concessão, a TV Manchete repassa a empresa a Fábio Saboya, e o sinal ao Grupo TeleTV!, de Amilcare Dallevo e Marcelo de Carvalho, por 608 milhões de dólares, que estrearam sua RedeTV! em 15 de novembro de 1990. Na estreia, às 7h, o telejornal "Brasil TV", com Júlio Mosquera entrevistando FHC. Após, Andréa Sorvetão e Zuzubalândia no "Galera da TV", Valéria Monteiro em "A Casa É Sua", o interativo "Interligado", com Fernanda Lima, "TV Fama", com Mariana Kupfer, o "Superpop", com Adriane Galisteu (depois substituída por Luciana Gimenez), "Jornal da TV", com Lilian Fernandes e Augusto Xavier, "TV Economia", com Denise Campos de Toledo, e "Te Vi na TV", com João Kléber. Porém, mesmo com uma programação de bom nível, a emissora sofreu com a baixa audiência, popularizando--se para se manter e locando horários. João Kléber, com seu "teste de fidelidade", as entrevistas polêmicas do Superpop, Clodovil e depois Sônia Abrão em "A Casa É Sua", a comédia escrachada do "Pânico na TV", comandado por Emílio Surita, e outras atrações marcaram as décadas seguintes dessa que foi também a primeira emissora a acreditar na tecnologia de captações em 3D e 4D.
- A TV PELA INTERNET – A "rede mundial de computadores" não estava somente na ficção de "Explode Coração" (Globo). Em 18/9/1996, os Estados Unidos lançaram a *WebTV Network*. Um ano antes, em 1995, foram lançados os sites da Rede Globo, SOL (SBT On Line) e Bloch Planet (Manchete), os pioneiros. Na entrada do site da Globo, Celso Freitas convidava os internautas a visitarem a home page. Em 12/6/1997, o "Fantástico" foi o primeiro programa sulamericano a ser transmitido pela TV e pela internet – no dia 30/6, o "Jornal Nacional" fez o mesmo. Já em 29/4/1998, foi lançado o site da Band, o primeiro a ter galeria de vídeos e ser comandado por uma mulher, Bia Peine. Em 9 e 10/11/1999,

CAPÍTULO CINCO: DO SATÉLITE À INTERNET 187

durante a "Expo Comm 99", SBT, TVA/AJATO e Media Cast fizeram uma demonstração interativa via internet. Já o primeiro site brasileiro especializado em crítica sobre TV foi TVD Net – Television Domain, de Marcel Britto de Freitas, em 15/5/1997. Sobre TV pela internet no Brasil, o primeiro grande projeto foi a AllTV, de Alberto Luchetti, que estreou em 6/5/2002 no www.alltv.com.br, 100% interativo, tendo lançado a 1ª webnovela interativa, "Umas & Outras", em 14/9/2005, de Leandro Barbieri e Silvia Cabezaolias. Em 2006, com o lançamento do YouTube, a história entre a produção televisiva e a internet alcançou um novo patamar, com a chegada definitiva do streaming no Brasil e no mundo. Em 3/9/2015, foi a vez do Globoplay. Depois surgiram PlayPlus (Record/ESPN) e Band Play, entre outras.

- CANAIS UNIVERSITÁRIOS – Com a expansão do UHF e da TV paga, as universitárias requereram canais ou se uniram também em emissoras, como CNU (Canal Universitário), que gera conteúdo de TVs como do Mackenzie, UNIP, PUC e USP. Lembrando que a primeira universitária foi a recifense TV-U, ligada à UFPE, em 1968, e que, desde 30/10/2000, todas se reúnem por meio da ABTU – Associação Brasileira de TV Universitária.

Essas e outras novidades mudaram todo um panorama, porém, a TV paga e a digitalização do sinal foram cruciais.

MUITO ALÉM DA TV ABERTA

Aquela televisão aberta que se conhecia, gerada apenas pelo ar, agora atingia novos caminhos. Um sinal vindo direto pelo satélite, via DTH, ou via cabo, com fibra óptica, distribuído para todo canto do país, na busca por melhoria de sinal e novas opções de canais. A seguir, a evolução dessas tecnologias:

- 1948 – Nos Estados Unidos começam experiências de TV a cabo, com intuito de melhoria de sinal.
- 1958 – Na busca por menor interferência, implantou-se, em Petrópolis (RJ), um pioneiro sistema de TV a cabo.

A HISTÓRIA DA TELEVISÃO BRASILEIRA PARA QUEM TEM PRESSA

- 1972 – Na Pensilvânia, no dia 8 de novembro, estreou via cabo a HBO (para 365 lares), transmitindo uma partida de hóquei no Madison Square Garden e o filme "Uma Lição para Não Esquecer".
- 1975 – Na HBO, a luta entre Muhammad Ali e Joe Frazier, em 30/9, foi distribuída por satélite para operadoras de cabo para todos os Estados Unidos.
- 1979 – A TVC Ltda., na Barra da Tijuca, no Rio, distribuiu uma programação própria para todos os apartamentos do condomínio Barramares, por meio de cabo e circuito fechado, no canal 5.
- 1984 – A AFR&TS, canal das Forças Armadas norte-americanas, em abril, foi pioneira na criação de sinais mistos de satélite com TV aberta, via antena parabólica, podendo ser sintonizado até no Brasil. Foi a precursora do sistema DTH (direct-to-home), com sinais captados sem uso de cabo ou via micro-ondas.
- 1987 – Em 3/12, nasceu a pioneira operadora TV Cabo Presidente Prudente, de Raul Melo Fajardo, com 13 canais e 600 assinantes iniciais, em Presidente Prudente (SP).
- 1988 – Um sistema interno similar foi inaugurado em setembro. No mesmo ano, a Key TV transmitiu corridas do Jockey Club de São Paulo e do Rio de Janeiro para assinantes e 200 casas de apostas.
- 1989 – Em 28/3, o Supercanal (de André Dreyfuss e Mathias Machline) lançou a TV por assinatura pelo ar no Brasil, denominada Canal+ (baseada no Canal Plus francês), no 29 UHF paulistano. Apenas assinantes poderiam decodificar o sinal, presente na região entre as avenidas Paulista, Rebouças, Brigadeiro Luiz Antônio e Rua Estados Unidos, nos Jardins. O serviço transmitia sinal exclusivo da ESPN. Em junho de 1990, o Canal+ chegou ao Rio. Abril e Machline (Sharp) se uniram, e os assinantes do serviços foram absorvidos pela TVA, inaugurada em 15/9/1991.
- 1991 – Para concorrer com a TVA, em 19/10, estreou a Globosat (São Paulo e Rio), oferecendo quatro canais: TopSports (SporTV), GNT, MultiShow e Telecine. Logo outros canais da Globosat surgiram, tendo sua transmissão também via o satélite Brasil II (Banda C), captado por parabólicas para prédios com serviço coletivo de assinatura. Com o passar do tempo, canais internacionais, como

CAPÍTULO CINCO: DO SATÉLITE À INTERNET

Cartoon Network, FOX, SONY, Warner, Discovery, CNN e ESPN, foram lançando seus sinais nas operadoras de TV paga. Alberto Pecegueiro (Globosat) e Roger Karman (TVA/Abril) passaram a ser nomes tidos como referência no segmento. Surgiu também a Horizonte Sul (futura Net Sul), que foi criada com apoio da Globosat, para toda a região Sul.

- 1993 – Em outubro, 24 canais de TV paga são oferecidos pela NET e pelo Multicanal.
- 1995 – Em outubro, a TVA foi pioneira ao oferecer, em pay-per-view, o Campeonato Brasileiro (Brasileirão) para assinantes de Curitiba, por R$ 7 cada partida. No mesmo ano, no 36 UHF de Porto Alegre, foi criada a TVCOM, primeira voltada à comunidade gaúcha.
- 1996 – Foi inaugurada, em 14/6, a DirecTV brasileira – a implantação na América Latina foi iniciada em 1994, numa parceria entre Multivisión (México), Cisneros (Venezuela) e TVA (Brasil). Naquele 1996, foram lançados 31 canais de áudio e 58 de TV (sendo 18 canais pay-per-view), em 1º de julho, com transmissão via banda K-U, do satélite, recebida nas casas por uma miniparabólica de 60 cm – logo a SKY também entrou com tudo no mercado, estando hoje juntas como NET Sat. Em 26/9, a RBS e a Globosat criaram o Canal Rural, o primeiro ligado ao agronegócio.
- 2001 – A Globosat criou seu primeiro serviço de vídeo on demand, o Muu, futuro Globosat Play.
- 2007 Com a estreia oficial da TV digital em sinal aberto, a paga também investiu em sua digitalização. Inicialmente, TVA Digital e NET Digital HD converteram para o padrão DVB (europeu) e posteriormente para ISDB (nipo-brasileiro).
- 2012 – A TVA, em 15/4, se transformou em Vivo TV, do Grupo Telefônica.
- 2014 – Em TV paga e TV aberta, Globo e Globosat transmitiram em 4K (UltraHD), durante a Copa do Mundo no Brasil.
- 2015 – Globosat iniciou recurso de pausa em exibição ao vivo, para assinantes pay-per-view dos canais do BBB15.
- 2020 – Em 16/9, a Globosat e o Globosat Play foram renomeados como Canais Globo, dentro do projeto de reestruturação do Grupo Globo, o "Uma Só Globo".

190 A HISTÓRIA DA TELEVISÃO BRASILEIRA PARA QUEM TEM PRESSA

Mesmo com diversas opções (hoje centenas de canais), a audiência da TV paga ainda desfruta de uma boa fatia gerada pelo público que quer assistir aos canais abertos transmitidos pelas operadoras com uma melhor qualidade de sinal. Além disso, muitos canais brasileiros também são destinos certos dos assinantes. Descubra quais e quando surgiram alguns deles:

- CANAIS TVA/VIVO TV – Showtime (1991, TVA Filmes), ESPN (1991, TVA Esportes), CNN (1991, TVA Notícias), TNT (1991, TVA Clássicos), The Superstation (1991, TVA Super), TVA Digisat (1995), ESPN Brasil (1995), TV Millenium (2000).
- CANAIS GLOBO (GLOBOSAT) – Telecine (1991, Telecine 1 em 1997, Telecine Premium em 2000), Top Sport (1991, transformando-se em SporTV em 1994), GNT (1991, inicialmente jornalístico, como Globosat News Television), Multishow (1991), Shoptime (1995), Canal Rural (1996, em parceria com o Grupo RBS), GloboNews (1996), USA Network (1996, parceria), Futura (1997, em parceria com a Fundação Roberto Marinho), Sexy Hot (1996), Telecine 2 (1997, Telecine Action em 2000), Telecine 3 (1997, Telecine Emotion em 2000, Telecine Light em 2007), Telecine 4 (1997, Telecine Happy em 2000, Telecine Pipoca em 2010), Telecine 5 (1997, Telecine Gallery em 2000, Telecine Classic em 2010 e Telecine Cult em 2012), Canal Brasil (1998), Canais Premiere (2002), Premiere Combate e SporTV 2 (2004), For Man (2005), Globosat HD (2007), Megapix (2008), Multishow HD (2009), Canal Viva (2010), Canal OFF e SporTV 3 (2011), Gloob, Bis, +Globosat e Philos TV (2012), GNT HD (2012).
- CANAIS BAND – Band News TV (2001), Bandsports (2002), TV Terra Viva (2005), SexPrivé (2008), Arte 1 (2012), Agro Mais (2020), Conmebol TV (2020), Sabor & Arte (2021).
- GOVERNAMENTAIS – TV Senado (1996), NBR (1997), TV Câmara (1998), TV Justiça (2002).
- INFANTIS – TV Rá-Tim-Bum (2004, Fundação Padre Anchieta).
- COMUNITÁRIOS – TVCOM-RS (1996), TVCOM-RJ (1996), Canal Comunitário-SP (1997, atual "TV Aberta"), TVCOM-BH (1997), TVCOM-DF (1997) e TVCOM-Campinas (1997) são os pioneiros. Os canais comunitários foram autorizados a operar no

CAPÍTULO CINCO: DO SATÉLITE À INTERNET

line-up da TV paga pela Lei do Cabo, nº 8.977, de 6 de janeiro de 1995.

A certeza é que, seja pago ou gratuito, por satélite, micro-ondas ou cabo, o que o brasileiro deseja é assistir mais conteúdo audiovisual nacional.

SUA MAJESTADE, O IBOPE

Audiência é algo que sempre foi uma enorme preocupação dos canais. Não apenas para conhecer melhor o público que assiste, mas também para consolidar dados a um patrocinador que queira bancar os programas. Atualizado anualmente num percentual aproximado de 2% (em número de habitantes e domicílios), desde 1º de janeiro de 2021, 1 ponto no IBOPE vale, no PNT (Painel Nacional de Televisão, média das 15 principais regiões metropolitanas), um total de 716.007 telespectadores e 268.278 residências – a atualização é feita também com base nos dados populacionais do IBGE (Instituto Brasileiro de Geografia e Estatística).

Muitos foram os institutos de pesquisa que auditaram a TV brasileira, como Audi-TV, Nielsen, Datanexus (do SBT, com Carlos Novaes) e GFK, mas o principal, pioneiro e até sinônimo de tal controle foi o IBOPE – Instituto Brasileiro de Opinião Pública e Estatística –, fundado em 13 de maio de 1942 por Auricélio Penteado (sócio da Rádio Cosmos, SP, atual América), baseado no internacional Gallup. Apenas em 1954 – quando o instituto já era mantido por Paulo de Tarso Montenegro, Hairton dos Santos, José Perigault e Guilherme Torres –, o IBOPE passou a auditar a TV, a partir dos canais paulistanos. Na liderança, Tupi, seguida por Record e Paulista. Muita transformação aconteceu: dos caderninhos e pesquisas em prancheta, seguidos pelo medidor TVmetro (nos anos 70), pela criação do real time, em 1988, do Teletron (Data IBOPE, em 1990, chegando ao eletrônico peoplemeter). Hoje não apenas Rio e São Paulo recebem dados consolidados, minuto a minuto, mas todo o Brasil. Aquele antigo IBOPE hoje é o internacional Kantar IBOPE Media (tendo os brasileiros Antonio Wanderley e Melissa Vogel na direção), e não só audita a TV aberta, como também a remunera e alimenta com dados provenientes da internet e das redes sociais.

CAPÍTULO SEIS

A ERA DIGITAL (2007)

A internet chegou com tudo, a interatividade idem. Aquelas coisas que achávamos tão distantes, tão sci-fi... o universo dos "Jetsons", de "Star Trek" ou "2001: Uma Odisseia no Espaço", agora nos parecem tão próximas. Equipamentos tão parecidos com smartphones ou smarTVs. O mundo virou digital e o espectador, produtor de conteúdo. A telinha não é mais a mesma.

UMA NOVA TELEVISÃO

Nos anos 2000, a grande novidade foi a chamada "novela da vida real": os reality shows. O primeiro no Brasil foi o "20 e Poucos Anos", na MTV, em julho de 2000. No mesmo mês, a Globo estreou "No Limite", programa baseado no formato de "Survivor". Muitos outros fizeram sucesso, como "Casa dos Artistas" (SBT), "Big Brother Brasil" (Globo), "MasterChef" (Band) e "A Fazenda" (Record). O que não faltam são novos realities, cuja curiosidade do público garante altas audiências até o final.

Ao mesmo tempo, tivemos a implantação do padrão nipo-brasileiro (ISDB-T) de TV digital, que estreou inicialmente na cidade de São Paulo, em 7 de dezembro de 2007, em grande evento na Sala São Paulo, reunindo as principais redes de televisão – Gazeta e MTV, ausentes, mesmo assim estrearam e protestaram pela não explicação sobre a exclusão. Foi implantado também o sistema interativo (middleware) Ginga. Começou ali a contagem regressiva para o fim da TV analógica, cujo processo de *switch-off* (SWO) – o desligamento do sinal – se iniciou apenas em 1º de março de 2016, na cidade--piloto de Rio Verde (GO). A partir dali e até 2019, em cooperação com a Seja Digital – entidade criada com apoio das empresas de telefonia e da ANATEL,

CAPÍTULO SEIS: A ERA DIGITAL (2007)   193

supervisionada pelas associações de classe ABERT e ABRATEL –, a sociedade foi auxiliada, com informações e kits com antena UHF (para onde os canais VHF foram migrados) e conversores (set-up box), para famílias de baixa renda, distribuídos nas agências dos Correios. Mas como chegamos à alta definição? Voltemos a...

- 1964 – A NHK (Japão) iniciou pesquisas, em laboratório, pela alta definição (HD).
- 1970 – Além das pesquisas, começou o desenvolvimento da tecnologia HD (originalmente denominada Hi-Vision).
- 1988 – O HD foi testado nas Olimpíadas de Seul (Coreia do Sul).
- 1989 – A NHK, em 3/6, testou por uma hora diária o novo sistema.
- 1991 – Foi lançada oficialmente a HDTV no mundo, em novembro (mês 11), dia 25, em analogia às 1.125 linhas do sistema.
- 1996 – A ONU cria o Dia Mundial da TV (21/11), data do I Fórum de TV.
- 1997 – A TV Fronteira, de Presidente Prudente (SP), foi o 1º canal 100% digital no Brasil.
- 1998 – O "Fantástico", no dia 7 de junho, realizou a primeira transmissão experimental, com apresentação de Pedro Bial. Em São Paulo, 17 aparelhos receberam o sinal de alta definição, como no hotel Maksoud Plaza, no shopping West Plaza e na TV Cultura. No dia seguinte, a TV Record fez transmissão em HD, no Memorial da América Latina. Já no dia 10, a Globo realizou a primeira transmissão digital ao vivo, no jogo Brasil 2 x 1 Escócia, direto da França. Pouco tempo depois, na ABERT, reunindo 17 grupos televisivos, e na SET (Sociedade Brasileira de Engenharia de Televisão), passou a ser debatido qual padrão digital seria adotado: ISDB (japonês), americano (ATSC) ou europeu (DVB).
- 1999 – A ANATEL realizou, a partir de 28/9, testes com apoio das emissoras, da Universidade Mackenzie, e com transmissao pela torre da TV Cultura, no bairro do Sumaré. Em 30/11 e 7/12, os dois últimos episódios da série "Mulher" (Globo) foram produzidos em HD.
- 2002 – A final da Copa do Mundo, em 30/6, foi transmitida para convidados em cinemas de São Paulo e do Rio de Janeiro, em alta definição. A conquista do penta (2 x 0 em cima da Alemanha) foi transmitida pela Globo e produzida pela Casablanca.

A HISTÓRIA DA TELEVISÃO BRASILEIRA PARA QUEM TEM PRESSA

- 2007 – Foi inaugurada, em São Paulo (apenas para a região metropolitana), a TV digital, em 2/12.
- 2010 – No dia 25/6, durante a Copa do Mundo, a Globo transmitiu o jogo Brasil 0 x 0 Portugal, utilizando a tecnologia 3D, sendo exibida para convidados em um cinema paulista e dois cariocas. Já em 7/7, foi a vez de Recife (PE) mostrar a convidados a tecnologia em 3D, no jogo Espanha 1 x 0 Alemanha (semifinal).
- 2016 – Seja Digital, Rio Verde. Lançada em 2015, como aplicativo, a plataforma Globoplay, em 16/9, colocou no ar, pela primeira vez, uma série completa, "Supermax" (11 episódios), antecipando a seus assinantes. No encalço, o Globoplay disponibilizou, antecipadamente também, as séries "Nada Será Como Antes" e "Justiça". No dia 1º de março, iniciou o *switch-off* da TV analógica no Brasil, a partir de Rio Verde (GO).
- 2017 – Dentro do plano de *SWO*, São Paulo, a primeira cidade a ganhar TV digital, tem seu sinal desligado em 29 de março.
- 2018 – Além de boa parte da programação sendo produzida em HDTV, a parceria entre Samsung e SporTV permitiu que muitas partidas fossem realizadas para testar a resolução 4K. Praticamente todo o país já estava com seu sinal analógico desligado.
- 2020 – Dois grandes passos foram dados na televisão brasileira. Um deles, em 8/8. Nesse dia, a Globo testou, em parceria com as Casas Bahia, a chamada T-Commerce (compra pelo televisor). Durante o programa "É de Casa", André Marques e Ana Furtado demonstraram ao telespectador a possibilidade de realizar, pelo controle remoto, a seleção de certos objetos em cena, gerando um QR Code que disponibilizou ali a compra de tais objetos ao mirar o celular para a tela, abrindo o produto no aplicativo da loja. Já no dia 16 de setembro, direto da Arena Corinthians, foi realizada a primeira transmissão ao vivo com áudio imersivo da TV aberta, durante o jogo Corinthians x Bahia, pelo Brasileirão. Com a tecnologia Dolby Atmos, os telespectadores assistiram à transmissão com todas as funcionalidades da TV digital, sendo "transportados" para o estádio, devido ao realismo sonoro. Vale lembrar que, por causa da pandemia (COVID-19), os estádios estavam fechados para o público, que, mesmo do sofá de casa, viveu a experiência de estar na arquibancada,

CAPÍTULO SEIS: A ERA DIGITAL (2007)

ouvindo a bola quicar na grama e os jogadores em campo gritarem uns para os outros durante a partida! Ambiência total. A segunda experiência de som imersivo se deu no dia 30/9, no jogo Corinthians x Atlético Goianiense, contando também com a narração de Cléber Machado e os comentários de Caio Ribeiro, Casagrande e Sálvio Spínola. Em 2021, a TV Cultura foi pioneira, na América Latina, no uso de Dolby Atmos em rede nacional, com "Auto do Brasil".

No ano em que a TV brasileira completou 70 anos, a festa foi virtual, com o projeto TV ANO 70, da ABERT, que tive orgulho de coordenar. Programas inéditos foram substituídos por reprises, com muitos voltando apenas em 2021, como a novela "Amor de Mãe" (Globo), e a televisão se rendeu também à transmissão de lives. Voltamos ao AO VIVO! Enquanto o telejornalismo era inundado por tristes notícias, o entretenimento (com grandes audiências para "BBB 20" e "A Fazenda") e a criatividade (até com plateias virtuais) nos deram alento. Improvisamos e apontamos soluções, com medidas protocolares, mas que não nos fizeram desistir, retomando gradativamente as atividades. Emissoras inteiras entraram em trabalho remoto, descobrindo que era possível produzir, gravar, editar, finalizar… com equipes divididas fisicamente. Até mesmo a parceria do Grupo Globo com a Google Cloud, em 2021, mostrou que a transmissão de dados poderia otimizar seu modo de produção. Os acervos passaram a ser olhados com mais carinho, fonte de conteúdo nas adversidades.

E a imagem? Aos poucos evoluiu. Conheça abaixo a resolução em linhas ou pixels ao quadrado (p), na conjunção dos eixos horizontal e vertical na TV. Quanto maior o número de pixels, melhor a resolução. Veja:

- LD – *Low definition* (baixa) – 4:3 – 320 x 240p/16:9 – 427 x 240p
- SD – *Standard definition* (média) – 4:3 – 640 x 480p/16·9 – 704 x 480p
- HD – *High definition* (alta) – 720 x 480p até 1.280 x 720p
- Full HD – Alta definição completa, em 1.920 x 1.080p
- 4K (UHD) – 4 x Full HD é a ultra alta definição (ou K), 3.840 x 2.160p
- 8K – Super Hi-Vision – 7.680 x 4.320p
- 10K – 10.240 x 4.320p
- 12K – 12.288 x 6.480p
- 16K – 15.360 x 8.640p

Para concluir, nessa longa jornada, fomos dos televisores de tubo, que demoravam a expor as imagens, aos ditos modernos, com tela de plasma, LCD ou LED (finíssimas), que hoje apresentam uma definição cada vez maior. Ainda não temos no Brasil as TVs flexíveis, que no Japão já são utilizadas regularmente, enquanto tentam evoluir das dezenas de K em diante, competindo em tamanho com as de cinema. Por aqui, o 4K ainda caminha para uma produção regular (2022), na busca pela imagem total, suprema (vide as belas imagens da recente novela "Pantanal"). Ao mesmo tempo, convergimos o conteúdo broadcast, que vem pelo ar com a interatividade do broadband, com dados e vídeos, aproximando as plataformas de streaming de todo o conteúdo produzido pelas emissoras, tudo junto nas smarTVs. Caminhamos cada vez mais para produção de um conteúdo que possa ser curtido em todo tipo de plataforma, não apenas no televisor. O conteúdo da TV, interativo, conversa agora com a internet, produz conteúdos adicionais para as segundas telas e unifica, por meio de aplicativos, players, a TV e suas multifunções. E sabe o que é a internet das coisas? Como a Alexa, que aciona músicas, apaga e acende luzes? Se conectada a ela, a TV pode também estar nesse complexo, ser acionada a distância e se transformar em um hub, que concentra ações da casa, como aquela moderna tela dos "Jetsons". O mais impressionante disso tudo? É que o tempo não espera, na sua pressa constante. Vencerá o melhor conteúdo, aquele que toca a gente bem lá no fundo do peito, muito além de qualquer interatividade, que mexe com as nossas emoções. Essa é a resposta sobre o futuro da televisão: CONTEÚDO.

Fontes e Referências Bibliográficas para se Compreender a História da TV no Brasil

ABREU, Rogério. *Design na TV: Pensando vinheta*. São Paulo: Schoba, 2011.

ALENCAR, Mauro. *A Hollywood brasileira: Panorama da telenovela no Brasil*. Senac, 2002.

ALVES, Vida. *Televisão brasileira: O primeiro beijo e outras curiosidades*. Jundiaí: Editora In House, 2014.

_____. *TV Tupi: Uma linda história de amor*. Imprensa Oficial do Estado, 2008.

BOURDIEU, Pierre. *Sobre a televisão*. Rio de Janeiro: Jorge Zahar, 1997.

BRAUNE, Bia e XAVIER, Rixa. *Almanaque da TV*. Rio de Janeiro: Ediouro, 2007.

BUCCI, Eugênio. *Brasil em tempo de TV*. São Paulo: Boitempo, 1996.

CABRERA, Antonio Carlos. *Mofolândia: O almanaque dos anos 40, 50, 60, 80, 90*. São Paulo: Panda Books, 2005.

CASTRO, José de Almeida. *Tupi: Pioneira da televisão brasileira*. Brasília: Fundação Assis Chateaubriand, 2000.

CLARK, Walter e PRIOLLI, Gabriel. *O campeão de audiência: Uma autobiografia*. Summus Editorial, 2015.

Dicionário da TV Globo. Vol.1: Programas de dramaturgia & entretenimento. Projeto Memória das Organizações Globo. Rio de Janeiro: Jorge Zahar Editor, 2003.

DUARTE, Marcelo. *O livro das invenções*. São Paulo: Companhia nas Letras, 2005.

ESQUENAZI, Rose. *No túnel do tempo: Uma memória afetiva da televisão brasileira*. Porto Alegre: Artes e Ofícios, 1995.

FISHER, David e FISHER, Marshall Jon. *Tube: The Invention of Television*. Washington, D.C.: Counterpoint, 1996.

FRANCFORT, Elmo. *Av. Paulista, 900: A história da TV Gazeta*. São Paulo: Imprensa Oficial do Estado de São Paulo (Coleção Aplauso), 2010.

_____. *Gabus Mendes: Grandes mestres do rádio e televisão*. Jundiaí: Editora In House (2015).

_____. *Rede Manchete: Aconteceu, virou história*. Imprensa Oficial, 2008.

_____. *Televisão em 3 tempos: Três épocas de um Brasil que viu surgir a televisão em preto e branco, cores e digital*. Jundiaí: Editora In House, 2014.

FRANCFORT, Elmo e VIEL, Mauricio. *TV Tupi: Do tamanho do Brasil*. Vols. 1, 2 e 3. Brasília: ABERT, 2020.

198 A HISTÓRIA DA TELEVISÃO BRASILEIRA PARA QUEM TEM PRESSA

GIANFRANCESCO, Mauro e NEIVA, Eurico. *De noite tem: Um show de teledrama-turgia na TV pioneira.* São Paulo: Giz Editorial, 2007.

GONÇALVES, Marcos Augusto (org.). *Pós-tudo: 50 anos de cultura na Ilustrada.* São Paulo: Publifolha, 2008.

Guia Ilustrado TV Globo: Novelas e minisséries. Projeto Memória das Organizações Globo. Rio de Janeiro: Jorge Zahar Editor, 2010.

MATTOS, José David Lessa e MATTOS, Raymundo Lessa. *A TV antes do VT: Teleteatro ao vivo na TV Tupi de São Paulo, 1950-1960.* Brasília: Ministério da Cultura, 2011.

_____. *O espetáculo da cultura paulista: Teatro e TV em São Paulo, 1940-1950.* Conex, 2002.

_____. *Pioneiros do Rádio e da TV no Brasil: Depoimentos à Pró-TV de: Álvaro de Moya, César Monteclaro, Dias Gomes, José Bonifácio de Oliveira Sobrinho (Boni), Lima Duarte, Marcos Rey e Walter Avancini.* São Paulo: Códex, 2004.

MELLO, José Marques de. *Televisão brasileira: 60 anos de ousadia, astúcia, reinvenção.* São Bernardo do Campo: Cátedra Unesco Metodista/Globo Universidade, 2010.

MORAIS, Fernando. *Chatô: O rei do Brasil.* São Paulo: Companhia das Letras, 1997.

MOYA, Álvaro de. *Gloria in Excelsior: Ascensão e queda do maior sucesso da televisão brasileira.* São Paulo: Imprensa Oficial do Estado de São Paulo (Coleção Aplauso), 2004.

ORTIZ, Renato; BORELLI, Silvia Helena Simões e RAMOS, José Mário Ortiz. *Telenovela: História e produção* – 2ª ed. São Paulo: Brasiliense, 1992.

PATERNOSTRO, Vera Íris. *O texto na TV: Manual de telejornalismo.* 2ª ed. São Paulo: Brasiliense, 1987.

PEREIRA, Paulo Gustavo. *Almanaque dos seriados: Lembranças e curiosidades das séries de TV mais divertidas de todos os tempos.* São Paulo: Ediouro, 2008.

POSSEBON, Samuel. *TV por assinatura: 20 anos de evolução.* Samuel Possebon, 2009.

PRADO, Magaly. *História do rádio no Brasil.* São Paulo: Da Boa Prosa, 2012.

Rede Record: 45 anos de história. São Paulo: Antônio Bellini, 1999.

REIMÃO, Sandra. *Em instantes: Notas sobre a programação da TV brasileira (1965-1995).* São Paulo: Salesianas/Cabral, 1997.

RICCO, Flávio e VANNUCCI, José Armando. *Biografia da televisão brasileira.* Vols. 1 e 2. Matrix Editora, 2017.

SILVESTRE, J. *Como vencer na televisão.* Rio de Janeiro: Record, 1977.

SOBRINHO, José Bonifácio O. *O livro do Boni.* Leya, 2011.

SOUTO MAIOR, Marcel. *Almanaque da TV Globo.* São Paulo: Globo, 2006.

TASSINARI, Geraldo. *Eu vivi a minha vida: A saga de João Jorge Saad – o grande empreendedor.* São Paulo: Grupo Bandeirantes de Comunicação, 2002.

TAVARES, Reynaldo C. *Histórias que o rádio não contou: Do galena ao digital, desvendando a radiodifusão no Brasil e no mundo* – 2ª ed. São Paulo: Harbra, 1999.

WALLACH, Joe. *Meu capítulo na TV Globo.* Rio de Janeiro: Top Books, 2011.

XAVIER, Nilson e ALENCAR, Mauro. *Almanaque da telenovela brasileira*. São Paulo: Panda Books, 2007.

XAVIER, Ricardo e SACCHI, Rogério. *Almanaque da TV: 50 anos de memória e informação*. Rio de Janeiro: Objetiva, 2000.

SITES:

ABERT – www.abert.org.br
IMDB – INTERNACIONAL MOVIE DATABASE – www.imdb.com
MUSEU DA TV, RÁDIO & CINEMA – www.museudatv.com.br
SEJA DIGITAL – www.sejadigital.com.br
TELEDRAMATURGIA – www.teledramaturgia.com.br

COLEÇÃO
HISTÓRIA
PARA QUEM TEM PRESSA